技術経営(MOT)における
オープンイノベーション論

―戦略的知的財産契約により実効性確保―

石田正泰[著]

社団法人 発明協会

はしがき

　昨今いろいろの観点からオープンイノベーション論が展開されている。オープンイノベーション（Open Innovation）の意義、形態については、現段階においては、一定不変ではない。本書においては、他との共同、協力をも考慮し、知的財産を核にした知を集合、集大成、融合したイノベーション（Innovation）と解し、形態については、次のように把握する。

　すなわち、**オープンイノベーションの基本的形態**には次の3種がある。
① 　A ⟶ B　アウトイノベーション　例：ライセンシングアウト、知的財産譲渡
② 　A ⟵ B　インイノベーション　　例：ライセンシングイン、研究開発委託
③ 　A ⟷ B　クロスイノベーション　例：クロスライセンシング、共同研究開発

　これらすべての形態において、知的財産契約が重要な位置を占める。また、技術経営（MOT）におけるオープンイノベーションの問題は、制度設計面から知的財産法によるイノベーション考慮制度の検討の必要性が、また、戦略面から知的財産による比較優位を考慮した対応等が必要であることを指摘することができる。具体的には、自由・活発なイノベーション、契約による戦略的対応等である。要は、知的財産制度は、絶対的・相対的排他権、行為規制的保護制度であり、知的財産契約は、知的創造サイクル的に創造、権利化・保護、活用ごとに共同研究開発契約、譲渡契約、ライセンス契約等が存在する中で、オープンイノベーションの観点からの知的財産制度及び知的財産契約を具体的に検討することによって、技術経営（MOT）におけるオープンイノベーション論を把握することが有益である。
①　イノベーションは、知的財産制度に下支えされて実効性が担保され、促

進する。
② オープンイノベーションの合理的、戦略的対応には知的財産契約が必要不可欠である。

昨今オープンイノベーションがキーワードとなっているが、オープンイノベーションはイノベーションの効率化の手段でそれ自体が目的ではない。そして、その対応においては、知的財産が必要不可欠である。すなわち、知的財産の存在により、①安心してオープン対応が可能であり、②客観的評価要素となり、③競争優位が確保できるからである。

```
オープンイノベーション ─→ さらなるイノベーション
        ↑      ①安心してオープン対応　②客観的評価要素　③競争優位確保
知的財産の存在：知的財産契約
        ↑
イノベーション
```

知的財産制度の代表的存在である特許制度は、基本的にイノベートを図った者に排他権を認め、その実施効果による産業の発達を考慮した制度である。しかし、特許発明に係る技術は、常に陳腐化し、また特許権は常に完全無欠であるわけではないので、権利の利用・活用をも考慮した制度、いわば、オープンイノベーション的制度設計を付加することが期待される。

すなわち、特許制度等技術的知的財産制度は、イノベーション促進のための制度であり、イノベーション（技術革新・創新）は、オープンイノベーション的制度設計が付加された知的財産制度に下支えされて実効性が期待できるのであり、したがって、そのことを考慮した場合、オープンイノベーション的制度設計が必要不可欠となる。

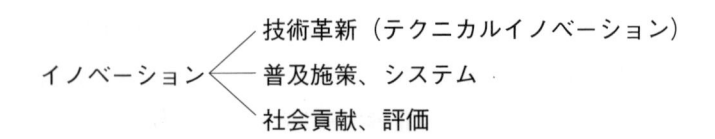

```
                ┌ 技術革新（テクニカルイノベーション）
  イノベーション ←┤ 普及施策、システム
                └ 社会貢献、評価
```

具体的には、昨今における状況においては、多くの製品は、単一技術、単一知的財産により製造できるものは少ない。また、昨今における技術開発は、①内容的な広さ、複雑さ、②時間的にスピードを要すること、③費用的にリスクが大きいこと、④知的財産問題が存在すること等により相互補完的に共同研究開発契約の必要性が顕著になっている。

　さらに、時間を買う、コストパフォーマンス、ヘッドスターター、垂直立ち上げ等の観点からのライセンスシングインや開発費の回収、知的財産の有効活用、企業評価の改善の観点からのライセンシングアウトが重視される。

　技術経営（MOT）におけるオープンイノベーション論を検討する方法としては、①イノベーション・オープンイノベーションの意義、形態、実務等を検討する方法、②イノベーション・オープンイノベーションと知的財産制度の関係を検討する方法、③オープンイノベーション考慮の知的財産契約の考え方、戦略を検討する方法等がある。

　これらの中で、現在の知的財産法を根拠に、各知的財産契約の実務的考え方、戦略展開の中で、オープンイノベーションにどのように対処すべきか、また、できるかを検討することが、イノベーション・オープンイノベーションの在り方、今日的課題を明確にするために有益であると考える。

　オープンイノベーション促進のインフラは、知的財産権の本質を適切に理解し、かつ知的財産権の限界（特許法104条の3、独占禁止法による規制等）を正しく認識し、また、イノベーションの趣旨・目的を単に技術革新と認識するのではなく技術革新、システム技術革新、技術革新成果の実施・活用、その結果としての社会貢献・評価ということにつながり、その結果が産業の発展に帰結するという全体の創新と把握し（技術イノベーション、システムイノベーション、事業イノベーション、社会イノベーション）、さらにコアコンピタンスとなる技術（コアテクノロジー）等を保有することである。

　そして、オープンイノベーションと知的財産契約実務について大局的、概略的把握を行い、オープンイノベーション下における知的財産の現実的、効率的活用に資することが期待される。

　したがって、本書においては、技術経営（MOT）におけるオープンイノ

ベーションの実効性を知的財産契約の実務の面から検討することとする。そして、①オープンイノベーション、②知的財産経営、特に、技術経営（MOT）、③特許行政手続における適正手続（Due Process of Law）、④戦略的知的財産契約、をキーワードとして「技術経営（MOT）におけるオープンイノベーション論」書とし、知的財産契約実務を介してイノベーション・オープンイノベーションの実効性を確認すること、及び最も重視することは、イノベーション・オープンイノベーションの在り方・考え方と戦略を確認することにある。

すなわち、オープンイノベーション対応が、知的財産の制度設計においても重要で、また、企業経営、技術経営においても必要不可欠である中で、知的財産の本来の機能を踏まえた対応、特に、知的財産契約を考慮した対応が、オープンイノベーション問題の基本であり、知的財産契約における考え方と戦略問題に適切に対応することなしには技術経営におけるオープンイノベーション論は、実効性は期待できない。

結論として、技術経営（MOT）におけるオープンイノベーション対応は、企業が独立した組織体であり、企業目的が独立している以上、イノベーションの効率のために選択的、補完的に必要となる手段であり、したがって、しっかりしたオープンイノベーションポリシーを策定し、その下において戦略的知的財産契約を踏まえて実行していくことが望まれる。

なお、本書では、随所に＜法制度上、戦略上の視点＞を記し、当該個所における法制度上、戦略上の視点からの整理をしているので参照願いたい。

本書の発行に当たっては、（社）発明協会の配慮、特に、出版チームに大変ご指導を頂きました。厚く感謝致します。また、本書の理念については、東京理科大学専門職大学院知的財産戦略専攻教授の石井康之氏にご指導頂き、校正については凸版印刷株式会社法務本部の沖田亜希子さんにお世話になりました。さらに、諸先輩から頂いた種々のご指導に感謝致します。

2010年6月

石田　正泰

目　次

はしがき

I　企業経営における技術経営（MOT）：知的財産経営の観点から … 1

I-1　企業経営における技術経営の考え方 …… 3
1. 企業経営の目的　3
2. そのための課題　4
3. 知的財産経営　5
4. 評価と再活性化　6
5. リーガル・リスクマネジメント　7
6. 知的財産経営の総合政策性　7

I-2　経営戦略の考え方 …… 8
1. 経営戦略の意義　8
2. 経営戦略の構成要素　9
3. 経営戦略の考え方の具体化　10
4. 経営戦略策定のプロセス　12
5. 競争優位の経営戦略　13

I-3　技術経営と知的財産制度 …… 14
1. 特許等知的財産は競争優位性の代表的要素　17
2. 特許等知的財産はよい技術・商品の基本的要素　17
3. 技術開発は特許権を取得してこそ完全　18
4. 技術の商品化には特許が不可欠　18
5. 技術開発には特許の事前調査が不可欠　19
6. 情報化の進展等と知的財産戦略　19
7. 知的財産権の信用価値　20
8. 知的財産権の価値評価：経営戦略の視点から　22

I-4　技術経営のための知的財産戦略 …… 24

1 企業経営における知的財産制度の趣旨、目的：イノベーションを下支えする機能　24
2 企業経営における知的財産の機能　29
3 企業経営における知的財産の活用　41
4 知的財産戦略　46
5 技術経営におけるオープンイノベーション対応　48
6 知的財産経営における人材　49
7 まとめ　50

Ⅱ　技術経営（MOT）におけるオープンイノベーションの考え方……51

Ⅱ-1　技術経営（MOT）におけるオープンイノベーションの機能と位置づけ……52
1 オープンイノベーションの機能　52
2 オープンイノベーションの位置づけ　52

Ⅱ-2　オープンイノベーション選択理由……53
1 経済・産業の現状の観点から　53
2 知的財産制度、性質の観点から　54
3 経営戦略の観点から　55

Ⅱ-3　オープンイノベーションポリシー……56
1 はじめに　56
2 知的財産ポリシー　57
3 イノベーションポリシーとオープンイノベーションポリシー　58

Ⅱ-4　オープンイノベーションのステップ……59
1 はじめに　59
2 オープンイノベーションのステップ　59

Ⅲ　オープンイノベーションの観点からの知的財産の制度上、実務上の留意点……61

Ⅲ-1　オープンイノベーションの観点からの知的財産法……63
1 知的財産法の制度設計とオープンイノベーション　63

- 2 知的財産権の法的保護の方法　*65*
- 3 知的財産権の法的保護の方法に関する考え方　*67*
- 4 知的財産契約の対象としての知的財産　*68*

Ⅲ-2　知的財産法におけるイノベーション促進条項、制約条項 …………*76*
- 1 イノベーション促進条項　*77*
- 2 イノベーション制約条項　*79*
- 3 公共の利益のための裁定通常実施権　*79*
- 4 イノベーション促進に向けた知的財産法対応　*80*

Ⅲ-3　独占禁止法に基づくオープンイノベーションの検討 …………*83*

Ⅲ-3-1　知的財産契約と独占禁止法 …………*84*
- 1 はじめに　*84*
- 2 知的財産法と独占禁止法の目的　*84*
- 3 契約自由の原則に対する独占禁止法による規制の内容　*86*
- 4 独占禁止法に違反する知的財産ライセンス契約の有効性　*87*

Ⅲ-3-2　知的財産権の権利行使行為と独占禁止法 …………*88*
- 1 知的財産権の権利行使行為　*88*
- 2 知的財産基本法における競争促進への配慮　*90*
- 3 まとめ　*90*

Ⅲ-3-3　知的財産の利用に関する独占禁止法上の指針におけるイノベーション機能 ……*91*
- 1 はじめに　*91*
- 2 知的財産の利用に関する独占禁止法上の指針の対象　*92*
- 3 独占禁止法適用の基本的な考え方　*93*
- 4 競争技術、競争品の取扱い制限の独占禁止法違反性　*96*
- 5 改良発明等に関する取扱い方法　*97*
- 6 ライセンシーの不争義務規定の独占禁止法違反性　*102*
- 7 ライセンシーの非係争義務と独占禁止法　*103*
- 8 正当化要件　*104*

Ⅲ-4　知的財産基本法に基づくオープンイノベーションの検討 …………*105*

Ⅲ-4-1　知的財産基本法におけるオープンイノベーション施策 …………*105*

- 1 基本的目標 *105*
- 2 事業者の責務：知的財産の活用 *105*
- 3 連携の強化：オープンイノベーション *106*

Ⅲ-4-2　知的財産基本法の規定：イノベーション、オープンイノベーション観点から …*106*
- 1 知的財産法の目的 *106*
- 2 知的財産・知的財産権 *106*
- 3 知的財産施策の理念 *106*
- 4 国、地方公共団体、大学等、事業者等の責務 *107*
- 5 競争促進への配慮 *108*
- 6 法制上の措置等 *108*
- 7 研究開発の推進、研究成果の移転の促進等 *109*
- 8 事業者が知的財産を有効かつ適正に活用することができる環境の整備 *109*

Ⅳ　技術経営（MOT）における知的財産契約の機能と戦略 ……… *110*

Ⅳ-1　知的財産契約の概要 …… *112*
- 1 はじめに *112*
- 2 知的財産契約の意義、契機、目的 *112*
- 3 知的財産契約の種類 *114*

Ⅳ-2　知的財産契約の経営戦略 …… *116*
- 1 はじめに *116*
- 2 知的財産権戦略の観点からの競争優位戦略 *117*
- 3 知的財産契約の戦略 *118*

Ⅳ-3　技術経営におけるライセンス契約の戦略 …… *119*
- 1 自己実施戦略 *120*
- 2 知的財産権の経営資源化とライセンシング戦略 *121*

Ⅳ-4　知的財産契約戦略の判断基準 …… *124*
- 1 判断基準 *124*
- 2 基礎、応用、戦略 *125*

- 3 まとめ　*126*

Ⅳ-5　知的財産契約の管理　……………………………………………*126*
- 1 はじめに　*126*
- 2 今日的管理項目　*126*
- 3 ライセンサーのライセンシーに対する特許保証のあり方　*128*
- 4 ノウハウライセンス契約と技術者のスピンアウト時の留意点　*131*

Ⅳ-6　オープンイノベーションの観点からの知的財産関係契約の機能　…*132*
- 1 オープンイノベーション下における知的財産戦略　*132*
- 2 知的財産契約の考え方　*133*
- 3 オープンインノベーションの観点からの知的財産法制の課題　*133*
- 4 知的財産法の仕組みと契約対応　*134*

Ⅴ　オープンイノベーションと知的財産契約実務　………………*138*

Ⅴ-1　アウトソーシング契約　…………………………………………*140*

Ⅴ-1-1　知的財産（権）譲渡契約　………………………………………*140*
- 1 特許権、特許を受ける権利の移転（譲渡）に関する特許法の規定　*140*
- 2 特許（権）譲渡契約の主要条項　*141*
- 3 特許（権）譲渡契約における権利の価値評価　*142*
- 4 契約締結に当たっての留意点　*147*
- 5 特許（権）譲渡契約書文例　*148*
- 6 著作権譲渡契約：著作者人格権の一身専属性　*150*

Ⅴ-1-2　研究開発委託契約　………………………………………………*152*
- 1 はじめに　*152*
- 2 研究開発委託契約における主要事項　*153*
- 3 研究開発委託契約文例　*154*

Ⅴ-1-3　ライセンシングイン契約　………………………………………*158*
- 1 チェックリストの利用　*158*
- 2 ライセンシーの考え方　*158*

- ③ ライセンス契約における主要事項　*161*

V-1-4　M&A ……………………………………………………*162*
- ① はじめに　*162*
- ② M&A とエスクロウ契約の留意点　*162*
- ③ M&A 契約書の主要事項　*163*

V-2　相互補完契約 ………………………………………………*164*

V-2-1　共同研究開発契約 ………………………………………*164*
- ① 共同研究開発契約の意義　*164*
- ② 共同研究開発契約上の法的問題と実務的対応策　*164*
- ③ 共同研究開発のメリット・デメリット　*167*
- ④ 共同研究開発契約の交渉とチェックポイント　*171*
- ⑤ 共同研究開発契約と職務発明　*174*
- ⑥ 共同研究開発契約の調印　*176*

V-2-2　産学間の共同研究開発契約 ……………………………*190*
- ① はじめに　*190*
- ② 国、大学との共同研究開発　*191*
- ③ オープンイノベーションと産学間の共同研究開発　*192*

V-2-3　クロスライセンス契約等 ………………………………*194*
- ① クロスライセンス契約の趣旨　*194*
- ② クロスライセンス契約の主要項目　*195*
- ③ 特許相互実施許諾契約書文例　*196*
- ④ パテントプール、マルチプルライセンス　*199*

V-3　ライセンシングアウト契約（分身論） …………………*200*

V-3-1　ライセンシングアウト契約の概要 ……………………*201*
- ① 特許・ノウハウライセンス契約の意義・目的・対象　*201*
- ② ライセンスポリシー　*208*
- ③ ライセンス契約の種類　*208*
- ④ ロイヤルティーの考え方　*211*
- ⑤ ライセンス契約における戦略の具体化　*216*

- 6 ライセンサーの考え方 219
- 7 ライセンス契約成功のための要因 221

V-3-2 ライセンシングアウト契約の実務 …… 222
- 1 はじめに 222
- 2 ライセンス契約における事前調査 223
- 3 ライセンス契約の交渉 226
- 4 ライセンス契約書の作成手順 232
- 5 重要なライセンス契約書の構成と主要条項 232
- 6 ライセンス契約の調印 236
- 7 特許ライセンス契約書文例 237
- 8 ノウハウライセンス契約書文例 242
- 9 秘密保持契約 250
- 10 オプション契約 251
- 11 まとめ 251

V-4 技術標準化における知的財産権問題 …… 252
- 1 技術標準とは 252
- 2 技術標準化と特許問題 253
- 3 パテントプール（Patent Pool） 255
- 4 技術標準化と独占禁止法 256

総括 …… 258

Ⅰ 企業経営における技術経営(MOT)：知的財産経営の観点から

＜要旨＞

　技術経営（MOT）とは何かについては、多種多様な定義が提案され、議論されている。

　技術経営（Management of Technology）の概念は、一般的には、技術の側面から経営戦略を検討するもので、本書においては、技術面から、又は技術を対象として企業経営を検討する考え方ととらえる。いわば技術の観点からの企業経営施策ととらえることとする。技術経営（MOT）を戦略面から検討する場合は、①研究開発戦略、②マーケティング戦略を含めた事業戦略、③技術契約戦略が必要不可欠であり、いわばこれらの総合政策的戦略が必要不可欠である。技術経営においては知的財産が競争戦略の中心的機能を果たす。

　技術経営（MOT）すなわち、技術に関係した企業経営と知的財産問題は、特許法、実用新案法、半導体集積回路の回路配置に関する法律、種苗法、著作権法及び意匠法によって保護される技術並びにノウハウとして保護される技術に関するものを対象とする知的財産との関係を中心に論じられる。

　なお、イノベーションの趣旨、目的が、技術革新、創新そのものだけではなく、その結果が産業の発展に帰結することであると同様に、技術経営（MOT）の趣旨、目的も技術研究開発そのものだけではなく、その結果が産業の発展に帰結することまでを包含する経営施策と解すべきことが重要である。

　その場合、技術経営（MOT）においては知的財産がキーワードであり、知的財産をコアコンピタンスと位置づけて総合政策的対応が重視され、知的財産をキーとして、テクノロジーロードマップを読み、技術経営（MOT）戦略を読むことが重要である。

　　　　　　　　　　　技術に関係した企業経営施策：**技術経営（MOT）**
　　企業経営　　　　　技術研究開発、製造、マーケティング、経営評価
　　　　　　　　　　　技術以外の観点からの企業経営施策

I 企業経営における技術経営（MOT）：知的財産経営の観点から

　企業経営、技術経営の観点から知的財産重視、すなわち、プロパテント（Pro-Patent）対応が重要視されている。このことは、わが国経済、産業の国際競争力、そして企業の持続的発展のために必要不可欠なことである。

　なお、プロパテントは、それ自体が目的ではなく、イノベーションを下支えする機能を有する特許で代表される知的財産を重視する対応により、イノベーション重視の施策、対応につなげること、すなわち、イノベーション重視、プロイノベーション（ProInnovation）の前提、手段としての考え方、施策、対応である。

　本書においては、「MOT」、「技術経営」の語については、場合によって、MOT、技術経営、技術経営（MOT）を同義語として使い分けることとする。

Ⅰ-1　企業経営における技術経営の考え方

　昨今の企業経営は、ボーダレス経済等により構造的変化に直面し、厳しい状況が続いている。このような中で、各企業は、経営戦略の再構築を迫られている。競争優位を構築するための経営戦略は、従来の理念、ファクターだけでは不十分かつ、社会から認知されることは難しい。また、極めて複雑な要素・項目を検討した経営戦略に基づいて行わなければ、経営効率、経営計画の実効性は期待できない。

　特に多くの場合、業際的活動、戦略的な資本・業務・技術提携なしには持続的発展企業たり得ない。

　広範かつ厳しい企業競争の中で、フェアな競争を絶対優位・比較優位に展開して行くためには、競争優位手段として、法制度上認知されている知的財産権を活用した経営戦略が有効、かつ必要である。

　従来、企業経営において、知的財産権を経営戦略に十分取り入れた実務が行われることは少なかった。その主な理由は、経営戦略における知的財産権の戦略的活用においては、企業経営における知的財産権の価値評価が前提となるが、それが十分実施されなかったことにある。

　　　　　　　　　　　　技術経営：技術を生かす経営、知的財産経営
　　技術経営のステップ ← 技術的知的財産：戦略的活用
　　　　　　　　　　　　技術イノベーション：オープンイノベーション

1　企業経営の目的

　企業経営の目的は、持続的発展を達成することにある。多くの株主の出資に基づき設立構成され、多くの従業員を雇用する企業は、衰退消滅することは許されない。株主、取引先、従業員等のステークホルダー（Stakeholder）に対する社会的、契約的責任を有する。

　経営者の役割・責任は、企業が持続的に存続・発展し得るよう経営戦略を策定・実行することである。

　トップ・マネジメントは、革新的なビジョンを打ち出し、積極的な経営戦

略展開のための方針を挙げ、それを組織に理解させ、浸透させる必要がある。

2 そのための課題

企業経営において積極的に経営戦略を展開するためには、次のような課題がある。

① ビジョン・理念の策定

　商品やサービスは、次世代の新商品や、サービス・市場の出現によって簡単に陳腐化し寿命が尽きる宿命にある。企業経営において経営者は、常に将来ビジョン・理念を策定し、それを表明し、持続的な存続・発展を可能にすることが義務であり、責任である。

② 開発力の形成・発展

　ビジョン・理念は、抽象的表明であっては無意味・無価値である。商品・サービス及び市場の開発力を具体的に可能にする内容において形成・発展させることが必要不可欠である。

③ ビジネスモデルの策定

　開発された商品・サービス及び市場に、どのようなビジネスモデルで対応するかが重要な要素である。ビジネスモデルの策定は、経営計画の達成可能性を考慮し、具体的な経営戦略的対応が特に重要である。

④ 戦略的提携力

　昨今における取引のグローバル・ボーダレス化、業際化、技術革新のスピード化等から、単一企業による事業は成功の確率が低い。多くの場合、資本提携、技術提携、販売提携等についての戦略的提携が必要となる。

　戦略的提携のためには、パートナーから評価され、選ばれなければならない。

⑤ 知的財産戦略対応

　企業経営、技術経営（MOT）においては、知的財産戦略が重要である。特に、オープンイノベーション対応においては、知的財産契約への戦略的対応が必要不可欠である。

3 知的財産経営

　知的財産経営、技術経営（MOT）においては、戦略的活用が可能な知的財産、戦略的知的財産人材、知的財産戦略の三位一体経営が必要不可欠である。

<知的財産戦略の三位一体経営>

　企業経営の目的は、持続的発展を達成することである。そして、技術に関係した経営施策、すなわち、技術経営（MOT）においては、知的財産を戦略的に位置づけて、企業経営目的を達成することが目的である。
　知的財産経営は、知的財産を法的保護制度に沿って戦略的に活用することによって、知的財産がイノベーションを下支えする機能、競争優位機能等を発揮することを考慮して、知的財産を企業経営戦略、技術経営戦略に位置づける経営施策である。
　技術経営（MOT）戦略は、突き詰めれば技術資産を最大限、いかに効果的に活用できるかを追求する経営戦略といえる。その観点からは、知的財産こそ技術経営の本命といえる。技術経営の本命たる知的財産について技術経営戦略の観点から、その実効性の検討、具体策の検討が必要である。

① 知的財産の種類ごとの知的財産戦略（技術知的財産と非技術知的財産）
② 企業経営における知的財産人材・組織の役割
③ 企業経営における知的財産戦略の項目、目的、効果
④ 企業経営における知的財産の活用形態
⑤ 企業各組織ごとの知的財産戦略のメインポイント

＜知的財産経営＞

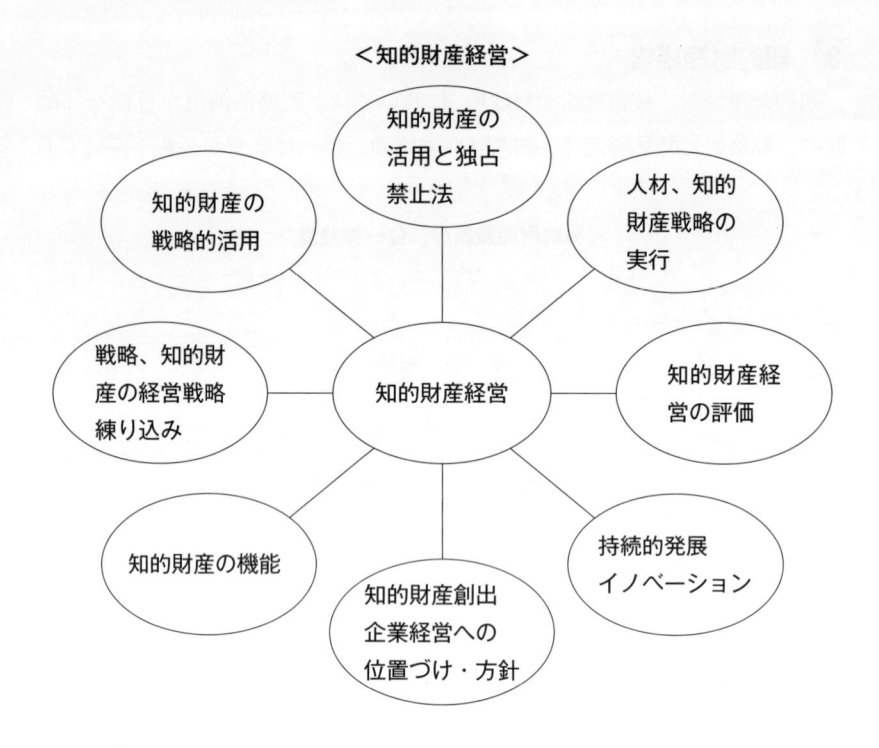

```
            知的財産の
            活用と独占
            禁止法
知的財産の                      人材、知的
戦略的活用                      財産戦略の
                              実行
戦略、知的財                    知的財産経
産の経営戦略      知的財産経営      営の評価
練り込み
                              持続的発展
知的財産の機能                  イノベーション
            知的財産創出
            企業経営への
            位置づけ・方針
```

4 評価と再活性化

　企業は、持続的に発展することが至上命題である中で、そのためには、持続的に改革を実行する必要がある。その前提問題として、システマティックな事業評価が必要不可欠である。

　企業経営の目的は、要するにシステマティックな事業評価に基づいて、経営戦略を常に更新・革新し、企業の再活性化を計り、継続企業（Going Concern）、持続的発達企業たらしめることである。

```
              ┌─ CSR：ステークホルダー対応
企業経営      ├─ 評価：持続的発展の確認
（技術経営）  ├─ イノベーション：オープンイノベーション
              └─ ビジョンの策定：テクノロジーロードマップ
```

5 リーガル・リスクマネジメント

　最近は、知的財産権の保護対象が拡大、多様化している。しかも、多くの人・企業が知的財産に関する権利者となり、他人の知的財産権の利用者となる時代である。

　昨今の知的財産関係実務については、「権利を取る」より「権利を使う」ことに重点が移っている。しかも、技術開発には多額の投資が必要となり、その投資額を回収するためには、他社が自社の知的財産権を侵害している場合、厳しく対応する傾向が強くなっている。

　したがって、いわゆる、知的財産リスクマネジメントの重要性が顕著となっている。

　リーガル・リスクマネジメントは、法的危機管理のことで、将来、生起することが予想される法的問題を予防法務（Preventive Law）としての企業法務の面からそれを予知し、把握分析し、評価し、危機管理の対策を検討し、防衛を図る企業活動を行うことである。

　知的財産権に関するリーガル・リスクマネジメントの事例として、M&A（Mergers & Acquisitions）における営業秘密（Trade Secret）に関するエスクロウ契約（Escrow Agreement）を挙げる。

　このエスクロウ契約におけるリーガル・リスクマネジメントは、売り手側としては、営業秘密の完全な保護が目的であり、買い手側としては、買い手側の責任による、買収契約の不調の場合には、エスクロウ金を売り手側に帰属させることを覚悟のうえで、買収価額の適正性を担保することにある。

6 知的財産経営の総合政策性

　知的財産活用においては、独占禁止法にも配慮する必要がある。そのことは、知的財産基本法10条にも規定されており、公正取引委員会が公表した「知的財産の利用に関する独占禁止法上の指針」においても詳細に述べられている。

　また、知的財産経営において、ステークホルダー対応が重要であり、概念図は、次の通りである。

<知的財産経営ステークホルダー論>

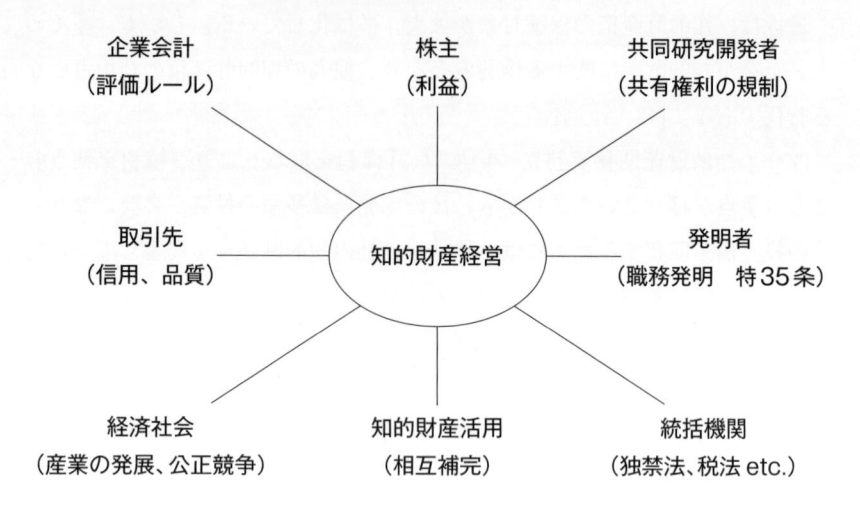

- 企業会計（評価ルール）
- 株主（利益）
- 共同研究開発者（共有権利の規制）
- 取引先（信用、品質）
- 知的財産経営
- 発明者（職務発明　特35条）
- 経済社会（産業の発展、公正競争）
- 知的財産活用（相互補完）
- 統括機関（独禁法、税法 etc.）

　知的財産経営は、企業経営の枠組みの中において、技術経営（MOT）の観点から、その重要な要素として位置づけられる。すなわち、知的財産を重視した企業経営、技術経営において、知的財産を戦略的に、総合的に、日常的に練り込んで対応する経営施策であるといえる。

Ⅰ-2　経営戦略の考え方

1　経営戦略の意義

　経営戦略とは何かについては、論者によっていろいろの考え方があり定説はないといえる。

　ここでは経営戦略とは「組織としての活動において、ある程度長期的に、競争優位性を維持するために、定められた事業において、経営資源を目的的に活用して持続的に発展させ得る基本的整合的な施策」と考え、そして、経営戦略は企業経営における戦略と認識する。

　そして、経営戦略問題を検討する場合に必要となる主な事項について、次のように整理しておく。

(1) 経営資源
　経営活動に必要な人、物、金、情報（知的財産化が重要）などの資源及びネットワーク力、マネージメント力などの全体。

(2) 競争優位（Competitive Advantage）
　競合他社には真似のできない要素、例えば、技術ノウハウ、独占排他力の強い特許権などにより、事業競争において、より優位な地位を得ることが競争優位の要素となる。いかなる要素が競争優位の要素となるかは、マネジメントレベルによりさまざまなものがあるが、知的財産権はその重要な要素の一つである。

(3) 絶対優位
　競争優位要素の中で、法的に独占排他権が認知されている知的財産権に基づく技術・商品は市場において、よい品質、よいサービスによる公正な取引である限り、競合他社との比較にたよらない、絶対的競争優位性を享有することが可能となる状態。

(4) 比較優位
　例えば、技術ノウハウに基づく商品などは、特許権などに基づく商品のように独占的排他力を享有できず、競争優位性において絶対優位性の要件は不十分であるが、競合他社には真似することができない秘密情報による差別化により、経営の実際において相対的比較優位性を享有できる。

2　経営戦略の構成要素

　ところで、経営戦略の構成要素について、どのように把握するかについては、諸説がある。ここでは、諸説を参考にして、経営戦略の策定について次のように考える。

　まず、経営戦略についての基本的要素（目的、構成、効果）を整理、把握する。すなわち、目的については、戦略を策定するためには、何を目的として、どのように達成するのか、という目的が大前提となる。また、構成については、戦略は、その実行に関わる組織や人材の実際の行動に結びつく具体的な構成・内容が必要である。さらに、効果については、戦略は目的、効果

を考慮して策定されていることが必要であり、効果を評価し、持続性を目的的に検証する必要がある。

次に、補完的要素（整合性、適法性、持続性）を整理、把握する。すなわち、整合性については、策定された戦略が実効性を発揮するためには、その戦略が当該企業の基本戦略、ポリシーに全体的に沿っており、整合・調和していることが重要である。また、適法性については、企業の社会的責任（CSR）の観点から評価され、利害関係者（Stakeholder）から承認を受けるためには、戦略の実行が違法性を有することは許されない。持続性（Sustainability）については、企業経営の基本的理念が持続的発展であり、戦略目的の達成が持続的に実現するのでなければ良い戦略とは認められない。

3 経営戦略の考え方の具体化

前述のとおり、経営戦略についてはいろいろの意義、考え方があるが、これらは、総じて、一般的、抽象的、理念的なものである。昨今における厳しい経営環境、しかも経済のボーダレス化、メガコンペティション化等、従来とは、比較にならないような急激かつ大規模な経営環境変化（革命的変化）に対応するためには、経営戦略の考え方についても重点的、具体的かつ実効性が担保されるものでなければならないと考える。

このような観点から経営戦略の考え方、とりわけ、経営戦略の基本的、補完的構成要素を考慮して、次のような具体化策が重要であると考える。

その場合の基本的理念は、公正で強固な競争優位戦略である。そして、大規模な経営環境変化（革命的変化）の中で、競争戦略は、存続を確保し、持続的に発展することを可能にする企業行動の方向や指針を提供するものであることが望まれる。

(1) 将来ビジョン

トップ・マネジメントによる将来ビジョンの明示は、経営戦略の構成要素の具体化策として最も基本的で他の構成要素の前提となる。

トップ・マネジメントは、将来ビジョンである経営理念を明確に組織に表明し、積極的な経営戦略展開のための方針を掲げ、それを組織に理解、浸透

させることが必要不可欠である。

　その場合、事業領域（ドメイン）の確定が重要であり、企業が経営的制度、社会的制度である中において、その事業領域における積極的事業活動により持続的発展を達成することが、株主・従業員等のステークホルダー（Stakeholder）に対する社会的責任である。

　企業経営においては、過去の延長線上で経営を続けることはできない。とりわけ、コスト削減戦略等緊急避難的戦略を重視するだけではなく新商品、新サービス、新市場の積極的開発に転じなければならない。

(2) 開発促進

　企業経営においては、過去の延長線上での戦略ではなく、積極的に新商品、新サービス、新市場の開発に努め、イノベーションを図ることにより競争優位の確立、競争相手との差別化を図る必要がある。

　その場合の前提問題として、人材の育成確保、経営戦略の実効性を担保とする組織づくり等が前提となる。

　開発力のない企業は、競争優位の確立が不可能であると同時に、戦略的提携においてパートナーからの信頼を得ることができない結果となる。

　開発力の発揮においては、コア競争力（Core Competence）の確立が重要な意味をもつ。コア競争力とは、企業が保有し、獲得しようとしているさまざまな資源がいかに組み合わされ、効果的な戦略を実現し得るかという能力を意味し、その能力には、有形資産だけではなく組織力や情報といったさまざまな無形の資産が含まれることになる。

　昨今における経済の情報化、ソフト化、サービス化の進展は、いわゆるナレッジマネジメント（Knowledge Management）、知的財産権重視経営（Pro-Patent, Pro-Intellectual Property）を促している。

(3) ビジネスモデル

　昨今における企業経営環境は、グローバル・ボーダレス経済とそれに伴うメガコンペティション、ネットワーク取引の普及などにより、競争は、従来とは違った形で展開している。すなわち、商品やサービス、市場の開発が順調に実施されたとしても、その商品やサービス、市場において競争優位に競

争戦略を展開するためには、事業の仕組み（ビジネスモデル）が、重要な要素となってきている。

ビジネスモデル（Business Model）の構築においては、製品の生産システム、流通システム、ビジネスの手段（電子取引の利用等）、及び他社との戦略的提携等、その商品やサービス、市場の状況によって具体的内容が異なる。

いずれにしても、大きな過渡期に直面している現在、企業の再活性化のためには、しっかりしたビジネスモデルの構築が必要不可欠なことである。

(4) 戦略的提携

産業・文化のボーダレス化、情報化、グローバル化の進展は、経営戦略において、策定したビジネスモデルにしたがって、他社と戦略的提携を行う必要性が強まっている。

企業間の戦略的提携は、資本提携、販売提携、技術提携等多様であるが、ナレッジマネジメントの観点からは、知的財産権が重要な要素となる。

また、戦略的提携においては、パートナーの知的財産権の価値評価が信頼性に大きな要素となる。

4 経営戦略策定のプロセス

企業経営の実際においては、前述のような企業経営の目的、そのための課題に基づいて経営戦略を策定・実施する。

① 何をするか……………ドメイン（Domain）の確立
② どのようにするか………経営戦略の具体化

これからの企業における、持続的発展のために最も重要な要素は、①ビジョン構築力、②開発力、③ビジネスモデル構築力、④戦略的提携力を戦略的に有することである。それらの要素の中においては、いずれも知的財産権が重要な地位を占める。

高い企業理念に基づいた、持続的発展企業たるためには、競争優位手段として、法制度上認知されている知的財産権を、経営戦略に有効適切に取り入れることが必要不可欠である。

企業経営においては、経営資源（Management Resources）、すなわち、①人的資源、②物的資源、③財務的資源、④情報的資源が必要であり、いわば人、物、金、情報が必要である。これらの経営資源を組み合わせることにより、企業の経営戦略が策定される。

　経営戦略策定のプロセスについては、企業が置かれている状況を客観的に把握・分析し、経営方針を策定し、具体的実行計画を策定する三つのステップに分けられる。

　さらに、戦略（経営戦略）には企業戦略、事業戦略及び機能戦略がある中で、企業全体の戦略である企業戦略は、企業理念→企業目標→企業ドメイン→製品・市場戦略→資源ポートフォリオ戦略の順に策定されていく。事業戦略の策定は、事業ドメイン→事業ミッション→環境・資源分析→事業目標→競争（対応）戦略→市場（対応）戦略の手順を踏む。また、機能戦略の策定は、個々の技術・製品ごとの具体的な戦略策定を行うことになる。

　しかし、戦略策定のプロセスが余りにも分析的なものとして扱われると、すべてが計画的な戦略策定として処理され、その後に組織内に残される問題は計画通りに事を運ぶためのコントロールだけということになり、組織構成員には限られた能力や知識だけしか発揮し得ない状態が生みだされてしまうことになる。

　経営戦略における知的財産権戦略は、企業戦略、事業戦略及び機能戦略すべてに関わるものであるから、したがって一般に説明されている経営戦略策定プロセスの中で企業戦略、事業戦略又は機能戦略の一部として、具体化されることになる。

5 競争優位の経営戦略
(1) 競争戦略の基本戦略

　競争戦略の基本的要素に、競争優位戦略がある。これは、資源展開やドメインの決定を通じて、競合他社に対して競争上優位な地位を確立することを意味している。

　知的財産権戦略においては、差別化戦略、参入障壁構築が重要である。

(2) 競争優位の源泉

　競争戦略においては、技術革新や消費者ニーズ等の変化に敏感に対応することに加えて、新規参入者、競争業者など競争要因の動向が競争優位確立の成否の鍵をにぎっている。

　競争戦略においては、経営資源の質、量が重要であるが、それだけでは十分といえない。すなわち、他社が同レベル又はそれ以上の経営資源を蓄積してしまうか、戦略や商品・サービスの模倣を簡単にされてしまう（法的ガードがない）場合には、長期にわたる競争優位はおぼつかない。

　競争優位の確立には経営資源の強みに加え、いわゆるコア競争力（Core Competence）と継続的戦略的開発が有益である。すなわち、競合他社が真似することができないようなパテントガードされた先端技術商品・サービスを顧客に提供する独自の技術・スキルの集合体である。

　また、継続的戦略的開発により、技術革新や消費者ニーズの変化に対応できる、いわば中核能力、企業力により持続的発展が期待できる。

I-3　技術経営と知的財産制度

　技術経営（MOT）は、一般的に知的財産との関わり、又は知的財産の戦略的活用が必要不可欠である。そして、技術経営との関わり、又は戦略的活用の対象知的財産は、いわゆる、技術的知的財産である。技術的知的財産の代表が特許である。

　特許制度等知的財産制度は、発明等の保護と利用をバランスさせることによって、産業の発達を期待する。例えば、発明の保護の面からは、技術開発によって生じた発明を、最初に特許出願し、特許権を取得した者に対して、特許出願による技術公開の見返りとして、特許を取得した発明の実施について、一定期間独占排他的権利を認め、技術開発及び開発技術の事業化のために費やした費用の回収と、技術開発のリスクの報酬を創業者利益という形で獲得することを可能にさせる。

　もちろん、独占排他的権利は、特許を取得した発明について、他人に実施

権（License）を許諾して実施料（Royalty）を取得するという形でも行使できる。

　また、発明の利用面からは、特許出願による技術公開により、インセンティブを与えられた他人が改良発明をなし、又は新規な発明をなして、その発明を利用するという形で発明の利用を図る。独占排他的権利たる特許権が消滅した後は、その技術は公有（Public Domain）に帰することになり、この点からも発明の利用が図られる。

　要するに、特許制度を有効に活用すれば技術経営が楽になる仕組みになっている。換言すれば、厳しい企業競争、そして大競争時代に耐えて、継続企業（Going Concern）として、また発展企業として存続するためには、真に技術開発が不可欠である。

　また技術開発においては、特許制度等知的財産制度の戦略的活用が不可欠である。

知的財産への対応
- 知的財産制度を知る：オープンイノベーションの枠組みを知る
- 知的財産を戦略的に活用：オープンイノベーション対応の応用
- 知的財産戦略を企業経営戦略に練りこみ経営評価に反映させる

　技術経営と特許制度については、例えば、大学の基礎研究を企業が事業化する場合、基礎研究成果に特許がなければ、企業は手を出すのを躊躇する。基礎技術を応用技術の開発につなげ、研究開発費を回収（基礎研究成果に金を払って投資）できる可能性がなければ、大学の基礎研究に投資しない。優位に進めるためには、特許が重要な要素となる。すなわち、産学連携には、特許が重要な選択・判断要素となる。

　なお、現行特許法制の概要は次の通りである。
① 特許法は、産業政策法的であり、産業の発展を目的とする。内容的には、特許権規定のような実体規定と特許出願のような手続規定を中心に構成されている。
② 特許制度はイノベーションの下支え機能が重要である。企業の持続的発

展のために必要不可欠なイノベーションは、特許制度等の知的財産制度により担保されている。
③ 現行制度においては、発明能力は自然人のみに認められる。したがって、職務発明問題が重要である。この点は、著作権法制度との重要な相異点である。
④ 特許権は、方式主義に従って、出願、審査、登録の手続を経て付与される。この点は、著作権法が無方式主義を採用していること（著作権法17条2項）と重要な相違点である。
⑤ 特許出願は、新規性、進歩性、産業上利用可能性等の特許要件が審査される。
⑥ 特許出願の内容は出願から1年6カ月で公開される。出願公開制度が採用されている。
⑦ 特許権は、設定登録によって発生し、出願の日から20年をもって終了する。
⑧ 特許権者は、侵害排除権等排他権を有する。
⑨ 特許権には公信力が認められず、無効審判制度等が存在する。なお、特許法104条の3は、「当該特許が無効審判により無効にされるべきものと認められるときは」特許権者等の権利行使の制限について規定している。
⑩ 特許権は共有の場合には、契約で別段の定をした場合を除き、共有者の同意を得ないでその特許発明の実施をすることができるが、共有者の同意を得なければ、単独ライセンス許諾権等が制限される。
⑪ 特許権に基づく実施制度として専用実施権、通常実施権が用意されている。また、特許を受ける権利に基づく仮専用実施権、仮通常実施権も用意された。
⑫ 特許の活用は、国際的対応も必要であるが、各国特許独立の原則を考慮する必要がある。
⑬ 知的財産経営においては特許等知的財産を核にした総合的、戦略的対応が重要である。
⑭ 特許法は、知的財産活用契約に関する基本的ガイドラインといえる。

知的財産の機能 ←┬ 企業評価、経営利益：持続的発展
　　　　　　　　├ 保護・権利化、活用：排他権、競争優位性、信頼性
　　　　　　　　└ イノベーション：知的財産化のインセンティブ

1　特許等知的財産は競争優位性の代表的要素

　最近の飛躍的な技術革新は、技術のシステム化、高度化、複雑化をもたらすが、反面、企業間の技術格差を縮小させる結果となる。

　一方、企業を取り巻く市場環境は、情報化時代、マルチメディアネットワーク化時代といわれる昨今、いっそう厳しさを増す傾向にある。このような時代においては、商品自体の品質やサービスの量のみによって、競争相手企業との比較優位化、シェアアップ、ひいては売上、利益の増加を意図しても容易には成功しない。技術開発、そして開発技術に基づく特許等知的財産をも有効に活用してこそ成功が期待できるのである。

　昨今は、知的財産戦略の時代である。もっとも、一般的に市場の成熟期においては技術・商品の改良の余地が少なく、競争優位化が難しくなり、絶対優位の地位を占めることは非常に困難なことであるので、知的財産を活用した比較優位の地位を目指すことになる。

2　特許等知的財産はよい技術・商品の基本的要素

　例えば、特許を取得した発明に係わる技術・商品は、独占排他的権利によって保護されており、一般的に競争力が強い。

　ところで、競争力の強い技術・商品、そしてよい技術・商品の要素としては、品質、価格、性能などが挙げられるが、法的安定性も欠くことができない基本的要素である。法的安全性は、自社の技術・商品がパテントガードされていることが基本であり、併せて他人の特許についても調査が行われていることも不可欠である。いわんや、他人の特許等知的財産に抵触するような技術・商品は、絶対によい技術・商品とはいえない。新しい技術・商品については、必ず他人の先行特許（Prior Art）を調査し、パテントガードしておくことが必要不可欠なことである。そうしてこそ、法的に安全な、よい技

術・商品といえる。

　一方、競合他社が同種商品について、特許権等知的財産権を保有している場合には競争戦略上大きな障害（参入障壁、差別化）となる。

③ 技術開発は特許権を取得してこそ完全

　特許権の取得には、相当な費用が必要であること、また特許出願すると、その内容が公開され、競合他社に模倣されるので、ノウハウ（Know How）として保持したほうがよいとの考え方に基づいて、技術開発の過程で発明が生じても特許出願しないことがある。しかし、特許は、競争優位性の代表的要素であること、よい技術・商品の基本的要素であること、安全な自己実施を可能にすることから、開発技術については特許出願しておくことが望まれる。

　開発技術について、特許出願をせずに商品を上市した場合には、他人にその技術・商品をまねされても、独占排他的権利である特許権で保護されていないので、一般論としては、後発の商品を法的に排除することはできない。しかも、後発の商品は開発費や開発リスクなしで事業化されているので、競争力が強く、市場を奪われてしまう危険性すらある。もちろん、創業者利益の取得も極めて困難になる。技術開発を行う場合には、現行特許法が先願主義を採用していることをも考慮して、一日も早く特許出願を検討することが望まれる。特許権を取得してこそ技術開発は、完全であるといえる。

④ 技術の商品化には特許が不可欠

　経済活動全般にわたるソフト化傾向に伴い、技術の商品化が重要視されている。特許権を取得したならば、まず自社で有効に実施すべきであるが、自社で実施しない特許については、特許の活性化の観点から他社に実施権を許諾することも考慮する必要がある。

　他社に実施権を許諾する場合には、いわゆるライセンシングビジネス（Licensing Business）となり、技術の商品化が強く望まれる。そして、技術の商品化においては、独占排他的権利である特許権の存在が基本的条件とな

る。特許権が核となっている技術は、他の技術との競争優位性が顕著であり、高い評価を受けることができる。

　なお、特許を実施するという場合には、必ずしも自社で取得した特許のみが対象となるのではない。他社所有の特許について、どう工夫しても権利抵触を回避することができず、しかも技術的迂回をすることがコストパフォーマンス（Cost Performance）の観点から難しい場合には、他社から実施権の許諾を受けたほうが経済的である場合もある。最近では、先進企業において特許公開、技術移転（Technology Transfer）策が推進されており、さまざまな形で技術・特許取引所（Technomart）が開設されるようになっているので、他社特許も比較的容易に利用できる状況になっている。他社特許を利用する場合には、自社が保有する特許をクロスライセンス（Cross License）の材料に使うことも配慮すべきである。

　技術移転契約においては、取引対象技術について、それがノウハウ（Know-How）であり特許権が存在しない場合には、契約が成立しない場合、ノウハウには独占的排他権利が認知されないことから、一般的に締結交渉が困難である。

5　技術開発には特許の事前調査が不可欠

　技術開発を開始する前にリスクマネジメントの観点から、必ず他人の先行特許、先行技術（Prior Art）を調査しなければならない。

　事前の特許調査を行わずに技術開発を開始して、開発技術を事業化する段階で他人の先行特許に抵触することが判明した場合には、その特許の無効証拠が存在するなど特別な場合を除き、特許権者との交渉は非常に難しくなる。最悪の場合には、開発技術の事業化を断念しなければならない事態に至りかねない。なお、先進企業においては、技術開発の開始決定、新商品の上市決定についての特許承認（Patent Approval）制度が定着している。

6　情報化の進展等と知的財産戦略

　情報化の急速な進展のなかにおいて、特許を中心とした知的財産権戦略

は、大きな変化を生じている。その主な点を挙げる。

(1) 標準化と特許権

特許権の本来の効力は、特許発明の独占排他的権利である。しかし、情報通信等の標準化が進展するなかで、複数の企業で形成されるコンソーシアムにおいては、デファクトスタンダード（事実上の標準規格）に関して、特許権についての独占排他的権利ではなく、オープンイノベーション的、報酬請求権的内容で対応するルール作りなどが有益なシステムとして注目される。

(2) 特許等知的財産権実務の成熟化

最近のように、経済発展が一定以上に達すると、各企業は知的活動により注力するようになり、その結果、特許等知的財産権が蓄積し、いわば、余裕のある企業体質が定着することになる。このような状況がさらに進展した場合には、企業は、特許等知的財産の活用にさらに注力することになる。

このような状況下で、知的財産権関係法が大幅に整備され、しかも、国際的保護制度、ハーモナイゼーションも進展し、ライセンス契約に関するガイドライン、例えば、公正取引委員会により「知的財産の利用に関する独占禁止法上の指針」等も公表され、安定した実務慣行が定着する状態になりつつある。この結果、特許等知的財産権及びこれらに関するライセンス契約分野における成熟化傾向が顕著となっている。

7 知的財産権の信用価値

知的財産権は、企業経営における法的安定性、取引における信頼性・信用の要素、戦略策定における確信性（自信）の要素等となり、併せて、経営資源性、担保価値、ライセンシング要素となり、経営利益・企業価値の創造の機能を発揮する。

企業経営における知的財産権の信用価値については、商標と商号の機能も重要である。

優れた技術開発、製品開発等の結果、技術経営が順調に進展できている場合においても、その後半は、いわゆる、技術経営の重要な内容であるマーケティングである。

いわゆる成熟社会における企業のマーケティングにおいては、商品の品質、性能、価格などによって差別化を図ってゆくことは、なかなか困難なことであり、昨今は企業イメージで売る時代といわれるようになっている。企業イメージを最も顕著に表わすのが商標や商号であるから、商標や商号は、企業の経営戦略において極めて重要な役割を果すことになる。

　商標や商号は、商品を提供する企業の顔であり、商品や企業自体の差別化の有力な武器となり、商標、商号の善し悪しが業績に重大な影響を与えることになる。いわば、商標や商号は物いわぬセールスマンなのである。商標 (Trade Mark) は、自己の営業に係わる商品を、他人の商品と区別するために商品に使用する標識（目印）であり、商号 (Trade Name) は、商人が営業上の活動において、自己を表示する名称である。

　商標の本来の機能は、商品の出所を表示し、商品を他の商品から区別することにあるが、同じ商標が使用された商品については、通常の場合、顧客は一定の品質を認識するので、商標は品質表示機能も発揮する。この品質表示機能により、商品が顧客の信用を獲得すると、ひいてはその商品を製造、販売する企業自体が顧客の信用を獲得する。そして、顧客は、商標によって企業を他の企業から区別するようになる。

　このように、商標によって顧客の信用を獲得した企業は、商標を営業標識、ハウスマーク (House Mark) とすることができ、場合によっては、その商標を商号に取り入れることもある。いわば、商標の商号化というわけである。

　また、商号の本来の機能は、商人が営業上、商人としての自己を表示するために用いることにあるが、その商人が顧客の信用を獲得している場合には、商号の一部を商標として使用することも有益である。いわば、商号の商標化というわけである。商標や商号は、企業及び商品の信用のシンボルであり、大切な財産である。したがって、新商品のネーミングは、商品をいかに効率よく販売することができるかという観点から検討されるべきである。

　新商品に対するネーミングの考え方には、企業によって、また商品によって色々あるが、マーケティングにおける商品の差別化の有効な一つの手段と

して、ハウスマーク中心のネーミング戦略を挙げることができる。ハウスマークには、長年の統一的使用によって、企業の信用が蓄積し、グッドウィル（Good Will）、いわゆる、企業の価値あるブランド（Brand）が形成・構築されている場合が多いからである。

8 知的財産権の価値評価：経営戦略の視点から
(1) 知的財産権の価値評価の必要性

　これからの企業経営においては、経済発展政策として、創作に対して、政策的に独占排他権を認知し、創作者に経済的インセンティブを与える知的財産権制度を、適正に評価し、適法かつ、公正に企業戦略に取り入れていく必要がある。現在、知的財産権重視政策（Pro-Patent、Pro-Intellectual Property Right）の考え方・制度が重要視されている。しかし、この中では真に経営戦略に有効に機能するような内容では検討されていない。昨今における企業経営は極めて複雑な要素・項目を検討した経営戦略に基づいて行わなければ、経営効率、経営計画の実効性は期待できない。特に、業際的活動、企業・業務・技術提携なしには持続的発展企業たり得ない。

　経営戦略における、目に見えない経営資源としての知的財産権の戦略的活用においては、企業経営における知的財産権の価値評価が前提となる。そして、知的財産権の価値評価は、いろいろの観点から必要となる。例えば、企業価値評価、戦略的提携の評価、知的財産権取引・損害賠償金の評価等である。

　従来、知的財産権の評価は、主として、技術的又は会計的な観点から行われていた。すなわち、技術的観点からは、知的財産権の取得・保有件数、分野などを中心とした評価であり、会計的観点からは、知的財産権の取得・保有に要した費用や、取得したロイヤルティー収入の額等を中心とした評価であった。

　ところで、企業経営における知的財産権の価値評価に関しては、未整理、未解決の問題が多く存在している。例えば、①知的財産権の経営資源としての性質、②知的財産権の価値評価の原則と手法、③知的財産権の経済的寄与

評価の方法、④知的財産権ライセンス契約におけるロイヤルティー決定原則と方式等である。

このような状況を考慮して、競争優位確立のための経営戦略の観点から企業経営における知的財産権戦略の前提問題である、その価値評価について検討する。なお、従来、経営戦略に知的財産権が有効に活用されなかった最大の理由は、知的財産権の価値評価が適切に行われなかったことにあると考える。

(2) 知的財産権の価値評価の意義

企業経営における知的財産権の価値評価は、いろいろの観点から必要となる。例えば、経営資源としての企業価値評価の一つとして、経営戦略の観点から知的財産権を検討する場合には、単に特許権等の知的財産権の件数や、存在形態だけで評価することは適切ではない。知的財産権の価値を経営戦略的に評価する必要がある。

知的財産の評価法には、多種多様なものがある。一般によく知られている評価法として①インカム・アプローチ（絶対価値評価）法、②マーケット・アプローチ（相対価値評価）法、③コスト・アプローチ（再調達原価評価）法がある。

知的財産権の企業経営上の価値評価は、経営目的に直接寄与する形での内容である。すなわち、企業活動における競争優位を確立するものである。具体的には、企業の基本方針、経営環境等によってその重点は必ずしも不変的ではないが、権利自体、技術的優位性、市場性、経営寄与の4つの価値評価要素を挙げることができる。

知的財産権の価値評価の考え方や方法については、一定不変のものは存在しない。知的財産権の価値評価も、他の資産と同じように、収益還元法、原価法及び取引事例比較法によって行われることが検討されてきた。しかし、これらはいずれも、経営戦略的観点からは、適切なものとはいえない。いずれにしても企業経営においては、経営戦略の観点から、すなわち、競争優位を確立するために知的財産権は必要不可欠のものであるので、競争優位を確立するためのツールとしての知的財産権としての価値評価が必要となる。

I-4 技術経営のための知的財産戦略

1 企業経営における知的財産制度の趣旨、目的：イノベーションを下支えする機能

　企業経営における知的財産の戦略的活用を検討するに当たっては、知的財産制度の概要を把握しておくことが大前提となる。

　特に、企業経営における知的財産の活用の視点から整理、把握することが重要である。知的財産法及び知的財産・知的財産権の概要は次の図の通りである。

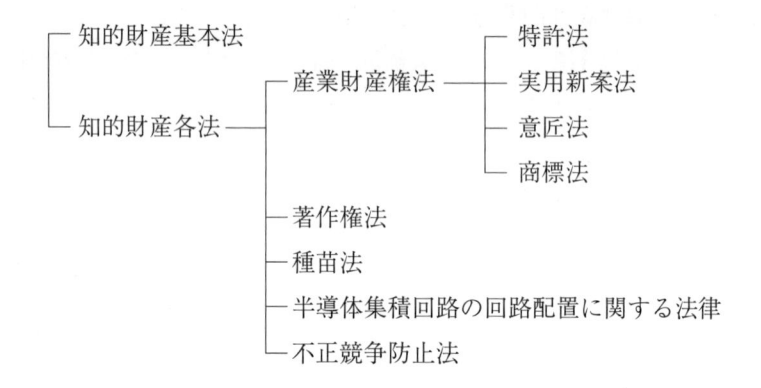

```
                ┌─ 知的財産基本法
                │                   ┌─ 特許法
                │       ┌─ 産業財産権法 ─┤─ 実用新案法
                │       │              ├─ 意匠法
                └─ 知的財産各法 ─┤              └─ 商標法
                        ├─ 著作権法
                        ├─ 種苗法
                        ├─ 半導体集積回路の回路配置に関する法律
                        └─ 不正競争防止法
```

　企業経営の基本理念は持続的発展であり、そのためには、イノベーションが必要不可欠であり、イノベーションは知的財産制度に下支えされてこそ実効性が担保される。

$$\text{イノベーション} \rightarrow \text{実効性（持続的発展）}$$
$$\uparrow$$
$$\text{知的財産制度}$$

　知的財産制度は、イノベーションの成果を出した者に、方式主義、無方式主義、行為規制保護的に保護し、イノベーションを下支えする機能を有する。

　昨今、我が国産業の国際競争力の強化と経済の活性化の観点から、世界的保護制度が用意されている知的財産の重要性がますます高まっている。ま

た、企業経営においては、知的創造、その成果の知的財産（権）化、そして知的財産の戦略的活用、すなわち、知的創造サイクルを効率的に回した知的創造経営が重視されている。

我が国政府は「知的財産立国」実現に向けた基本的な構想として、2002年7月3日に「知的財産戦略大綱」を決定し、この大綱を受けて「知的財産基本法」を2002年12月4日公布、2003年3月1日から施行した。また、この基本法には、知的財産に関する基本理念、諸施策を講ずるための「知的財産戦略本部」の設置、「推進計画」の作成などが定められている。

「もの」とは異なり、「情報」は極めて容易に模倣されるという特質をもっており、しかも利用されることにより消費されるということがないため、多くの者が同時に利用できる。

特に知的財産については、活用されないとその価値は著しく減殺されてしまうという性質を有しており、創造、保護、活用のシステム、すなわち、知的創造サイクルの確立が欠かせない。したがって、情報を我が国における重要な富とするためには、情報が法により強力に保護されなければならないが、単に法律に保護のための規定をするだけでは足らず、裁判等を通じて実効的に保護されることが必要である。

また、技術開発等の成果については、契約によって適切な対価を徴収できる実効的なシステムが確立していない場合、独創的な知的財産を生み出すインセンティブが薄れてしまうとともに、生み出された情報も秘匿されるようになり、その結果として知的財産から生み出される富が大きく減少する結果となる。

このように、知的財産については、「もの」に関する所有権的発想ではなく、情報の特質を勘案した保護と活用のシステムを構築することにより、知的創造サイクルのより効果的な循環につなげるべきである。

質の高い知的財産を生み出す仕組みを整え、知的財産を適切に保護し、知的財産が社会全体で活用され、再投資によりさらに知的財産を創造する力が生み出されていくという知的創造サイクルがスピードをもって循環すれば、知的財産は大きな利益を生み、経済・社会の発展の強力なエンジンとなる。

要するに、知的財産制度は、創造の成果を知的財産として保護し、排他権を付与し、又は行為規制的に保護してパイオニアプロフィットを認め、フロントランナーを保護し、更なるイノベーションを促進することを目的とする。

したがって、企業経営においては、このような知的財産の制度設計に沿った具体的なイノベーション促進戦略を実施することが期待される。

(1) 知的財産・知的財産権

知的財産・知的財産権とは何かについては、従来多様な考え方があったが、平成15年3月1日に施行された知的財産基本法2条において、知的財産（Intellectual Property）・知的財産権（Intellectual Property Right）は、それぞれ次のように定義された。

知的財産とは、「発明、考案、植物の新品種、意匠、著作物その他の人間の創造的活動により生み出されるもの（発見又は解明がされた自然の法則又は現象であって、産業上の利用可能性があるものを含む。）、商標、商号その他事業活動に用いられる商品又は役務を表示するもの及び営業秘密その他の事業活動に有用な技術上又は営業上の情報」であり、知的財産権とは、「特許権、実用新案権、育成者権、意匠権、著作権、商標権その他の知的財産に関して法令により定められた権利又は法律上保護される利益に係る権利」である。

営業秘密（Trade Secret）は、知的財産基本法により知的財産・知的財産権とされたが、不正競争防止法においては、「秘密として管理されている生産方法、販売方法その他の事業活動に有用な技術上又は営業上の情報であって、公然と知られていないもの」と規定したが、「営業秘密権」のように認知されていない。

なお、知的財産基本法は、金型製造図面等秘密管理されていない事業活動に有用な情報も、知的財産の一つとした。

従来の法制度ではカバーしきれない新しい対象が出現した段階で、いわば経済、社会の変化や技術革新を法制度が後追いする形で、新しい対象について知的財産法を制定し、又は既存の法律を改正していくことになる。

＜知的財産・知的財産権図＞

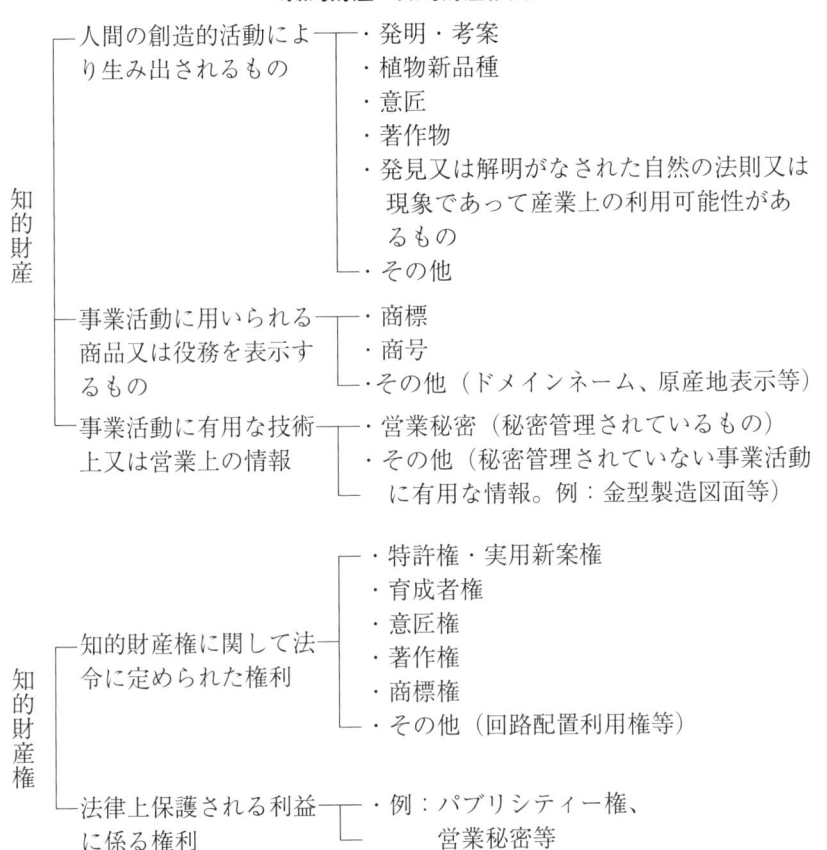

```
          ┌─人間の創造的活動によ ─┬・発明・考案
          │ り生み出されるもの    │・植物新品種
          │                      │・意匠
          │                      │・著作物
知         │                      │・発見又は解明がなされた自然の法則又は
的         │                      │  現象であって産業上の利用可能性があ
財         │                      │  るもの
産         │                      └・その他
          │
          ├─事業活動に用いられる ─┬・商標
          │ 商品又は役務を表示す  │・商号
          │ るもの                └・その他（ドメインネーム、原産地表示等）
          │
          └─事業活動に有用な技術 ─┬・営業秘密（秘密管理されているもの）
            上又は営業上の情報    └・その他（秘密管理されていない事業活動
                                    に有用な情報。例：金型製造図面等）

          ┌─知的財産権に関して法 ─┬・特許権・実用新案権
知         │ 令に定められた権利    │・育成者権
的         │                      │・意匠権
財         │                      │・著作権
産         │                      │・商標権
権         │                      └・その他（回路配置利用権等）
          │
          └─法律上保護される利益 ──・例：パブリシティー権、
            に係る権利                  営業秘密等
```

技術経営（MOT）における知的財産問題を、検討する場合、知的財産、知的財産権のうち、主として、技術的知的財産、知的財産権が対象となる。なお、平成19年9月28日に公正取引委員会が公表した「知的財産の利用に関する独占禁止法上の指針」も技術的知的財産、知的財産権を対象としている。

知的財産・知的財産権　＜　**技術的知的財産・知的財産権**
　　　　　　　　　　　　　非技術的知的財産・知的財産権

技術的知的財産（権） ┤ 特許、実用新案、意匠
　　　　　　　　　　　営業秘密（ノウハウ）
　　　　　　　　　　　技術的著作物（ソフトウェア、データベース等）
　　　　　　　　　　　半導体チップ
　　　　　　　　　　　植物新品種

　知的財産は多種多様であるが（知的財産基本法2条で定義）、①方式主義で保護される特許を中心とした産業財産権、②無方式主義で保護される著作者の権利（著作者人格権、著作権）、③行為規制的に保護される営業秘密（ノウハウ）が重要である。
　そして、知的財産は、技術知的財産と上記図に列記された知的財産以外の商標権、著作権等の非技術知的財産に区分される。

(2) 知的財産権の分類方法

　知的財産権の分類方法は、一定不変ではなく、いろいろな考え方がある。主な分類方法を挙げると次のとおりである。
① 権利の性質に注目して、創作物に関する権利と識別標識に関する権利に二分する方法
② 法制度の目的に注目して、産業政策的権利と文化政策的権利に二分する方法
③ 制定法の存否に注目して、特別保護法が存在する権利と特別保護法が存在しない権利に二分する方法
④ 権利の種類に注目して、産業財産権、著作権及びその他の権利に三分する方法

　知的財産権に関する法律が知的財産権法であり、現在のわが国における知的財産権法には、特定の知的財産権に関し独立・特別に制定された法律と、不特定・多数の知的財産権に関し適用される共通・一般的な法律とがある。前者の例としては、特許法、実用新案法、意匠法、商標法、著作権法、半導体集積回路の回路配置に関する法律、種苗法などがあり、後者の例としては、民法、商法、不正競争防止法などがある。

```
                              強
                    排他力
         弱                        ┌─────────────────┐
                                  │ 方式主義による保護  │
                                  │ 絶対的排他権的対象  │
                    ┌─────────────────┐ │ ・特許権        │
                    │ 無方式主義による保護 │ │ ・その他        │
                    │ 相対的排他権的対象  │ └─────────────────┘
┌─────────────────┐ │ ・著作権        │
│ 排他権ではなく行為規 │ │ ・その他        │
│ 制的に保護       │ └─────────────────┘
│ ・営業秘密（ノウハウ）│
│ ・その他         │
└─────────────────┘
```

2 企業経営における知的財産の機能

　企業経営における知的財産の機能は、知的財産法の制度趣旨を踏まえて実効性が期待される。なお、企業経営における知的財産の機能を有効に発揮させるためには、具体的な経営戦略に練り込む形で実行することが前提となる。

　要は、企業経営における知的財産の機能としては、産業政策、文化政策の観点から独占排他的な権利として認知されているものであり、したがって、経営戦略上、参入障壁の構築による市場独占、差別化による競争優位の確立、経営利益・企業価値の創造等の機能を有する。

- 独占・排他力、絶対的排他権、相対的排他権、行為規制
- 参入障壁の構築による市場独占：絶対優位、比較優位
- 差別化による競争優位の確立
- 経営利益、企業価値の創造
- 知的財産重視傾向：プロパテント（知的財産重視）
- 知的財産価値評価：各企業の各案件により決まる。
- 持続的発展維持機能
- イノベーション担保要素：イノベーションの成果を下支えする機能
- インセンティブ付与要素：イノベーションは、知的財産制度を意識したインセンティブ機能により持続性、実効性が期待できる。
- 知的財産は、便宜上特許などの技術知的財産と商標などの非技術知的財産

に区分することがある。技術的知的財産は、いわゆる技術経営（Management of Technology:MOT）における競争戦略の中心的機能を果す。

知的財産の機能と利用、活用による効果

	機能：知的財産制度趣旨 戦略的考え方	利用・活用効果：知的財産機能の回転 実効性重視の利・活用
1	＜創造・保護・権利化＞ インセンティブ付与	＜取得・保有、利用・活用＞ 知的創造の活性化
2	イノベーション・スピード経営の下支え、リスクマネジメント	知的創造権利化促進、パイオニアプロフィット ＜持続的発展＞
3	排他力：特許権、著作権等 独占的利用・活用、ライセンス許諾	営業実績向上、ライセンス収入 ＜経営業績向上＞
4	差別化：商標、意匠、ノウハウ 付加価値の源泉	確信経営、経営に対する信頼性 ＜競争力強化＞
5	信頼性・見える化 特に産業財産権	企業価値評価 ＜経営力、経営信頼＞
総合	産業・文化の発展 経済、産業、文化政策的制度設計を踏まえて、利用・活用効果を考慮した制度趣旨が重要	企業の基本的理念 知的財産の機能は完全無欠たり得ない。比較優位、総合政策的に知的財産を戦略的に活用することが重要。

2-1 企業経営における知的財産の基本的機能

　企業経営における知的財産の機能とは、企業経営における知的財産の働きのことをいい、企業経営を構成している全体的要素に知的創造的側面から戦略的、目的的に影響を与える理念的、権利的働きである。

　知的財産は、企業経営において、経営理念、経営戦略、経営価値評価の重要な要素となり、知的財産を中心とする無形資産が企業価値の大半を占めるといわれている。すなわち、知的財産なしには企業は機能しないといっても過言ではない。そして、企業経営における知的財産の機能は一定不変のものではなく、ケースバイケースで考慮される。

　具体的には、知的財産各法の目的に沿った形で、競争優位機能として、排他権要素（特許権、著作権等）、差別化要素（ノウハウ等）が、また企業価

値評価機能として、知財重視傾向、知的価値評価が、さらに持続的発展維持機能として、イノベーション担保要素、インセンティブ付与要素を考慮する必要がある。

知的財産権は、産業政策、文化政策の観点から独占的排他的な権利として認知されているものであり、したがって、次のような機能を有する。

企業経営における知的財産の基本的機能

	経営戦略上の機能	具体的内容
(1)	参入障壁の構築による市場独占	・競争優位要素 ・グローバリゼーション対応 ・リーガルリスク回避要素 ・戦略提携の要素
(2)	差別化による競争優位の確立	・法的安定性 ・独創性、異質性 ・ナレッジマネジメント要素 ・良い企業要素
(3)	経営利益・企業価値の創造	・確信性（自信） ・取引における信頼性・信用要素 ・経営資源性、担保価値 ・ライセンシング要素

(1) 参入障壁の構築による市場独占

絶対的独占排他権を認知されている特許権等知的財産権について、経営戦略に取り入れ、後発競合企業の市場参入を阻止し、又は少なくとも参入を遅らせ、市場独占の競争戦略を実施する。参入障壁の構築については、いろいろのバリエーションがあるが、次の考え方が有力である。

① 強い権利による参入障壁
② 広い（又は多数の）権利による参入障壁

強い権利は、いわゆるキャッチアップ型開発・改良開発ではなく、独創的・基礎開発によって構築されるのが通常である。

知的財産権は産業政策、文化政策の観点から制定される保護制度に基づくもので、その時代の当該国における産業政策、文化政策によって流動的であ

り、現在の状況下においてわが国を初め先進諸国では、プロパテント政策が定着している。

　これからの企業経営においては、独占排他力の強い知的財産権を取得、保有して、それを戦略的に活用することにより、競争優位な経営戦略が実施できる。

　知的財産権による市場独占に関し、注意すべき点に独占禁止法の問題がある。知的財産権は、知的財産権各法に基づいて独占排他権が認知される一方、独占禁止法は、私的独占、不当な取引制限、不公正な取引方法を原則として禁止する。しかし、独占禁止法21条は知的財産権の権利行使行為については、独占禁止法の適用を除外すると規定している。知的財産権の存在は、不公正な取引方法等の指摘を受けるリーガルリスクを回避することを可能にする。

　また、一つの商品やサービスについて、多数の知的財産権を取得、保有することによって、後発競合企業に対し広い参入障壁を構築することができる。例えば、ある商品について、材料面、構造面、製造方法面、名称面、ビジネスモデル面等から知的財産権を多面的に取得、保有することによって、後発企業の参入を困難化するような競争優位戦略である。

　知的財産権による参入障壁の構築については、前述の独占禁止法に関する問題以外に知的財産権の不安定性、不完全性、陳腐化性等の特性を考慮して、すべての場合に絶対優位の競争戦略が実施できるわけではなく、場合によっては比較優位の競争戦略を実施すべきである。特に、ボーダレス化している企業取引において、知的財産権を全世界的に完全に取得・保有することは不可能である中で、経営のグローバリゼーション対応については、比較優位を考慮した競争戦略を実施すべきである。

　例えば、類似の研究開発を行っている企業が存在することがあり得る中で、類似の知的財産権の保有者とのクロスライセンス（Cross License）契約の締結、技術標準化された技術分野において保有する知的財産権については、独占的排他権の行使ではなくライセンスの許諾による報酬請求権の行使などである。いわばオープンイノベーション対応である。

なお、知的財産権による、後発企業の市場参入を阻止する競争戦略の中で、状況によっては、相互補完等を考慮して、技術提携、販売提携等の戦略的提携を検討することが必要となる。その場合において知的財産権は、コア競争力（Core Competence）の機能を果す。

(2) 差別化による競争優位の確立

　競争戦略は、競争相手に対して差別的な競争優位性を確立するための指針を確立することである。

　知的財産権により保護されている商品は、法的安定性、信頼性のある商品として、また、独創性、異質性を有し、競合商品との関係で差別化機能を発揮することができる。また「知的財産権は物いわぬセールスマン」としての機能や確信をもった経営判断によるヘッドスターター（Head Starter）の機能を発揮する。

　また、営業秘密（不正競争防止法2条6項）は、非公知性があり、経済的有用性があり、秘密として管理している営業上、技術上の情報である。したがって、営業秘密による商品の製造、販売は、競合他社に対し、競争優位を確立することができる。

　ところで、知的財産権の取得、保有によって、市場への参入を早め、創業者利益（Pioneer Profit）を取得し、それによる再投資を可能にし、技術進歩性を発揮し、その結果、これらのサイクルによる市場における競争優位を確立し、ナレッジマネジメント（Knowledge Management）を可能にし、良い企業として評価され、持続的発展企業たることを可能にすることができる。結果的に、社会全体における資源配分も可能にすることができる。

2-2 企業における知的財産の具体的機能

　企業経営における知的財産の具体的な機能は、企業の経営戦略における総合政策的な位置づけにつながるものであり、各企業のその段階における企業理念、経営戦略、経営方針の重要な位置を占めることになる。

　すなわち、①知的財産制度は経済・産業文化の発展のために制度設計されている。②経済・産業文化政策制度であり経済、産業、文化政策により適宜適切に施行される。③したがって、企業経営における知的財産の機能は、知

的財産権を戦略的に活用することが前提で、その効果によって知的財産が企業経営に寄与する。

(1) 持続的発展機能

知的財産権は、排他権等を内容とする保護期間が所定の期間に定められており、企業経営において最も重要な要素である、持続的発展に寄与する機能を有する。

そして、知的財産権は、イノベーションを下支えする機能を有することにより、知的財産権の保護期間との連動性が担保され、継続的イノベーションを可能にする機能を有する。

(2) イノベーション担保機能

企業経営においては、継続的イノベーションが必要不可欠である。しかし、継続的イノベーションは、知的財産保護制度により適切に担保、下支えしなければ、達成不可能である。すなわち、知的財産保護制度は、イノベーションの成果たる発明等を一定の条件のもとに排他的権利を与えて保護するものであるから、結果的にイノベーションを担保、下支えする機能を有する。イノベーションは、知的財産権に担保されてはじめて企業経営戦略の基本的位置づけができる。

(3) 企業価値構成・評価機能

知的財産の上記の機能をベースに、知的財産は企業価値構成・評価機能を発揮する。

昨今の企業経営は、共同研究開発、生産・販売における提携等種々の企業提携が必要不可欠である。そのような場合に、イノベーション力等の評価要素である知的財産の保有状況が、選ばれるための基本的要素となり、結果的に企業価値を構成し、評価機能を発揮することになる。

(4) 競争優位機能

特許法においては、保護対象が技術的思想（アイデア）であり、権利の発生のためには、出願、審査、登録などの所定の方式・手続が必要となる、いわゆる方式主義がとられている。権利の性質は、絶対的排他権である。ただし、特許法68条、77条2項の「専有する」を絶対的排他権と解するか独占権

と解するかが、ライセンス契約におけるライセンサーのライセンシーに対する保証条項等において重要な問題である。基本的には、特許権等は絶対優位機能を有する。

著作権法においては、保護対象が、思想、感情の創作的表現であり、権利の発生のためには、出願、審査、登録など一切の方式・手続を必要としない、いわゆる無方式主義がとられている。権利の性質は、相対的排他権（依拠性のない偶然の一致には権利は及ばない）である。

著作権法は、著作者に著作者人格権と著作権（財産権）を認め、かつ無方式主義がとられており（著作権法17条）、財産権としての著作権は複製権ほかの支分権の束により形成させている。しかも著作者として法人も認め（著作権法15条）かつ法人には法人格を要しない（著作権法2条6項）構成をとっている。著作権の支分権も特許権と同様「享有する」の解釈が依拠性との関係で重要な問題である。基本的には、著作権等は比較優位機能を有する。

不正競争防止法においては、営業秘密を営業秘密権として認知する形ではなく、その不正な取得、使用、開示について行為規制的に保護する方法がとられている。

営業秘密は、「非公知性」「有用性」「秘密管理性」が要件であり（不競法2条6項）、特に「秘密管理性」が重要であり、かつ保有者及び行為規制的保護への対応が課題である。

(5) 確信経営機能

企業経営は、極めて複雑な要素・項目を検討した経営戦略に基づいて行わなければ、経営効率、経営計画の実効性は期待できない。特に、業際的活動、戦略的な資本・業務・技術提携なしには持続的発展企業たり得ない。知的財産により経営判断における適法・公正指針としての機能が期待できる。

特許等知的財産権関係実務においては、特許市場を積極的に形成するなど、「権利を使う」ことに重点が移っている。しかし、技術のハイテク化に伴い、技術開発には多額の投資が必要となり、その投資を回収するためには他社が自社の特許権等を侵害している場合、厳しく対応する傾向が強くな

る。

　なぜならば、他社の特許等知的財産権の侵害事件を一度引き起こしてしまうと、金銭的損失、時間の浪費、信用の失墜の問題が生じ、企業に損失、損害が生じかねない。

　したがって、これらの問題を未然に防止するためには、リーガル・リスクマネジメント（Legal Risk Management）を実施する必要がある。知的財産を適切に保有し、リーガル・リスクマネジメント対応を適切に行うことによって、一般的には確信をもって企業経営を行うことができる。

(6) 予見可能化機能

　企業活動に関する国際化・ボーダレス化、ソフト化・サービス化、企業構造の多様化、法規制の強化、競争の激化・訴訟社会の進展などにより、企業経営におけるリスクマネジメント、特に、リーガル・リスクマネジメントの重要性が高まっている。

　企業活動においては、一般的に、①企業収益の最大化を企画し、②企業が事業を展開する場合には、必ず法律が関係し、③企業が直面する法的危険は、多様化、複雑化、重大化する傾向にある。したがって、企業経営においては、企業法務が重要な役割を果たし、企業法務においては、リーガル・リスクマネジメントが必要不可欠となる。企業法務自体がリーガル・リスクマネジメントであるといえる。

　知的財産権は、権利関係が不明確な場合が多く（例えば、著作権の無方式主義保護制度による権利関係の不明確性）、権利侵害問題が生じやすい。したがって、企業経営においては、知的財産権問題については、十分なリーガル・リスクマネジメントが必要不可欠なこととなる。このようなリーガル・リスクマネジメントの実施により、企業経営の予見可能化が期待できる。

　他社権利の行使を受けるリスクの回避を予見可能とし、事業の法的安全性を見える化する機能が期待できる。

(7) 企業収益増加機能

　知的財産権の基本的特徴は独占排他権を認知されていることであり、この特徴は、知的財産権に係る商品を独占的に自己実施し、競合他社の市場参入

を障壁の構築により阻止し、市場の独占を図ることである。

しかし、この市場独占の経営戦略は、どのような状況下でも通用する唯一絶対のものではない。絶対優位は、多くの場合期待できず、比較優位が現実であるので、次に検討さるべき経営戦略は、ライセンシング戦略である。保有知的財産のライセンシングにより企業収益を直接増加させることができる。

ライセンシング（Licensing）は自社が保有している知的財産権について、自社で当面は活用・実施しないか、又は仮に自社で実施していても、その権利が完全無欠ではないこと、又は経営戦略として、絶対優位ではなく、比較優位の方針を採用する場合に、他社に当該知的財産権についてライセンスを許諾し、対価の取得を図る施策である。

ライセンシングは、市場独占の経営戦略ではなく、市場に非独占の形で対応するものであり、ライセンスを許諾した他社は自社の分身であり、ライセンサー及びライセンシーで市場戦略を実行することになる。

ライセンサーとライセンシーによる市場戦略は、実際にはライセンス契約によって構築され、その履行により実施される。

(8) 企業提携戦略機能

企業経営環境は、イノベーションが必要不可欠であり、しかも一企業（会社）のみでそれを効率的に実行することは難しい状況にある。したがって、共同研究開発等他社との戦略的提携が必要となる場合が多い。

戦略的提携においては、パートナーとして選ばれるためには、独創性、イノベーション力が重要な要素となり、知的財産の保有がその場合の重要な要素となる。知的財産の保有により、共同研究開発を含め戦略的提携における選ばれる要素機能を発揮する。

(9) CSR、IR要素機能

企業の社会的責任CSR（Corporate Social Responsibility）が重要視されている。

各企業は、企業価値や将来性について、持続発展性をステークホルダー等に開示することが期待されている。企業価値や、将来性に関する情報として

は、各企業が保有する知的財産の内容及びその戦略的対応等が重要な対象である。企業の社会的責任又はIR（Investors Relations）の観点から知的財産の保有・公表により重要な機能が期待できる。

2003年7月8日に知的財産戦略本部が公表した、いわゆる「推進計画」の第3章「活用分野」には知的財産の情報開示について「証券市場が個々の企業における知的財産の位置付けを事業との関係で的確に把握できる開示の在り方を検討する必要があり、企業による自主的な知的財産の情報開示について、環境報告書・環境会計の例に倣い、以下の取組を行う。なお、情報開示を行うか否かについては、個別企業の判断に委ねるべきである」と記載されている。

したがって、「推進計画」にも記載されている通り、知的財産情報開示については、個別企業の判断に従って行われることになろう。そして、「推進計画」2009は、「2009年度から、知的資産経営報告書、知的財産関連情報を記載したアニュアルレポート（年次報告書）等を積極的に作成・公表することにより、自社の知的財産の強みを社内外に認識させ企業価値の向上を図ることを奨励する」としている。

ところで、企業の情報開示には、次の3段階がある。
① 義務的開示……説明責任（透明性）の観点からの開示
② 企業の社会的責任（CSR）的開示……利害関係者（Stakeholder）に対するガイドライン（指針）に沿った開示
③ インベスターリレーションズ（IR）的開示……戦略的開示

これからの企業経営においては、CSR又はIRの観点から、経済産業省が平成17年10月に公表した「知的資産経営の開示ガイドライン」が指摘する通り、極めて重要となる。

(10) インセンティブ機能

財産的価値のある知的財産は、一般的に資金、労力、時間を費やして取得、形成されるものであり、コストパフォーマンスを考慮して、他人（セカンドランナー）により模倣される可能性がある。

知的財産の他人による模倣を放置しておくと、ファーストランナーが資

金、労力、時間を費やして取得、形成した知的財産にセカンドランナーがただ乗り（Free ride）することによって、資金、労力、時間を節約して先発者（Head Starter）となることを許してしまう。

一方、資金、労力、時間を費やして知的財産を取得、形成した者は、ファーストランナーとしての創業者利益（Pioneer Profit）を享受することができないことになる。

その結果、資金、労力、時間を費やして知的財産を取得、形成したファーストランナーよりも、これにただ乗りしたセカンドランナーのほうが経済的に有利な立場に立つことになる。したがって、莫大な資金、労力、時間を費やして最初に知的財産を取得、形成する者はなくなり、結果的に産業や文化の発展は低調となりかねない。

そこで、資金、労力、時間を費やして取得、形成された知的財産については、独占、排他的な権利、すなわち、知的財産権を認知し、排他権を与えて、他人による模倣、ただ乗りを法的に規制する知的財産権法制と、排他権を認知することはないが、不正な侵害から保護する不正競争防止法を行為規制法的に用意することが、産業政策的、文化政策的に必要となる。

つまり、知的財産権の法的保護の目的は、最初に知的財産を取得、形成した者にインセンティブを与える、産業政策、文化政策といえる。創作に独占排他権が認められインセンティブ機能が期待される。

2-3 企業経営における知的財産機能の整理・把握
(1) 一般的機能

企業経営に資する知的財産問題は、知的財産の機能を正確に把握し、その機能を十分に発揮させる知的財産部門の本当の役割を整理、把握する必要がある。要点は下記の通りである。

① 持続的発展とイノベーション

企業経営の基本的理念は、持続的発展である。その実現のためには、イノベーション（技術革新、創新）が必要不可欠である。そして、イノベーションは知的財産に下支えされて、実効性が期待できる。

知的財産の本当の機能は、イノベーションを促進し、企業の持続的発展

に寄与することである。したがって、企業ごとに機能は内容が異なる。

② 知的財産と経営戦略

知的財産の機能は、経営戦略そのものである。したがって、経営戦略に総合政策的に練り込んでこそ実効性が期待できる。

知的財産の活用は、①有力な知的財産、②具体的な経営戦略、③戦略的知的財産人材の存在が必須要素である。

なお、戦略的知的財産人材は、知的創造、権利化・保護、活用ごとに、①育成段階層、②プロフェッショナル層、③マネージメント層があり、各層ごとに重要な役割がある。

③ 知的財産戦略と競争政策

知的財産戦略は、競争戦略である。したがって、競争政策（独占禁止法）を考慮して実施されるべきである。その場合、公正取引委員会が公表した「知的財産の利用に関する独占禁止法上の指針」が重要なガイドラインとなる。そのキーワードは、「円滑な技術取引」と「技術を利用させないような行為」である。

(2) 直接的機能と間接的機能

企業経営における知的財産の機能は、直接的機能と間接的機能に大別することができ、その主なものは、次の通りである。

- 直接的機能
  ① 企業業績を維持・発展させる機能
  ② 持続的発展機能
  ③ イノベーション担保機能
  ④ 企業価値構成・評価機能
  ⑤ 企業収益増加機能
  ⑥ 競争優位機能

- 間接的機能
  ① 経営に確信力を与える機能
  ② 予見可能化機能
  ③ 企業提携戦略機能

④ CSR（IR）要素機能
⑤ インセンティブ機能
⑥ ボーダレス、グローバル経営機能

3 企業経営における知的財産の活用
3-1 知的財産活用の考え方

　知的財産問題を企業経営レベルで検討評価する場合、知的財産を全体的、総合政策的に把握し、個別具体的問題を全体的、総合政策的観点の中において、どのような位置づけ、評価となるかを検討することが有益である。

　企業経営における知的財産の機能は、知的財産の排他力、差別化力といったものではなく、それを踏まえた企業経営に直接寄与することである。また、企業経営の基本的理念は持続的発展であり、そのためにはイノベーションが必要不可欠であり、イノベーションは知的財産により下支えされてこそ実効性が期待できる。

　そのためには、次のような企業経営における知的財産問題の枠組、全体像、総合政策的考え方が重要である。

① 経済・産業政策制度である知的財産制度の概要を把握し、
② 各企業による企業経営における知的財産の位置づけを知的財産経営の視点から整理し、
③ 企業経営における知的財産の機能、特に、オープンイノベーション対応を整理し、
④ 企業経営における知的財産活用戦略を、知的財産ポリシーの策定、具体的活用戦略を構築し、
⑤ その実施・実行のための組織、人材を育成、編成し、
⑥ 活用問題の中で最も重要な活用契約問題を具体的に展開し、
⑦ その場合、知的財産活用契約において必ず配慮しなければならない、独占禁止法問題を把握しておき、
⑧ そのような中で、企業経営における知的財産活用の評価理念・手法を整理し、実施する。

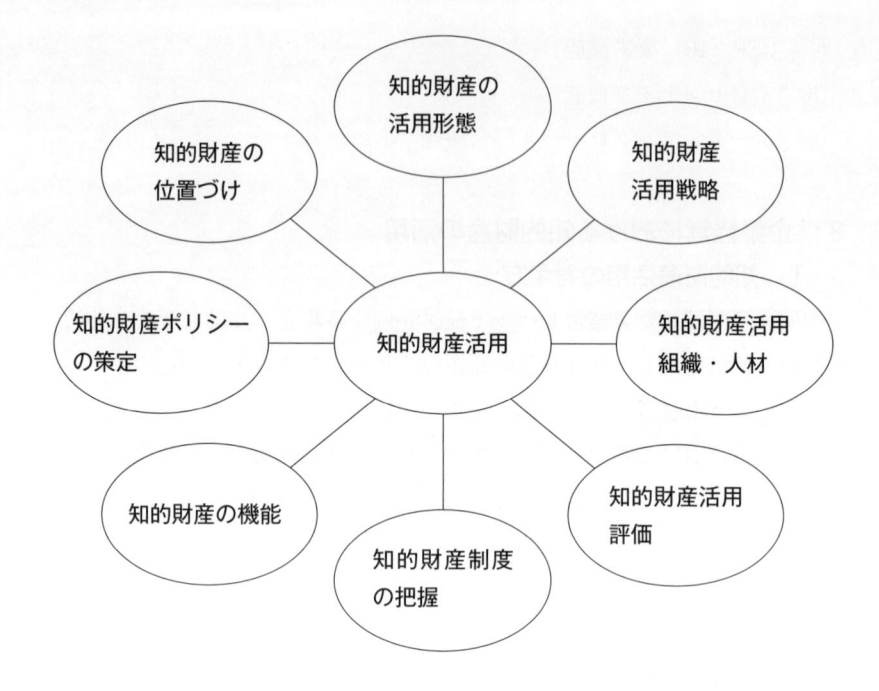

I 企業経営における技術経営（MOT）：知的財産経営の観点から

```
            知的財産の
            活用形態
   知的財産の              知的財産
   位置づけ              活用戦略

知的財産ポリシー      知的財産活用      知的財産活用
 の策定                                組織・人材

                                   知的財産活用
   知的財産の機能                         評価
            知的財産制度
            の把握
```

　企業経営に知的財産を戦略的に練り込む対応（知的財産経営）、技術経営（MOT）においては、知的財産のうち主として、技術知的財産をコアコンピタンスとして位置づけた企業経営である。知的財産の活用検討において、①基本、②応用、③戦略、のレベルがあり、戦略的検討が重要である。
① 　基本……ミニマムリクワイアメント（基本がなければはじまらない）
② 　応用……プロフェッショナル（応用力がなければ組立たない）
③ 　戦略……知的財産経営（戦略対応がなければ役に立たない）

3-2　知的財産活用の具体策
(1) 知的財産制度の把握
　知的財産制度は、経済・産業の発展のために制度設計されているものであり、国も、企業も、個人もそのことを適切に承知し、対応していくことが必要不可欠である。
　企業経営における知的財産戦略の基本は、多種多様である知的財産を広く総合的に把握し、知的財産機能を大局観をもって把握し、総合政策的に対応

することが必要不可欠である。
(2) 知的財産の機能
　企業経営における知的財産の機能は、前述の通り多種多様に存在し、企業経営に直接的に寄与する機能と間接的に寄与する機能がある。

　これからの企業経営においては、知的財産の機能を状況によって使い分ける必要がある。そして、一般的には、知的財産の機能を最大に広く把握し、戦略的に位置づけ、使い分ける必要がある。

　知的財産を排他権、行為規制の対象としてのみ考慮する対応は、持続的発展理念に多くの場合整合しない。

(3) 知的財産ポリシーの策定
　企業経営等における知的財産戦略の考え方、方針の概念である。

　知的財産の機能は、知的財産人材によって、戦略的に発揮させるための具体的施策として、知的財産ポリシーを策定する。

(4) 知的財産の位置づけ
　知的財産制度は、経済、文化発展政策として、創作に対し政策的に排他権を認知し、創作者に経済的インセンティブ（Incentive）を与えるものである。これからの企業経営においては、知的財産保護制度に沿って、取得、保有する知的財産を、適正に評価し、適法かつ、公正に企業戦略に取り入れていく必要がある。

(5) 知的財産の活用形態
　昨今、知的財産問題は、成熟化しており、また知的創造サイクル的な観点からは、創造、保護、権利化を踏まえて活用問題が最も重要な課題である。知的財産の活用問題は、例えば、特許発明の独占的実施ということに限るものではなく、そのライセンシング、知的財産信託への活用、そして企業価値構成のための位置づけ等極めて多面的内容を有する。いわば企業経営における知的財産問題、戦略は、「知的財産の活用論」、特に、オープンイノベーション的対応の必要性が顕著になっているといっても過言ではない。

　知的財産の「活用」概念が、従来と比較して多様化し、変化している。知的財産の排他権を中心とした活用に加え、信託的活用そして戦略的知的財産

報告等である。
(6) 知的財産の活用戦略
　企業経営における知的財産問題は、知的財産制度を戦略的に使い、企業目的を達成し、各企業が持続的に発展するための戦略的要素である。
　企業経営における知的財産の本当の機能は、①競争優位……排他権で差別化、②価値創造……イノベーション、インセンティブ、③知的財産経営……持続的発展の重要要素である。
　知的財産権を活用する経営戦略としては、知的財産権の権利の大きさ、完全性、保有企業の規模・実態その他により一定不変のものではないが、知的財産を経営戦略全体に、日常的に練り込み、イノベーション、国際競争力、企業価値評価等に実効的に機能させて行くことが期待される。
　企業は、持続的発展、創造的・イノベーション的に存在する。ポートフォリオ、選択と集中は、マネージメント要素である。
(7) 知的財産の活用組織・人材
　知的財産問題は、①内容的に高度に専門性を有し、権利評価、エンフォースメント、交渉等総合政策性の考慮が必要不可欠な問題であり、②経営戦略を構成する場合が多いのでその判断・決定は、経営判断・決定の形で行われる。
　このような知的財産問題を、所期の経営戦略に沿って適切に対応していくためには、戦略的知的財産人材が必要不可欠である。
　要するに、知的財産戦略は、知的財産問題だけで判断、決定できるものではなく、経営問題、経営判断の一部に帰結するので、戦略的知的財産人材は知的財産対応力を中心として、経営、組織能力を必要とする。
(8) 知的財産の活用評価
　知的財産経営は、経済・産業政策として制度設計されている知的財産を、企業経営戦略に適切に位置づけ、練り込み、各企業の経営方針、経営戦略に従った知的財産の機能を十分に活用発揮することにある。
　したがって、知的財産経営の評価は、知的財産の単独評価というようなものではなく、知的財産を企業経営に練り込み活用する、いわゆる知的財産経

営の総合的全体的評価である。

　企業経営における知的財産の活用形態としては、次のものを挙げることができる。

1）知的財産の排他性、秘密性を考慮した基本的活用形態が自己実施形態
2）知的財産の排他性、秘密性を考慮して、自己実施しない知的財産又は自己実施に加えて他に、その排他権を行使しない、又は秘密情報にアクセスすることを許す、すなわちライセンシングが第2の活用形態
3）その他、信託業法の改正により知的財産権をはじめとする財産権一般が受託可能となったこともあり、知的財産権信託等である。

知的財産の評価法には、多種多様なものがある。また、知的財産権の企業経営上の価値評価は、経営目的に直接寄与する形での内容である。したがって、知的財産の活用評価は、企業活動における競争優位を確立する観点から行われることになり、企業の基本方針、経営環境等によってその重点は必ずしも不変的ではない。

<事業活動と知的財産活用　概念図>

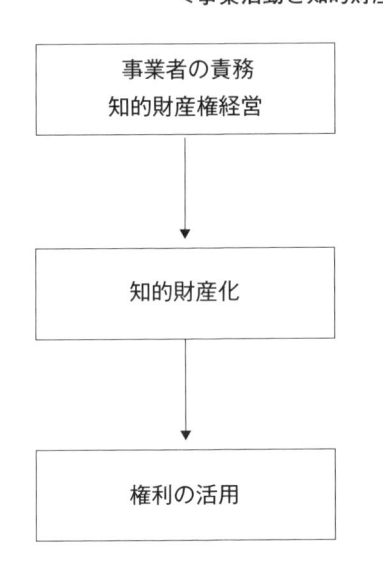

```
┌─────────────────┐      知的財産基本法
│  事業者の責務     │      ・知的財産の積極的活用
│  知的財産権経営   │      ・国際競争力の強化
└─────────────────┘      ・持続的発展
         │
         ▼
┌─────────────────┐      知的財産法
│   知的財産化     │      ・産業財産権
│                 │      ・著作者の権利
└─────────────────┘      ・営業秘密
         │
         ▼
┌─────────────────┐      知的財産の戦略的活用
│   権利の活用     │      ・自己実施戦略
│                 │      ・ライセンス契約
└─────────────────┘      ・信託等活用
```

<知的財産活用評価概念図>

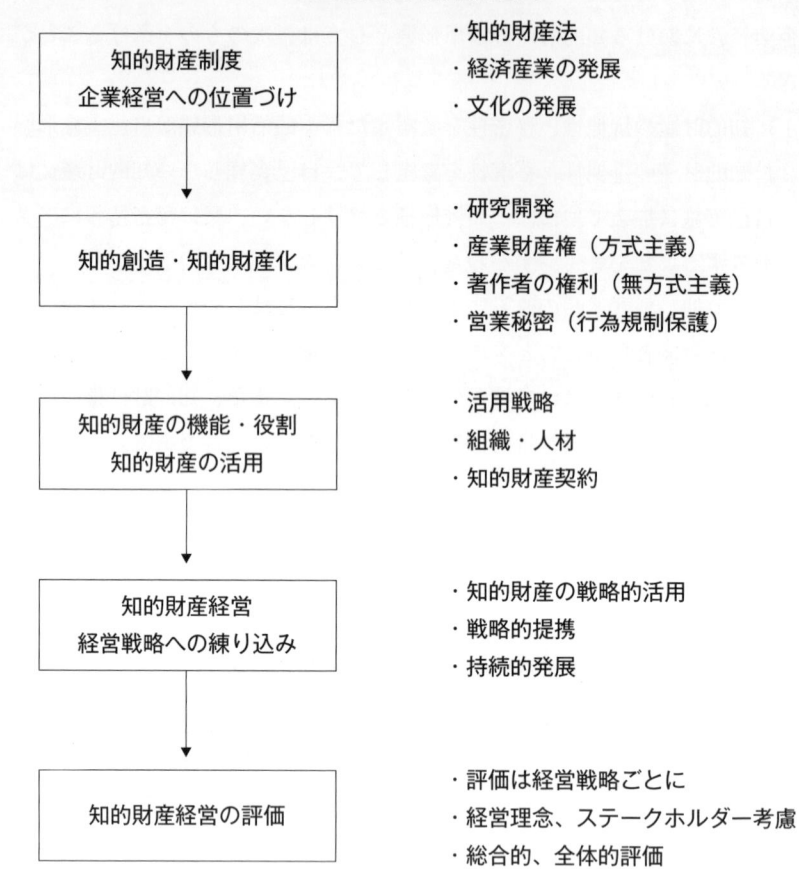

知的財産制度 企業経営への位置づけ	・知的財産法 ・経済産業の発展 ・文化の発展
↓	
知的創造・知的財産化	・研究開発 ・産業財産権（方式主義） ・著作者の権利（無方式主義） ・営業秘密（行為規制保護）
↓	
知的財産の機能・役割 知的財産の活用	・活用戦略 ・組織・人材 ・知的財産契約
↓	
知的財産経営 経営戦略への練り込み	・知的財産の戦略的活用 ・戦略的提携 ・持続的発展
↓	
知的財産経営の評価	・評価は経営戦略ごとに ・経営理念、ステークホルダー考慮 ・総合的、全体的評価

4 知的財産戦略

(1) 知的財産創出：企業経営への位置づけ・方針

　企業経営方針、技術経営戦略に基づいて、しっかりしたテクノロジーロードマップを策定し、単独又は共同研究開発により知的創造を戦略的に行う。創出は企業経営への戦略的位置づけ・方針の重要な要素となる。

(2) 戦略、知的財産の経営戦略への練り込み

　企業（会社）の基本的経営理念が、持続的発展であるべきだという考え方に基づいた場合、高い経営理念が必要不可欠となる。高い経営理念の基にお

ける経営戦略の有力な視座として、知的財産を核に据えた競争優位戦略経営、すなわち知的財産経営、技術経営（MOT）がある。

　要は、企業経営における知的財産問題は、知的財産保護制度に沿って、取得、保有する知的財産を適性に評価し、適法かつ公正に企業戦略に練り込んで活用し、イノベーションを下支えし、持続的発展に寄与させることが重要なことである。そのためには、知的財産関係契約に適切に対応していくことが必要不可欠である。

(3) 知的財産の活用と独占禁止法

　独占禁止法21条は、知的財産の権利行使行為には、独占禁止法の適用を除外する旨規定しているが、知的財産制度の趣旨を逸脱し、又は同制度の目的に反する行為は、知的財産の権利行使行為とは認められないので、知的財産ライセンス契約においては独占禁止法による規制の問題が必要不可欠である。

　知的財産法は、産業・文化の発展のために独占排他権を認める。一方、独占禁止法等競争法は私的な独占等を禁止し、フェアな競争促進を図り、国民経済の発展を図ることを目的とする。

　独占禁止法21条は、独占禁止法の適用除外について、「この法律の規定は、著作権法、特許法、実用新案法、意匠法又は商標法による権利の行使と認められる行為にはこれを適用しない」と規定している。

　ここで重要なことは、何が特許法等知的財産法による権利行使行為に該当するかである。公正取引委員会は、例えば「知的財産の利用に関する独占禁止法上の指針」を公表し、詳細な判断基準を示した。

　ところで、独占禁止法21条は、知的財産法のうち「著作権法、特許法、実用新案法、意匠法又は商標法による権利」に限定して規定しており、知的財産基本法により知的財産、知的財産権として認知、規定された営業秘密（ノウハウ）については形式的には適用されないが、解釈運用上特許権等と同様に取扱われる（指針第2、1の注5）。

(4) イノベーション：持続的発展

　企業経営における基本理念が持続的発展である中で、イノベーション（技

術革新・創新）が必要不可欠である。昨今においては、オープンイノベーションがキーワードになっている。イノベーション、オープンイノベーションは、知的財産に下支えされて実効性が期待できる。

5 技術経営におけるオープンイノベーション対応

昨今オープンイノベーションがキーワードとなっているが、オープンイノベーション対応においては、知的財産が必要不可欠である。すなわち、知的財産の存在により、①安心してオープン対応が可能であり、②客観的評価要素となり、③競争優位が確保できるからである。

(1) イノベーション

一般的に、企業経営における基本理念は持続的発展である。そのためには、効率のよいイノベーション、すなわち、技術革新又は創新活動が必要不可欠である。

イノベーションは技術革新のみではなく、システム、仕組み等広く創新と把握すべきであり、知的財産制度はイノベーションを下支えする。知的財産制度は、創作・イノベーションに対し経済・産業、文化政策的に一定の条件の下に排他権を認め、創作を奨励し、経済・産業、文化の発展を期待する。

(2) オープンイノベーション

経済・産業、文化の現状は、イノベーション（技術革新・創新）については、他との共同、協力をも考慮したイノベーション、すなわち、オープンイノベーション（Open Innovation）が強く期待され、注目されている。オープンイノベーション下においては、知的財産の活用について、共同研究開発、クロスライセンスを含むライセンシング等を考慮することが重視される。

(3) 知的財産ポートフォリオ

知的財産戦略は、量から質へ、そして選択と集中の経営方針に基づいて知的財産を選択、組合せして経営戦略に練り込む対応が期待されている。このことが知的財産ポートフォリオ（IP Portfolio）である。昨今の知的財産ポートフォリオの考え方は、一社内における対応のみではなく、アライアンス

(Alliance)、オープンイノベーション（Open Innovation）の考え方に沿った対応も重視されている。

6 知的財産経営における人材

　知的財産経営においては人材論が不可欠である。知的財産経営における人材論は、広く把握すべきであり、スペシャリスト論、プロフェッショナル論だけでなく、経営者及び企業経営全部門における知的財産関係業務関係者を知的財産人材と把握することが期待される。

　企業経営、技術経営（MOT）における知的財産問題は、高度に専門性を有すると同時に経営戦略を構成する場合が多いので、知的財産人材には、知的財産を中心に幅広い情報、対応力が要求される。

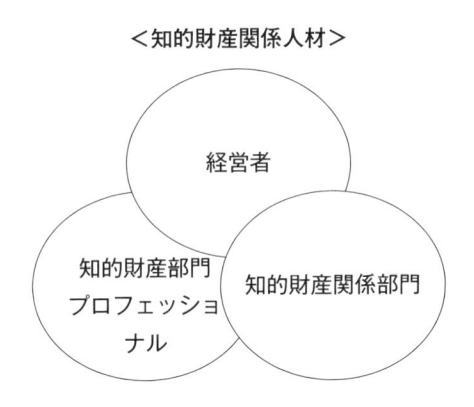

<知的財産関係人材>

　経営者
　知的財産部門プロフェッショナル
　知的財産関係部門

　CIPO（知的財産統括責任者）とは、どのような者をいうかについての定義は、現段階では、必ずしも定着していない。あえて定義すれば「企業や大学等における知的財産管理や知的財産ライセンシングのエキスパートでその統括責任者」ということになろう。

　CIPOの役割は、その設置の趣旨や目的によって、多様なものが考えられる。総じていえば、知的財産の創造、権利化、そして活用業務を統括する責任者ということになろう。すなわち、CIPOの具体的な役割や業務内容は、CIPOが設置される状況によって決定されることになる。

さらなるイノベーション
↑
オープンイノベーション：新技術にアクセス
↑
イノベーション意図、イノベーション：発明、その公開
↑
知的財産制度の存在：発明創新のインセンティブ

7 まとめ

　従来、企業経営において、知的財産権を経営戦略に十分取り入れた実務が行われていなかった。その主たる理由は、個々の知的財産権について技術的、会計的な価値評価は行われていたが、経営戦略的な価値評価は十分には行われていなかったことにある。

　これからの企業が持続的に発展するためには、法制度上独占排他権が認知されている知的財産権を経営戦略的観点から適切に価値評価し、積極的、戦略的に活用して、高い企業理念に基づいた存続企業（Going Concern）であることが必要不可欠である。

企業経営、技術経営（MOT）の理念：持続的発展・プロイノベーション
↑
良い事業成果：排他力・競争力
↑
良い技術・良い製品：知的財産権でガード
↑
イノベーション：オープンイノベーション（イノベーションの手段）
↑
知的財産（イノベーション下支え）：たかが知的財産・されど知的財産

Ⅱ 技術経営(MOT)におけるオープンイノベーションの考え方

<要旨>

　企業経営（技術経営）は、経営理念である持続的発展に向けて、経営評価の主要対象である利益を考慮する。したがって、イノベーションの手段としてオープンイノベーションを位置づけるが、オープンイノベーション自体が企業経営戦略の目的ではない。

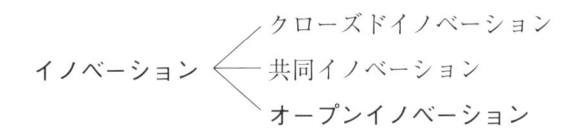

$$
イノベーション \Longleftarrow
\begin{array}{l}
クローズドイノベーション \\
共同イノベーション \\
オープンイノベーション
\end{array}
$$

　技術経営（MOT）において、企業が独立した組織体であり、企業目的が独立している以上オープンイノベーションは、イノベーションの効率のために選択的・補完的に必要となる手段であり、「まず、オープンイノベーションありき」の考え方は適切ではない。

　　技術経営におけるオープンイノベーションの位置づけ

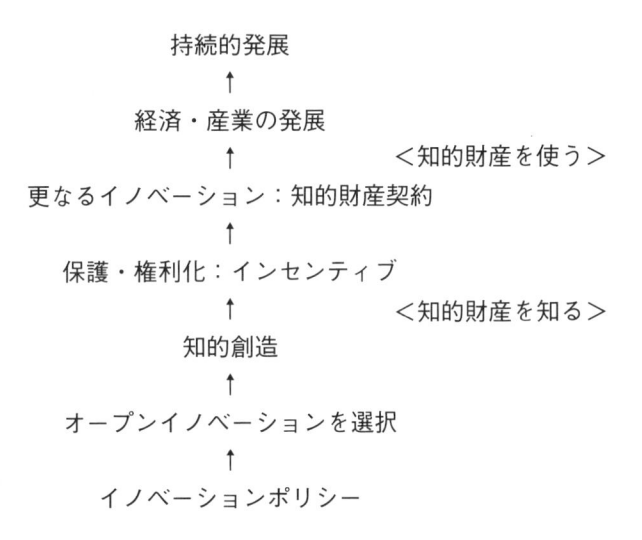

```
              持続的発展
                 ↑
            経済・産業の発展
                 ↑           <知的財産を使う>
       更なるイノベーション：知的財産契約
                 ↑
         保護・権利化：インセンティブ
                 ↑           <知的財産を知る>
              知的創造
                 ↑
         オープンイノベーションを選択
                 ↑
           イノベーションポリシー
```

Ⅱ-1 技術経営(MOT)におけるオープンイノベーションの機能と位置づけ

1 オープンイノベーションの機能

　知的財産制度は、創作・イノベーションに対し経済・産業、文化政策的に一定の条件の下に排他権を認め、創作を奨励し、経済・産業、文化の発展を期待する。

　経済・産業、文化の現状は、イノベーション（技術革新・創新）については、いわゆる、オープンイノベーション（Open Innovation）が強く期待されている。オープンイノベーション下においては、知的財産の活用について、共同研究開発、クロスライセンスを含むライセンシング等を考慮することが重視される。

　オープンイノベーションは、知的財産戦略、特に、知的財産契約に戦略的対応により、イノベーションの効率最大化のために選択的、補完的に重要な機能を有し、発揮する。

＜オープンイノベーション下における知的財産契約戦略＞

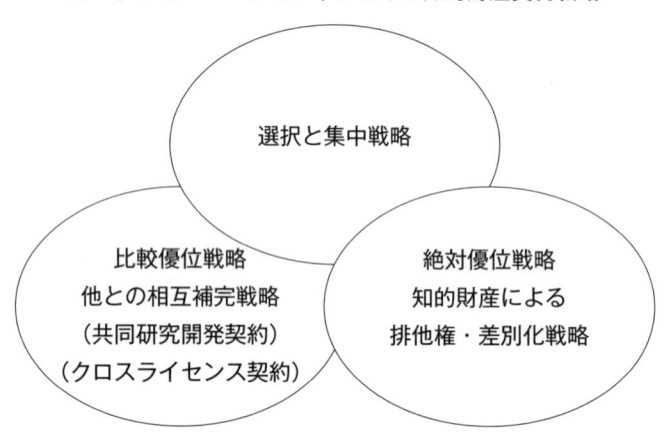

- 選択と集中戦略
- 比較優位戦略
  他との相互補完戦略
  （共同研究開発契約）
  （クロスライセンス契約）
- 絶対優位戦略
  知的財産による
  排他権・差別化戦略

2 オープンイノベーションの位置づけ

　オープンイノベーションは、それ自体が目的ではなくイノベーションの手段であり、次のように位置づけられる。

① イノベーションは知的財産の下支えが必要不可欠。知的財産制度（排他権）がなければイノベーションはない。少なくとも最先端情報の開示（公開）はない。
② 産学連携、特に基礎研究成果の実用化連携においては知的財産が必要不可欠。安心して実用化投資ができる。実用化しても知的財産（競争優位）がなければ、投資回収ができない。少なくともコストパフォーマンスが図れない。
③ 知的財産経営においては、知的財産の戦略的活用が最大の課題である中で、ライセンス契約が重要でライセンス契約は知的財産が対象である。
④ オープンイノベーションの促進化においては、知的財産の存在が多くの場合有益である。オープンする側にとって客観的評価ができ安心。オープンを受ける側にとって、遠慮しないで対応できる。

Ⅱ-2　オープンイノベーション選択理由

　企業経営、技術経営におけるオープンイノベーションは、イノベーションの効率を最大化するための選択的、補完的手段である。そのような観点からオープンイノベーションの選択理由を整理する。

1　経済・産業の現状の観点から

① 多くの製品は、単一技術、単一知的財産により製造できるものは少ない。したがって、特許法92条所定の「自己の特許発明の実施のための通常実施権設定の裁定」は、「自己の特許発明の実施に係る製品の製造のための通常実施権の設定の裁定」が多くの場合実効性が高まる。
② また、技術開発は、1）一般的に内容的な広さ、2）分野によっては、技術革新、技術の陳腐化を考慮して時間的にスピードを要すること、3）分野によっては、研究開発費が高額で、費用的にリスクが大きいこと、4）知的財産問題が存在すること、等により効率性、リスク回避等の観点から、相互補完的に共同研究開発契約等の必要性が高まる。

③ さらに、時間を買う、コストパフォーマンス、ヘッドスターター、垂直立ち上げ等の観点からのライセンシングインや開発費の回収、未利用・未活用も含め知的財産の有効活用、企業評価の改善等の観点からのライセンシングアウトがある。
④ 教育基本法、学校教育法に大学の社会貢献責務が規定されたこともあり、大学における基礎研究成果は、戦略的産学間連携によって産業上の利用に供し、結果として社会貢献に資することが期待されている。
⑤ 産業・企業経営形態の変遷・多様化により、重複研究開発投資回避等の観点から、他者の知的財産をも活用する必要性が増大している。
⑥ 技術の高度化、複雑化の進展により、また、分野によっては、研究開発コストの高額化等により、研究開発や製品化について自社単独での対応、自社単独での知的財産では十分ではない場合が多くなっている。また、他社技術、知的財産をも組み入れた製品により市場性を高める必要性も顕著となっている。
⑦ 知的財産基本法8条に「事業者は、……活力ある事業活動を通じた生産性の向上、事業基盤の強化等を図ることができるよう、当該事業者若しくは他の事業者が創造した知的財産又は大学等で創造された知的財産の積極的な活用を図る……ものとする」と規定している中で、技術・知的財産の利用・活用の活性化が求められている。

2 知的財産制度、性質の観点から

① イノベーションは知的財産制度に下支えされて実効性を発揮する。
② 知的財産は、完全無欠ではなく、パテントポートフォリオとしては、相互補完が必要。例えば、特許法104条の3は、特許権が無効にされるべきものと認められるときは、特許権者等の権利行使は制限を受けると規定している。
③ 知的財産の利用、活用は、公正競争を前提とする（知的財産基本法10条）。また、特許制度の本来の趣旨に沿って利用が促進されるべく権利行為の適切性に向けた制度設計が期待される。行き過ぎたプロパテント

（Pro-Patent）政策や権利濫用的な権利行使は是認さるべきでないことは当然として、イノベーション促進の対応（Pro-Innovation）の視点が重要である。
④　昨今の経営、産業、企業経営は、グローバル・ボーダレス化しており、広くオープンな対応が必要不可欠である。特に、知的財産問題は、各国ごとの対応の観点からオープンイノベーションの視点が重視される。
⑤　昨今、著作物の利用問題を中心に、いわゆるフェアユース問題が種々検討されている。IT時代においては、多くの者が著作者であり、著作物利用者となる。したがって種々のイノベーションには、オープンイノベーションの視点から、経済・産業・文化政策的制度設計が望まれる。
⑥　技術に関し知的財産を有する者は、独占禁止法21条が規定する「権利行使行為と認められる場合」以外については、他者に利用許諾しなければならない場合がある（知的財産の利用に関する独占禁止法上の指針）。
⑦　特許法93条の規定による公共の利益のための裁定実施権制度により、他者に実施許諾しなければならない場合がある。

3　経営戦略の観点から

①　企業経営の基本理念は、持続的発展である。持続的発展のためには、イノベーションが必要不可欠である。
②　企業経営、特に、技術経営（MOT）においては、知的財産の活用が重要課題であり、知的財産の活用のためには知的財産制度の機能を正確に把握した上でオープンイノベーション対応が必要である。
③　また、知的財産の利用、活用により企業の持続的発展、国の国際競争力を維持発展させるためには、国、大学、事業者等が産学官連携を積極的に展開する必要がある（知的財産基本法9条）。
④　そのためには、例えば、特許法93条（公共の利益のための通常実施権の設定の裁定）において、特許行政手続を適正にクリアする必要がある。
⑤　したがって、企業経営の持続的発展のためには、現実的にはオープンイノベーションが必要不可欠である。オープンイノベーション施策、制度設

計を検討する場合には、知的財産制度との関連を考慮して行うことが有益である。特に、知的財産の活用問題との関連の検討が必要不可欠である。
⑥　知的財産の活用問題は、知的財産契約の問題が最重要である。
共有特許権に関する特許法73条に関する契約対応や独占禁止法をも考慮したライセンス契約におけるライセンシーの改良技術の取扱い等は、オープンイノベーションの観点から重要な課題である。また、技術標準化システム、知的財産信託システムにおいてもオープンイノベーション対応が重要である。
⑦　今後、企業活動のグローバリゼーション、ボーダレス化がますます進展する中で、自社の特許等知的財産権を有効に活用すべきことは当然のこととして、他社の特許等知的財産権についても、事前に十分調査検討を行う必要がある。もちろん、状況によっては、クロスライセンス戦略も考慮すべきである。

＜オープンイノベーションの選択理由と機能＞
経済・経営環境
　経営、技術革新のスピード化、技術、システムの複雑化
知的財産法制度
　知的財産ポートフォリオの必要性、他社権利の存在、相互補完性
経営戦略
　時間を買う、垂直立上げ、コストパフォーマンス

Ⅱ-3　オープンイノベーションポリシー

1　はじめに

技術経営（MOT）におけるオープンイノベーション対応は、しっかりしたオープンイノベーションポリシーを、企業戦略（Corporate Strategy）、事業戦略（Business Strategy）、機能戦略（Functional Area Strategy）ごとに策定し、その下において実行していくことが望まれる。

技術経営（MOT）においては、イノベーションの効率性の観点から選択的、補完的観点から、手段としてオープンイノベーションは必要である。ただし、オープンとクローズの選択、組合せが前提であり、オープン部分は、契約で約定して実行することが必要不可欠である。

したがって、技術経営（MOT）におけるオープンイノベーション論としては、次のことが要点となる。

① オープンイノベーションによりイノベーション効果を最大化する知的財産制度の設計
② その趣旨を正確に把握し、実効性を高める運営システム、人材の確保
③ オープンイノベーションによるイノベーション効果最大化に向けた戦略的対応
④ オープンイノベーションは、目的ではなくイノベーションの効率化等のための選択的、補完的手段である。
⑤ オープンイノベーションの実効性は、戦略的知的財産契約が必要不可欠である。
⑥ 各企業におけるイノベーション、オープンイノベーションの評価を実施する。

知的財産経営における対応フェーズ（層）は、ケース、状況により、①法的保護重視、②契約戦略対応重視、③先端を走り切る対応の三段階がある。

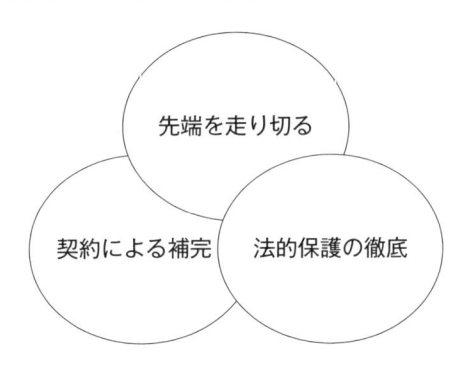

2 知的財産ポリシー

オープンイノベーションはイノベーションの効率性の観点からの手段であ

り、知的財産契約の戦略的対応が必要不可欠である。したがって、オープンイノベーションポリシーの検討に当っては、知的財産ポリシーを踏まえた対応が重要である。

知的財産ポリシーは、企業経営、技術経営（MOT）における知的財産戦略の考え方、方針の概念である。

知的財産の機能は、知的財産人材が、役割にしたがって知的財産を戦略的に活用することによって実効性が期待できる。

キーポイントは、狭義の知的財産ポリシーであり、広義の知的財産ポリシーにおいては次の項目整理が必要となる。

① 知的財産ポリシーの策定
② 知的財産年次計画、中・長期計画
③ 知的財産組織編成
④ 知的財産の対する考え方（目的、構成、効果）

オープンイノベーション対応においては、戦略的知的財産契約が必要不可欠であり、知的財産契約は知的財産活用戦略の具体化である。したがって、オープンイノベーションポリシー、知的財産ポリシーの中心的部分として知的財産活用戦略が必要となる。知的財産ポリシー、知的財産活用戦略の検討においては、知的財産ポートフォリオの視点が重要である。

3 イノベーションポリシーとオープンイノベーションポリシー

企業経営、技術経営（MOT）におけるイノベーションに対する考え方、方針、戦略は、各企業の基本的経営方針、企業規模、業態等により一定不変ではない。なお、イノベーションポリシーは経営方針、経営戦略と一体的に、その一部を形成する内容で策定されるのが一般的と思われる。

オープンイノベーションポリシーは、イノベーションポリシーを踏まえて、オープンイノベーションの形態ごとに知的財産契約の戦略的対応策を中心に策定されることが期待される。すなわち、①アウトイノベーションにおいては、ライセンシングアウト、技術移転、研究開発受託等に関する具体的戦略を、②インイノベーションにおいては、ライセンシングイン、技術導

入、M&A研究開発委託等に関する具体的戦略を、③クロスイノベーションにおいては、クロスライセンシング、共同研究開発合弁事業（JV）等に関する具体的戦略を策定する必要があろう。オープンイノベーションポリシーの一般的項目例としては、次の諸項を挙げることができる。
① 当該企業における企業経営・技術経営に関するオープンイノベーションの位置づけ
② オープンイノベーション選択・補完の基本的考え方、方針
③ 各オープンイノベーション形態ごとのイノベーション内容と、それに対する役割についての基本的考え方、方針
④ 各オープンイノベーション形態ごとの契約戦略、特に、知的財産契約の位置づけ、戦略
⑤ 各オープンイノベーション形態ごとのイノベーション成果に関する事業化、ビジネスモデルに対する基本的考え方、方針
⑥ 各オープンイノベーション形態ごとの契約管理方針、特に、知的財産契約の戦略的管理に関する方針
⑦ 各オープンイノベーション形態ごとの評価に対する基本的考え方

II-4　オープンイノベーションのステップ

1　はじめに
イノベーション効率を最大化するためのオープンイノベーション選択においては、次のように適切な手段、ステップを履行する必要がある。

2　オープンイノベーションのステップ
① オープンイノベーションの必要性確認：オープンイノベーションは目的ではなく、イノベーションの手段である。さりとて、効率的イノベーションにはオープンイノベーションを戦略的、選択的に活用することが必要不可欠である。
② オープンイノベーションの形態、システム確認：オープンイノベーショ

ンには、種々の形態・システムがある。目的に従って、適切に、戦略的に選択、決定するべきである。
③ オープンイノベーションにおける知的財産契約戦略：イノベーションの効率のためにオープンイノベーションを選択する場合には、知的財産契約に戦略的に対応することが必要不可欠である。いわんやオープンイノベーション対応において知的財産（権）の制限・放棄の考え方は論外である。
④ イノベーションにおける知的財産の機能確認：技術経営（MOT）において、知的財産は目的ではなく、イノベーションを下支えするための手段である。さりとて、イノベーションには知的財産が必要不可欠である。すなわち、開発された技術・製品は知的財産により排他力・競争力が付与されるからである。
⑤ オープンイノベーションポリシー策定：オープンイノベーションに戦略的に対応するためには、オープンイノベーションポリシーの策定及びそれに基づく実行が必要となる。
⑥ オープンイノベーションと知的財産制度設計：イノベーション促進のためには、オープンイノベーション対応を考慮した知的財産の制度設計及びその施行策が必要である。

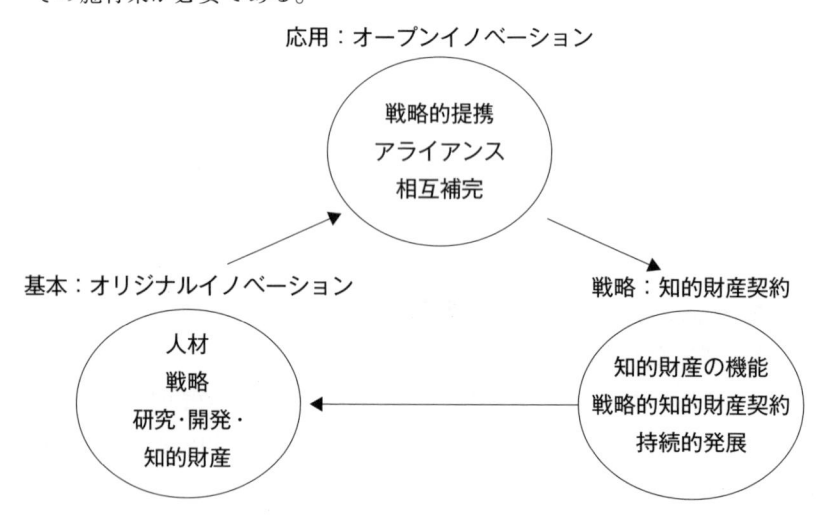

応用：オープンイノベーション
戦略的提携
アライアンス
相互補完

基本：オリジナルイノベーション
人材
戦略
研究・開発・知的財産

戦略：知的財産契約
知的財産の機能
戦略的知的財産契約
持続的発展

Ⅲ オープンイノベーションの観点からの知的財産の制度上、実務上の留意点

<要旨>

　企業経営においては、オープンイノベーションは、イノベーションの効率のために選択的、補完的に必要となる手段的位置づけであり、したがって、オープンイノベーションの観点からの知的財産制度上、実務上の留意点も知的財産に関する制度設計が基本的にイノベーション促進的になされていることを踏まえて対応する必要がある。

　その場合、知的財産基本法及び知的財産各法について適切な対応となることは当然のこととして、経済憲法的位置にある独占禁止法をはじめとする関係各法についても、わが国の国際競争力、企業の持続的発展を考慮し、イノベーション促進の観点からの適切な対応が望まれる。

　イノベーション促進的観点からの知的財産の制度設計は、次の諸点が考慮される。

① アライアンス重視、産学官連携、共同研究開発、コラボレーション
② 絶対優位から比較優位へ
③ 経済、産業、技術革新のスピード化、コストパフォーマンス、パテントポートフォリオ
④ RAND思考、技術標準における知的財産権行使の公正性、オープンライセンシング
⑤ 公正競争重視（知的財産の利用に関する独占禁止法上の指針）、リバースエンジニアリング
⑥ ライセンスオブライト（License of Right）
⑦ 未完成技術（ベンチャービジネス等）の購入（ライセンスとの差異）、オールマイティー（範囲、条件）

　そして、さらに、次のような諸点が今日的検討課題として指摘される。

① リバースエンジニアリング
② 先使用権、特許法104条の3
③ リサーチツール特許

Ⅲ　オープンイノベーションの観点からの知的財産の制度上、実務上の留意点

④　パテントプール
⑤　マルチプルライセンス

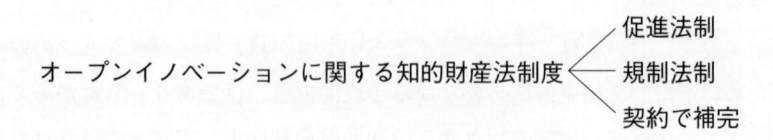

オープンイノベーションに関する知的財産法制度　←　促進法制
　　　　　　　　　　　　　　　　　　　　　　　　規制法制
　　　　　　　　　　　　　　　　　　　　　　　　契約で補完

　オープンイノベーションの観点からの知的財産の制度上、実務上の留意点を、特許法73条に基づく共有特許権に関する自己実施、第三者への実施許諾問題について検討する。
　共有特許権に関し、特許法第73条2項は、契約で別段の定めをした場合を除き、各自その特許発明を自由に実施できると規定している。
　また、共有に係る特許権については、相手方の同意を得なければ、その特許権について第三者に専用実施権の設定、通常実施権の許諾をすることができないと規定している（特許法第73条3項）。
　中国特許法15条は「特許出願権又は特許権の共有者は権利の行使に関する約定がある場合、その約定に従う。約定がない場合、共有者は、単独で当該特許を実施するか、または他人に当該特許の通常実施権を許諾することができる。他人に当該特許の実施権を許諾する場合、実施料を共有者に分配しなければならない。
　前条に規定する場合を除き、共有の特許出願権又は特許権を行使する場合、すべての共有者の同意を得なければならない」と規定している。
　事業戦略として、オープンイノベーションの形態である共同研究開発契約を選択、実施するに当たっては、自己実施自由原則、第三者への単独ライセンス許諾権問題をどのような条件で、当事者間で約定するかが、特許法条文が形式的にはイノベーションの制約規定となっているが、イノベーション促進のために極めて重要な戦略的事項である。

Ⅲ-1　オープンイノベーションの観点からの知的財産法

　知的財産法は、基本的にイノベーション促進のために制度設計されている経済・産業、文化法制度であるといえる中で、技術経営戦略において、オープンイノベーションを選択する場合においても、イノベーション促進的制度設計がされることが期待される。

1　知的財産法の制度設計とオープンイノベーション
　オープンイノベーションの観点から各知的財産法の制度設計を概観すると次の諸点を挙げることができる。

(1) 特許法
① 特許出願かノウハウキープか発明者、出願人のインセンティブ促進
② 出願公開制度（補償金請求制度、情報提供制度等）
　社会一般に対するさらなるイノベーション促進
③ 特許要件（方式主義、世界公知制）
　先行技術の参照により、さらなるイノベーション促進
④ 特許権の効力（68条）、排他権（100条）
　公正、適切な権利行使によりオープンイノベーション効果
⑤ 公信力なし（特許無効審判制度等）
　権利の濫用防止
⑥ 権利の制限
　公正な権利行使とフェアユース
⑦ 権利濫用の禁止
　特許法104条の3等
⑧ 権利の存続期間
　保護期間終了後に公有（PublicDomain）化してオープンイノベーション

(2) 著作権法
① 無方式主義
② 法人の著作能力、法人格不要

③ 著作者：映画の著作者における著作者、著作権者分離制度
④ 権利侵害：著作権侵害につき依拠性等を考慮して判断することで著作物創作の自由度
⑤ 権利の制限：私的使用（30条）等
公正な権利行使とフェアユース
⑥ 著作者人格権の一身専属性
著作物利用に関する規制制度

(3) 不正競争防止法
① 営業秘密の秘密管理性
営業秘密は、経済・産業的に有用性があり、また秘密性のある技術上、営業上の情報で秘密管理されているものである（不正競争防止法2条6項）。
② 秘密保持契約、オプション契約、エスクロウ契約
オープンイノベーション対応のためには、秘密保持契約が重要な役割を果たす。ノウハウライセンス契約の交渉においてはオプション契約（Option Agreement）が、また、M&A契約においては、エスクロウ契約（Escrow Agreement）が利用されることがある。
③ 行為規制保護
不正競争防止法による営業秘密の保護は、他の知的財産法による知的財産権の保護が排他権を付与して保護するのと異なり、不正取得等に関して行為規制的に保護する制度設計である。

＜オープンイノベーションに必要な基本的対応＞
① 経済・産業の発展のためのオープンイノベーション考慮の知的財産制度の総合政策的制度設計の在り方を整理すること。
② 経済・産業政策法制度としての知的財産各法の制度改正の内容と順序が重要
③ 知的財産問題の経済・産業上の実効性のためには、1）法制度に依拠した対応、2）契約等による補完、3）先端走り切り対応

2 知的財産権の法的保護の方法

　情報は、無体かつ非定型の存在であり、多種多様であるので、法的保護の方法は、有体物の場合と根本的に相違する。知的財産権の法的保護の原則は、情報の独創性、創作性、新規性、秘密性、進歩性、有用性等の存在を前提として、方式主義又は無方式主義により、一定の保護期間、産業政策、文化政策の観点から保護内容が定められ保護される。

　知的財産権は多種多様であり、各法制の目的、権利の種類などによって、権利の発生、効力の内容、権利の消滅など法的保護の方法には大きな差異がある。

　知的財産権の法的保護の方法について、特許権の場合と著作権の場合を比較してみると、特許権の場合は、保護対象が技術的思想（アイデア）であり、権利の発生のためには、出願、審査、登録など所定の方式、手続を必要とし（方式主義）、権利の存続期間は、特許権の発生から特許出願の日から20年までであり、権利の性質は、絶対的独占排他権である。著作権の場合は、保護の対象が、思想・感情の創作的表現であり、権利の発生のためには、出願、審査、登録など一切の方式、手続を必要とせず（無方式主義）、権利の存続期間は、一般著作物については創作のときから著作者の死後50年を経過するまでであり、権利の性質は、相対的独占排他権（偶然の一致には権利は及ばない）である。

　知的財産権の保護に関しては、従来から交通、通信の発達などによる市場の世界的ボーダレス化傾向などを考慮して、国際的保護制度が要請されている。

　そして、近時の経済の国際化、産業活動のグローバリゼーションなどによって、知的財産権の保護及び利用に関する国際的ハーモナイゼーションが強く要請される状況になっている。

　知的財産権の国際的保護制度としては、多国間条約、二国間取り決めなどいろいろな形があり得るが、とりわけ多国間条約が重要である。現在における知的財産権保護のための多国間条約としては、「工業所有権の保護に関するパリ条約」（Convention of Paris for the Protection of Industrial Property）、

及び「文学的及び美術的著作物の保護に関するベルヌ条約」(Berne Convention for the Protection of Literary Artistic Works) が基本となっている。

パリ条約は、工業所有権の保護のために、一定の範囲で国際的統一を図るための国際的条約であり、加盟国が最低限守らなければならない次の基本原則を定めている。

① 内外人平等の原則
② 特許独立の原則
③ 優先権の原則

そして、具体的な規定や運用については、各国の国内法に委ねている。

ベルヌ条約は、著作権の保護のために、各国制度の差を解消することを目的とした国際的条約であり、次の基本原則を定めている。

① 内外人平等の原則
② 保護期間最低50年原則
③ 無方式主義の原則

加盟国は、ベルヌ条約の規定を下回る国内法規定を定めることはできない。

以上のように、情報資産の法的保護の目的は、発明者、著作者などの権利保護等と利用者、需要者などの利益を考慮し、バランスさせながら産業目的、文化目的を達成することにある。

情報は、多くの場合知的財産権の対象となり、産業政策、文化政策によって、一定の条件の下において知的財産権として認知される。どのような条件で知的財産権として認知されるか、また、知的財産権の権利保護と利用促進をどのようにバランスさせるかは流動的である。

昨今における知的財産権の保護と利用に関する問題点として、次の諸点を挙げることができる。

① 法制度の後追性の増大
② 錯綜する権利関係と不便性の増大
③ 独占排他的権利と報酬請求権の調整
④ 権利保護と利用促進の調和の必要性の増大

3 知的財産権の法的保護の方法に関する考え方

知的財産権の法的保護の方法に関しては、いくつかの点について、議論の余地がある。ここでは、知的財産権保護に関する経済政策的観点からのアプローチと、競争政策的観点からのアプローチについて検討する。

(1) 経済政策的観点からの考え方

元来、知的財産権の法的保護制度は、産業政策、文化政策の観点から産業の発展、文化の向上を考慮して用意されたものである。

経済政策の観点から、技術は強いていえば公共財的であって、その使用は基本的には特定の者に独占されるべきではないとする考え方がある。しかし、研究開発に対する投資意欲を支え、研究開発のインセンティブを考慮して、特許発明の独占的排他権を一定期間法的に保障する経済政策法制が特許制度であり、一般に公開することを義務づけ、広くイノベーション促進に寄与する制度設計であるべきとする考え方である。この考え方の根底には特許制度は、研究開発競争を可能ならしめ、これを促進するための条件を作り出すものであり、技術的思想が自由に模倣される状態を放置しておくならば、新技術に開発費用を負担した先行企業はその分だけ競争上不利な立場に立たされる。

その結果、研究開発に対する投資意欲が阻害され、研究開発も過度に抑制されることにならざるをえないとの考え方である。

すなわち、知的財産権保護制度は、新規で有用な創作をした者に、独占排他権を認知し、インセンティブを与えることによって産業的、文化的に発展する開発、創作が期待できるのであって、知的財産権保護制度は経済政策、文化政策上有益であるといえる。

したがって、知的財産権保護制度は、その国の産業政策、文化政策に沿って策定される内容が変化することになる。しかも、経済・産業のボーダレス化の進展に伴って、世界的なレベルで保護制度のハーモナイゼーションが図られる傾向にある。

企業経営における知的財産権戦略においては、時々の知的財産権保護制度に沿った、競争優位確立のための経営戦略を実施すべきである。

(2) 競争政策的観点からの考え方

　知的財産権法に基づき、特許権等の知的財産権は、知的財産権の保護対象である発明や著作物等について、独占排他的に実施、使用することを認知されている。一方、独占禁止法は私的独占等を禁止する制度である。したがって、知的財産権法と独占禁止法は相対立するように見える。このことに関連して、特許権それ自体が本質的に独占的性格をもつこと、その権利の行使は濫用される危険があることから、特許権の排他的独占的性格は競争秩序の保持の観点からすれば、特許権の行使に対しては、制度的制約が課せられるべきである、との主張がある。

　しかし、独占禁止法はその21条に「この法律の規定は、著作権法、特許法、実用新案法、意匠法又は商標法による権利の行使と認められる行為にはこれを適用しない」と規定している。

　この規定の解釈については、諸説がある。例えば特許法は,「産業の発展に寄与すること」を目的としており、また独占禁止法も「国民経済の民主的で健全な発達を促進すること」を目的としており、両制度は相互補完関係にあるとする説が有力である。ただし、知的財産制度の趣旨を逸脱し、又は同制度の目的に反すると認められる場合には、独占禁止法が適用される場合がある。

　経営戦略において、知的財産権を有効に活用する場合には、特に、ライセンス契約の実務においては、独占禁止法21条に規定する「権利の行使と認められる行為」を十分に考慮する必要がある。

4　知的財産契約の対象としての知的財産

　企業経営においては、知的創造、その成果の知的財産権化、そして知的財産権の戦略的活用、すなわち、知的創造サイクルを効率的に回した知的創造経営が重視されている。

4-1　知的財産契約に関する知的財産法の構成と特徴
(1) 当事者
　発明者・特許権者、著作者・著作権者、保有者

(2) 対　　象
　特許を受ける権利・特許権・特許発明、商標登録によって生じた権利・商標権、著作者の権利・著作者人格権・著作権・著作隣接権、映画の著作物の著作者・著作権

(3) ライセンス等
　専用実施権・仮専用実施権・専用使用権、通常実施権・仮通常実施権、通常使用権

(4) 対　　価
　特許権、商標権、著作権等に関するライセンス契約においては、実施権・使用権・利用権の許諾の反対給付、ノウハウライセンス契約においては、秘密情報へのアクセス許諾の反対給付

(5) 制約条件
　著作者人格権の一身専属性、ライセンサーの訂正審判請求におけるライセンシーの同意等

(6) 戦略的事項
　ライセンシーの第三者権利侵害に対するライセンサーの保証、ライセンシーの改良に関する取扱い、ライセンシーの不争義務、許諾特許の無効と支払い済み対価等

4-2　知的財産契約に関する知的財産法の特徴
　知的財産関係契約には、知的財産の創造、権利化及び活用の各段階において多種多様なものがある。知的財産契約を検討する場合は、各知的財産法の特徴と契約関係の規定を適切に把握して対応する必要がある。知的財産各法の制度設計における基本的理念は、次の通りである。

(1) 知的財産、知的財産権
① 　産業財産権（特許権等）

　　方式主義による保護、絶対的排他権。ただし、特許法104条の3等に留意を要する。

　　財産権、発明能力は、自然人のみ。著作権法との比較。

② 　著作者の権利

著作者人格権と著作権（著作権法17条1項）、無方式主義（著作権法17条2項）、相対的排他権（依拠性が判断基準）。

人格権と財産権。著作者人格権は著作者に一身専属で譲渡不可、利用許諾不可。

著作能力は、自然人、法人（法人格不要）。

③ 営業秘密（Know-How）

非公知性、有用性、秘密管理性が要件（不正競争法2条6項）。保有概念の下、譲渡概念になじまない。ライセンス契約の対象としては定着。行為規制保護で排他権と対比。

(2) 知的財産権の帰属

- 特許を受ける権利、発明者（自然人）（特許法29条）
- 著作者の権利（著作権法17条）、著作物の創作者（自然人、法人・著作権法15条）
- 映画の著作物の特例、著作者：映画の著作物の全体的形成に創作的に寄与した者（著作権法16条）、著作権者：映画製作者（著作権法29条）

4-3 知的財産契約の対象

(1) 特許（実用新案、意匠を含む）

特許、実用新案、意匠は、それぞれライセンス契約の対象として中心的位置を占める。我が国の特許法、実用新案法、意匠法は、特許権、実用新案権、意匠権、すなわち、絶対的排他権が認められている特許・登録された権利を中心に実施権規定を定めているが、契約自由の原則の観点から特許・登録前の特許、実用新案、意匠も特許を受ける権利、実用新案登録を受ける権利、意匠登録を受ける権利としてライセンス契約の対象となる。仮専用実施権、仮通常実施権制度等。

なお、無審査登録制度（出願公開制度、出願公告制度の廃止）を平成6年1月1日から採用した実用新案法に基づく実用新案登録を受ける権利及び従来から出願公開制度、出願公告制度を採用していない意匠法に基づく意匠登録を受ける権利については、ライセンス契約締結交渉時においては、その内容は原則として秘密情報であり、その確認方法に留意する必要がある。

(2) 著作物

　著作物は、著作権法に基づくライセンス契約の対象であり、特許と同様ライセンス契約の対象として中心位置を占める。そして、コンピュータ・プログラム（ソフトウェア）、データベースは、多くの場合著作権法で保護される著作物とされ、最近ではライセンシングビジネスで重要性を増している。

　ところで、現行の著作権法は、著作物について著作権（財産権）と著作者人格権を規定し、著作権に相対的排他権を認め、かつ、出願や登録を権利発生・賦与の要件としない無方式主義を採用しているので（著作権法17条）、著作権法によって保護される著作物であるか否かを判断する場合には、方式主義を採用している特許や商標等の場合のように登録の有無等により調査することはできない。

　したがって、著作物に関するライセンス契約を検討する場合には、その著作物が著作権法によって保護されるための基本的要件である創作性を有しているか否か等について、個々に慎重に検討する必要がある。そして、特許権の場合は各国特許独立の原則があるが、著作権の場合ベルヌ条約等により保護関係にある場合には、全世界的な規模で保護される。また、特許法等が産業法であるのに対して、著作権法は文化法であることから、著作権の存続期間が長期間（著作者の生存中及び死後50年間）であり、著作者人格権は一身専属権であり譲渡はできない。したがって、ライセンス契約の実務においては、これらのことを考慮した対応が必要である。

(3) ノウハウ

　ノウハウとは、技術的知識・経験・秘訣・個人的熟練、秘密方式等いろいろの意味を有し、経済的価値を有しており、ライセンス契約の対象となる。もっとも、ノウハウには特許権のような排他力が認められず、このことを考慮してノウハウ開示契約として締結されることもある。しかし、1988年にEC委員会がノウハウライセンス契約に関する規則を制定し、1989年に発効させ、我が国の公正取引委員会が、平成2年に特許・ノウハウライセンス契約に関する運用基準を公表したことにより、ノウハウライセンス契約の法的バックボーンが明確となった。いずれにしても、ノウハウは実務上ライセン

ス契約の対象として質量ともに重要な位置を占めている。

　そして、平成3年6月15日から施行された営業秘密（技術上及び営業上の秘密情報）の保護強化のための改正不正競争防止法により、ノウハウのライセンス契約実務は大きな影響を受けている。すなわち、営業秘密のうち技術上の秘密情報は、いわゆるノウハウとしてライセンス契約の対象として極めて重要であり、営業秘密の要件、保護要件として、「秘密として管理している」ことが規定されたからである。

(4) その他新しいライセンス契約の対象

　昨今、ライセンス契約の対象としての知的財産・知的財産権が拡大し、多様化している。例えば、バイオテクノロジー、植物新品種、半導体集積回路の回路配置利用権、サービスマーク、タイプフェイス、著作隣接権、キャラクター等を挙げることができる。

　これらの中には、知的財産ではあるが知的財産権としては認知されていないもの（例えば、タイプフェイス）や法律上権利として規定され、ライセンス制度が用いられているもの（例えば、半導体集積回路の回路配置利用権）等いろいろの種類が存在するが、契約自由の考え方に基づいてライセンス契約の対象となっている。

　そして、技術革新、経済取引の変化等から必要性が高まった段階で、知的財産関係法の改正・制定が行われることになる。

4-4　知的財産契約の対象としての知的財産の実務的留意点

(1) 特許（実用新案、意匠を含む）

① 専用実施権（特許法77条）

　　専用実施権設定契約で定めた範囲内（時間、地域、内容）で、特許発明を実施する権利を専有する（特許権者も実施不可）。専用実施権は、設定登録により権利が発生する（特許法98条）。また、専用実施権者は、特許権を侵害する者及び侵害しようとする者に対し、侵害排除、侵害予防措置を行うことができる（特許法100条）。

　　専用実施権者は、特許権者の承諾がなければ第三者に再実施権を許諾することができない（特許法77条4項）。なお、通常実施権に関する78条に

は、77条4項のような規定はないが、通常実施権者が特許権者の承諾なしに第三者に再実施権を許諾できないのは当然のことである。

なお、我が国の専用実施権については、国際的ライセンス契約における独占的実施権（Exclusive License）特許の差異に留意する必要がある。

② 特許出願前における特許を受ける権利

特許を受ける権利は移転することができる（特許法33条1項）が、特許出願前における特許を受ける権利の承継は、その承継人が特許出願しなければ、第三者に対抗することができない（特許法34条1項）。

③ 特許出願後における特許を受ける権利

特許出願の前後を問わず、特許を受ける権利は財産権であり、使用、収益、処分の対象となり、したがって契約自由の原則に従ってライセンス契約の対象となる。特に、出願公開後の特許を受ける権利については、実務的にライセンス契約の対象として便宜性が顕著となる。なお、その承継（一般承継を除く）は、特許庁長官への届出が効力要件である（特許法34条4項）。

④ 共有に係る特許権、特許を受ける権利

特許権、特許を受ける権利が共有に係るときは、特許法73条及び33条3項により、その使用、収益、処分について、当事者の合意、特約等を要する場合がある。

⑤ 実用新案権の行使と実用新案技術評価書

実用新案権を行使するに当っては、あらかじめ実用新案技術評価書の提示が必要である（実用新案法29条の2）。

(2) 商　標

商品及び役務（サービス）に関する標識である。契約対象としては、商標登録を受けている商標である登録商標についての商標権と商標登録出願によって生じた権利（商標登録を受ける権利ではない）がある。なお、団体商標（商標法7条）、地域団体商標（商標法7条の2）の制度がある。

(3) 著作物

著作物に関する知的財産契約の実務においては、①著作権法が著作者等の

保護を中心に制度設計されていること、②無方式主義保護制度を採用していること、③著作者人格権制度が存在すること、④法人著作制度が存在すること、⑤財産権としての著作権が複製権等の支分権の束で構成されていること等から特許等産業財産権に関する知的財産契約実務と比較して複雑性が顕著である。

① **法人著作**

著作権法は、特許法等と異なり、法人に著作能力を認め（著作権法15条）、かつ、法人には法人格を必ずしも必要としない（同法2条6項）。このことは、知的財産契約の実務において、例えば、著作者の権利主体の確認等留意点が多い。

② **著作者の権利**

著作権の権利に、著作者人格権と著作権を認め（著作権法17条）、法人著作者にもこの2つの権利を認めている。著作者人格権は一身専属の権利で譲渡できない（同法59条）。したがって、ライセンス契約の対象ともならず、同一性保持権（同法20条）への対応等実務的課題が多い。

(4) ノウハウ

① **知的財産基本法上の営業秘密**

知的財産基本法制定以前においては、知的財産権とは認知されていなかった営業秘密は、事業活動に有用な技術上又は営業上の情報としての知的財産として、また、法律上保護される利益に係る権利としての知的財産権として認知された。また、不正競争防止法は、営業秘密を「秘密として管理されている生産方法、販売方法その他の事業活動に有用な技術上又は営業上の情報であって、公然と知られていないもの」と定義している（同法2条6項）。すなわち、その要件は秘密性、有用性、秘密管理性である。

営業秘密は、他の知的財産、知的財産権と多くの関係を有しており、特に発明との関係が、例えば、職務発明問題等において重要である。

② **企業経営における営業秘密の位置付け**

営業秘密は、企業活動における創造活動の結果・成果であり各企業に

とって重要な経営資産であり企業価値要素である。したがって、極めて重要であり、その管理が重要となる。

営業秘密の管理は、結論的に、情報管理ではなく、情報、戦略、人の複合的、総合的管理でなければ実効性は期待できない。すなわち、情報は多くの場合人に伴って存在し、また、企業戦略に従って、評価、位置づけられる。

③　ライセンス契約における特許とノウハウ

特許権は独占的な排他権を有するので、ライセンスを受けずに実施すると権利侵害となる。ノウハウとは、非公知性かつ有用性がある技術情報で、秘密として管理されているものなので、ライセンスを受けなければ、その情報にアクセスできない。ライセンス契約では、一般的に特許及びノウハウを対象とするのが効果的である。

④　ノウハウをライセンスの対象として契約を締結する場合の注意点

企業経営においては、営業秘密は、秘密管理を前提として、共同研究開発契約におけるノウハウの位置づけ、ノウハウライセンシングがより重要視される。そして、その場合、ラボノート、ノウハウブックにおける営業秘密の特定、管理が重要視される。

ノウハウとは、技術的知識・経験・秘訣、個人的熟練、秘密方式等いろいろの意味を有し、経済的価値を有しており、ライセンス契約の対象となり得るものをいう。もっとも、ノウハウには特許権のような排他力がなく、排他権的な効力は認められず、このことを考慮してノウハウ開示契約として締結されることもある。ノウハウは、その本質が秘密性にあるのでライセンス契約の実務においては、契約の締結交渉におけるライセンス条件の決定プロセスが、特許ライセンス契約と異なるのが通常である。すなわちライセンサーとしては、ライセンス契約締結以前に、秘密保持契約又はオプション契約の締結を要求することがある。また、ノウハウは秘密性が基本的な要素であるために、ノウハウの開示、秘密保持、契約期間、契約終了後の実施・特許出願等の規定が必要になり、かつ重要である。

要するに、ライセンス契約の締結を検討するためにある一定期間、対象

技術、権利を評価する機会をライセンシーの候補者に与え、もし満足する評価結果が出た場合には、オプション契約に添付されているライセンス契約を締結することができる、いわゆる選択権付契約といえる。特に、ノウハウライセンス契約においては、オプション契約が利用される。

ライセンサーとしては、ライセンス契約締結以前には、ノウハウの内容、特にその全容を開示したくないし、一方、ライセンシーとしては、ライセンス契約の条件を判断するために、ノウハウの全容、少なくともその概要は事前に知りたいという状況が生じるものである。このようなライセンサー、ライセンシーの立場を考慮して、妥協的な形としてオプション契約が利用される。ただし、オプション契約には、オプションフィーといった一定の対価を支払う義務が付帯するのが一般的である。

⑤ M&Aにおける営業秘密

M&Aの実務において、売り手側としては、売買契約調印までの交渉において、営業秘密を考慮してより高値で売却しようと試みる。すなわち、秘密保持契約を締結していても真に価値ある情報、例えば、製造ノウハウ、顧客リスト等については売買契約締結以前には開示したがらない。もし売買契約が不調に終わった場合には、以後のビジネスに重大な悪影響を及ぼしかねないからである。特に、交渉相手が同業又は競合関係にある場合には、それが顕著である。そこで、売り手側は、営業秘密の開示の条件として、エスクロウ（Escrow）契約の締結とエスクロウ金を要求する。このエスクロウ金は営業秘密の開示料である。もちろん、エスクロウ契約とは別に締結する秘密保持契約に違反した場合には、エスクロウ金とは別に損害賠償を要求することになる。

Ⅲ-2 知的財産法におけるイノベーション促進条項、制約条項

知的財産法制は、総じて文化、産業・経済の発展のために制度設計されている。したがって、基本的にイノベーション促進制度であるといえる。ただし、権利保護強化等の施策としての制度設計により、一面から見るとイノ

ベーションを規制、制約する条項も指摘でき、文化、産業・経済政策上の必要性からオープンイノベーション対応をも考慮した制度の見直しが必要となる。

一般論としてイノベーション促進条項、制約条項と考えられる知的財産法の条文を例示する。

1 イノベーション促進条項
(1) 特 許 法
第34条の2、第34条の3　仮専用実施権、仮通常実施権
第48条の6　優先審査
第64条　出願公開
第69条　特許権の効力が及ばない範囲
第70条、71条　特許発明の技術的範囲
第77条　専用実施権
第78条　通常実施権
第79条　先使用による通常実施権
第83条　不実施の場合の通常実施権の設定の裁定
第92条　自己の特許発明の実施をするための通常実施権の設定の裁定
第93条　公共の利益のための通常実施権の設定の裁定
第104条の3　特許権者等の権利行使の制限
第123条　特許無効審判
第193条　特許公報

(2) 実用新案法
第29条の2　実用新案技術評価書の提示

(3) 知的財産基本法
第3条　国民経済の健全な発展及び豊かな文化の創造
第4条　我が国産業の国際競争力の強化及び持続的な発展
第5条〜第8条　国、地方公共団体、大学等、事業者の責務
第9条　連携の強化

第10条　競争促進への配慮
第12条　研究開発の推進
第13条　研究成果の移転の促進等
第14条　権利の付与の迅速化等
第15条　訴訟手続の充実及び迅速化等
第19条　事業者が知的財産を有効かつ適切に活用することができる環境の整備
第20条　情報の提供

(4) 不正競争防止法
第2条6項　営業秘密

(5) 著作権法
第15条　職務上作成する著作物の著作者
第17条　著作者の権利
第30条～50条　著作権の制限
第61条　著作権の譲渡
第63条　著作物の利用許諾
第64条　共同著作物の著作者人格権の行使
第65条　共有著作権の行使
第67条　著作権者不明等の場合における著作物の利用
第79条　出版権の設定

(6) 半導体集積回路の回路配置に関する法律
第3条　回路配置利用権の設定の登録

(7) 種苗法
第3条　品種登録の要件

(8) 私的独占の禁止及び公正取引の確保に関する法律
第3条　私的独占及び不当な取引制限
第19条　不公正な取引方法
第21条　適用除外
知的財産の利用に関する独占禁止法上の指針

2 イノベーション制約条項
(1) 特許法
　　第33条3項　特許を受ける権利（持分譲渡制限）
　　第38条　共同出願
　　第73条　共有に係る特許権
　　第100条　差止請求権
　　第127条　訂正審判
　　第132条　共同審判
　　第196条　侵害の罪
(2) 意匠法
　　第14条　秘密意匠
(3) 著作権法
　　第59条　著作者人格権の一身専属性

3 公共の利益のための裁定通常実施権
　裁定実施権とは、行政機関たる特許庁長官又は経済産業大臣の裁定により発生する通常実施権をいい、特許法には次の3種類が規定されている。
① 　不実施による裁定実施権（特許法83条）
② 　利用関係に基づく裁定実施権（特許法92条）
③ 　公益に基づく裁定実施権（特許法93条）

　前記①②の裁定実施権は、特許庁長官の裁定により、また③の裁定実施権は、経済産業大臣の裁定によりそれぞれ設定される。いずれにしても、裁定実施権は裁定という行政処分により初めて発生するものである。

　知的財産制度の代表的位置を占める特許制度は、オープンイノベーション的観点から発明を公開することを条件に、特許査定を受け登録された後、特許権者にその発明を実施する権利を専有することを認め、その実施によって経済産業の発展を期待する制度である。

　したがって、その実施が公共の利益の視点から不十分である場合には、強制実施許諾又は特許権の取消し又は権利行使制限が考慮される。現行特許法

に基づく裁定実施権制度は、オープンイノベーション促進制度の効果を有する知的財産制度の例である。

4 イノベーション促進に向けた知的財産法対応

　知的財産法は、基本的には、経済・産業、文化の発展のための政策法制である中で、現実的には、経済・産業、文化活動において必ずしも、イノベーション促進機能を発揮することができず、場合によっては、イノベーションを制約することがある。

　このことは、知的財産法の基本的制度設計・趣旨を考慮して、実務的運用をすることによって改善できることが多く存在する。以下、いくつかの例を指摘する。

(1) 特許法73条対応

　特許法73条は、共同研究開発等により特許権が共有である場合において、各共有者は単独で第三者に実施許諾する場合等については、共有相手の承諾を必要とすると定めている（同条3項）。この規定は、米国の特許法262条、中国特許法15条が、特約がなければ共有相手の承諾を必要としないで単独で第三者に実施許諾できることと比較してイノベーション規制条項であるとの指摘がある。しかし、米国、中国の場合も共有者の特約があれば、共有者の承諾が必要になるのであり、契約対応により実質的差異はないと把握できる。

　特許法73条については、共有当事者間の現実的、合理的特約を約定することによって、イノベーション規制要素は回避できる。

＜法制度上、戦略上の視点＞

　特許法73条、著作権法65条の規定は、特許法、著作権法が知的財産の権利の共有関係について、共有者間の信頼関係、権利行使の予見可能性等を考慮したもので、原則論としては、オープンイノベーション規制的条文である。ただし、これらの規定は任意規定であり「別段の定」、「共有者の同意」を条件にオープンイノベーション対応が可能である。

> すなわち、例えば、特許法73条3項は、共有特許権について単独で第三者にライセンスを許諾するためには、共有者の同意が必要であると規定しているが、共同研究開発契約に基づく共有特許権については、共同研究開発契約締結時に第三者へのライセンス許諾について、当事者双方の意思を確認しておくことで解決できる。
> 　なお、米国特許法（262条）は、共有特許権について、契約で特約がない限り共有者は各自特許発明の自由実施及び持ち分を自由に譲渡できると規定している。したがって、単独ライセンス許諾（非独占）も自由である。中国も特許法の改正により15条で「特許出願権又は特許権の共有者は権利の行使について約定している場合、その約定に従う。約定していない場合、共有者は単独で実施し又は通常実施許諾の方法で他人に当該特許の実施を許諾することができる。他人に当該特許の実施を許諾する場合、取得した実施料は共有者に分配しなければならない」と規定して、米国と同諏旨の内容で実施されている。

(2) 独占禁止法21条対応

　独占禁止法21条は「この法律の規定は、著作権法、特許法、実用新案法、意匠法又は商標法による権利の行使と認められる行為にはこれを適用しない」と規定している。技術に関し、知的財産権を有する者が、その知的財産権を根拠に他に当該技術の利用をさせない場合には、知的財産権の保護趣旨を逸脱している場合又は同制度の目的に反する場合には、知的財産権の権利行使行為とは認められず、技術の利用制限は禁止される。知的財産権の権利行使行為に対する独占禁止法による規制により、イノベーション規制要素は調整されると解せる。

(3) ライセンス契約におけるライセンシーの改良技術の取扱い

　知的財産は、活用してはじめてその機能を発揮する。そして、知的財産の活用は自己実施に加えて、他へのライセンシングアウト、すなわち、アウトオープンインベーション対応が重要視される。ライセンシングアウトは、契約自由の原則に基づいてライセンサーの戦略・方針によって多くの条項が検

討されることが一般的である。例えば、ライセンサーの改良技術の取扱いについては、アウトオープンイノベーションの形態としてのライセンシングアウトにおいて、ライセンサーは、ライセンシーの改良技術について、原点が許諾知的財産にあることから、そのアサインバック、共有バック、少なくともグラントバックを要求したい。ただし、ライセンス許諾に当たって知的財産権の権利行使行為が不公正な取引方法に該当する場合には、独占禁止法に違反し、その契約条項は無効とされる。

そこで、知的財産の活性化観点から独占禁止法21条所定の知的財産権の権利行使行為と認められる契約条件、例えば、非独占のグラントバック条項で契約を締結する等、契約条件の正当化対応を実行することが必要となる。

(4) 著作者人格権の契約上の処理

著作物に関する利用契約において、当該著作物の著作者は、著作者人格権と著作権を享有する中で、著作者人格権は著作者に一身専属であり（著作権法59条）、利用許諾の対象とすることができない。

著作者の権利うち複製権等著作権について利用許諾契約を検討する場合においては、著作者人格権の対応が一般的には、複雑かつ難しい法的問題を含んでいる。

したがって、イノベーション規制条項的であるが、現実的に、適切に対応することによって、問題を解決することができる。例えば、著作者人格権のうち、同一性保持権問題については、事前に著作者又はその代理人に承認を得て利用する手続的条件を約定しておくこと等である。

(5) 知的財産基本法における事業者の責務

知的財産基本法は、知的創造サイクルを積極的に展開し、イノベーションを促進し、活力ある経済社会を目指し、わが国産業の国際競争力の強化及び持続的発展に寄与するよう規定している。そして、事業者の責務として当該事業者若しくは他の事業者が創造した知的財産又は大学等で創造された知的財産を積極的に活用することを規定している。要は、産学官連携によってオープンイノベーション的にイノベーションを促進することを趣旨としている。

III-3 独占禁止法に基づくオープンイノベーションの検討

　独占禁止法は、国民経済の民主的で健全な発展を目的としている。技術に特許権等知的財産権を有する者が、①技術を利用させないようにする行為、②技術の利用範囲を制限する行為、③技術の利用に関し制限を課す行為、④その他の制限（非係争義務等）を課す行為等のついては、弊害要件に該当する場合には独占禁止法違反とし、権利行使を制限して、結果としてイノベーションの促進を図っている。ただし、独占禁止法21条は、「この法律の規定は、著作権法、特許法、実用新案法、意匠法又は商標法による権利の行使と認められる行為にはこれを適用しない」と規定して、特許権等知的財産権の権利行使行為と認められる行為には、独占禁止法の規定は適用されないと規定している。

　知的財産権の権利行使行為とは何か、公正取引委員会が公表した知的財産の利用に関する独占禁止法上の指針では、「知的財産制度の趣旨を逸脱し、又は同制度の目的に反する場合」は、知的財産権の権利行使行為とは認められないと述べている。いわば、独占禁止法におけるイノベーション促進施策と把握することができる。

　キーワードは、次の通りである。
- 技術の利用に関する制限を禁止し競争を促進する
- 公正かつ自由な競争：インセンティブ、意欲
- リバースエンジニアリング規制と独占禁止法
- ライセンス拒絶と独占禁止法：技術に知的財産権を有する者が技術の利用をさせない行為の制限（知的財産権の制限）
- 知的財産権の「権利行使行為」には独占禁止法の適用を除外する、その要件。
- ネガティブクリアランス
- 知的財産の保護趣旨、目的：パテントプール、コンソーシアム
- 知的財産の利用に関する独占禁止法上の指針

<概念図>

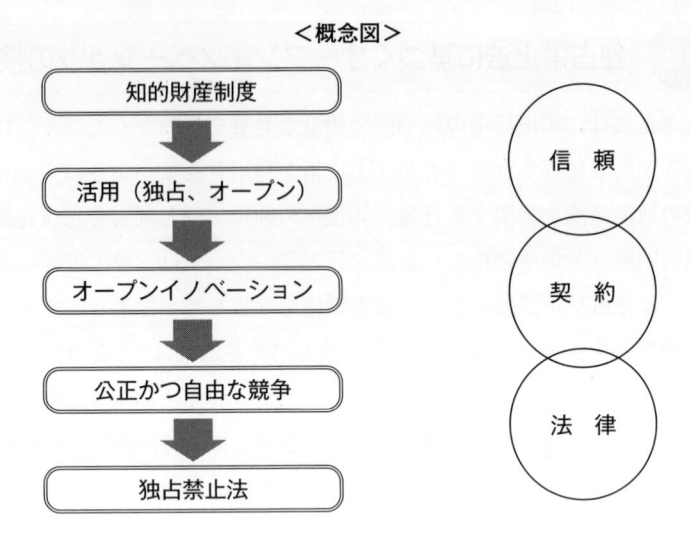

```
知的財産制度
    ↓
活用（独占、オープン）
    ↓
オープンイノベーション
    ↓
公正かつ自由な競争
    ↓
独占禁止法
```

信　頼

契　約

法　律

Ⅲ-3-1　知的財産契約と独占禁止法

1　はじめに

　知的財産権ライセンス契約等は、民法上の有名契約ではなく、したがって、民法の規定をガイドラインとする契約運用というよりも、実務慣行による契約運用になっている。しかし、ライセンス契約の実務が、当事者間の立場の違い、特に力関係等により、契約当事者間の争点が多くなっており、適法かつ、公正な契約内容を確認する必要性が高まっている。

　知的財産権ライセンス契約の実務も原則として契約自由の原則が適用されるが、例外的に独占禁止法による規制を受ける。知的財産権ライセンス契約の独占禁止法による規制は、実務的にも極めて重要な問題であるが、法理論的にもいろいろの検討課題が存在する。

2　知的財産法と独占禁止法の目的

　特許法1条は、「この法律は、発明の保護及び利用を図ることにより、発明を奨励し、もって産業の発達に寄与することを目的とする」と規定し、特許権の効力として、68条は「特許権者は、業として特許発明の実施をする権

利を専有する」と規定している。しかし、特許権等知的財産権は、無制約な権利といえるだろうか。独占禁止法による制約を検討する必要がある。

独占禁止法1条は、「この法律は、私的独占、不当な取引制限及び不公正な取引方法を禁止し、事業支配力の過度の集中を防止して、結合、協定等の方法による生産、販売、価格、技術等の不当な制限その他一切の事業活動の不当な拘束を排除することにより、公正且つ自由な競争を促進し、事業者の創意を発揮させ、事業活動を盛んにし、雇用及び国民実所得の水準を高め、以て、一般消費者の利益を確保するとともに、国民経済の民主的で健全な発達を促進することを目的とする」と規定している。

また、公正取引委員会が公表した「知的財産の利用に関する独占禁止法上の指針」では次のように述べている。

「技術に係る知的財産制度（以下「知的財産制度」という。）は、事業者の研究開発意欲を刺激し、新たな技術やその技術を利用した製品を生み出す原動力となり得るものであり、競争を促進する効果が生ずることが期待される。また、技術取引が行われることにより、異なる技術の結合によって技術の一層効率的な利用が図られたり、新たに、技術やその技術を利用した製品の市場が形成され、又は競争単位の増加が図られ得るものであり、技術取引によって競争を促進する効果が生ずることが期待される。このように、知的財産制度は、自由経済体制の下で、事業者に創意工夫を発揮させ、国民経済の発展に資するためのものであり、その趣旨が尊重されるとともに、円滑な技術取引が行われるようにすることが重要である。

他方、知的財産制度の下で、技術に権利を有する者が、他の事業者がこれを利用することを拒絶したり、利用することを許諾するに当たって許諾先事業者の研究開発活動、生産活動、販売活動その他の事業活動を制限したりする行為（以下「技術の利用に係る制限行為」という。）は、その態様や内容いかんによっては、技術や製品をめぐる競争に悪影響を及ぼす場合がある。

したがって、技術の利用に係る制限行為についての独占禁止法の運用においては、知的財産制度に期待される競争促進効果を生かしつつ、知的財産制度の趣旨を逸脱した行為によって技術や製品をめぐる競争に悪影響が及ぶこ

とのないようにすることが競争政策上重要であると考えられる。」

<法制度上、戦略上の視点>

　技術に知的財産を有する者が、「知的財産保護制度の趣旨を逸脱し、又は同制度の目的に反する行為」による知的財産権の権利行使行為とは認められない形で（独占禁止法21条）、他の事業者に当該技術の利用を拒絶（ライセンス拒絶）すること、又は利用させないことは、場合によっては、独占禁止法に違反し、許されないことになる。このことは、独占禁止法が有するオープンイノベーション機能であるといえる。

　したがって、技術に知的財産を有する者は、その戦略的活用において、また、ライセンス許諾契約において、独占禁止法に配慮する必要がある。具体的には、公正取引委員会が公表した「知的財産の利用に関する独占禁止法上の指針」を検討して対応することが望まれる。知的財産制度は、知的財産保護諏旨に沿って、かつ同制度の目的に反しない限り、経済・産業の発展に寄与し、イノベーションの促進に寄与する。したがって、独占禁止法による規制は、そのことを考慮して、適切に実施される必要がある。過度な規制は、知的財産制度の競争促進、イノベーション促進機能を阻害することになる。両制度は相互補完関係が期待される。

3　契約自由の原則に対する独占禁止法による規制の内容

　知的財産権ライセンス契約の実務も原則として契約自由の原則が適用されるが、例外的に独占禁止法による規制を受ける。

　知的財産権ライセンス契約に対する独占禁止法による規制の法的構成は次の通りとなる。

① 　契約自由の原則
② 　独占禁止法（強行法規）
③ 　知的財産権等の権利行使行為：独占禁止法の適用除外（21条）
④ 　不公正な取引方法（15項目）

⑤　知的財産の利用に関する独占禁止法上の指針

公正取引委員会は、「知的財産の利用に関する独占禁止法上の指針」を公表し、知的財産権ライセンス契約に対する独占禁止法による規制の判断のガイドラインとしている。

4　独占禁止法に違反する知的財産ライセンス契約の有効性

私的独占の禁止及び公正取引の確保に関する法律（独占禁止法）は、私的独占又は不当な取引制限（独占禁止法3条）及び不公正な取引方法の禁止（独占禁止法19条）を規定している。特許実施契約において不当な取引制限や不公正な取引方法が行われる蓋然性が認められれば独占禁止法3条又は独占禁止法19条が適用されて特許実施契約の締結又はその内容につき制約を受けることがあり得る。また、これらの補完規定たる独占禁止法6条は「事業者は、不当な取引制限又は不公正な取引方法に該当する事項を内容とする国際的協定又は国際的契約をしてはならない」と定めている。国際的契約には国際的特許実施契約も当然に含まれるので不当な取引制限又は不公正な取引方法に該当する事項を内容とする国際的特許実施契約は、締結すること自体独占禁止法6条違反となる。

一方、独占禁止法21条は「この法律の規定は、著作権法、特許法、実用新案法、意匠法又は商標法による権利の行使と認められる行為にはこれを適用しない」と規定している。したがって、特許実施契約においていかなる規定内容が不当な取引制限又は不公正な取引方法に該当するとされ、又は特許法による権利の行使と認められるかが重要なことである。

独占禁止法に違反する知的財産権ライセンス契約の私法上の有効性については、独占禁止法に違反する規定の趣旨等により個々の状況によって判断されるといわれているが、議論のあるところである。私的独占を招来するような実施契約、不当な取引制限に該当するような実施契約の締結は違法である。したがって、この一般指定に該当するような契約条項は違法である。また、特殊指定は、特定の事業分野における特定の行為についてのみ適用されるもので、現在、数種の業種について特殊指定がなされている。

Ⅲ-3-2 知的財産権の権利行使行為と独占禁止法

1 知的財産権の権利行使行為

　独占禁止法21条は、①特許法等による「権利の行使と認められる行為」には独占禁止法の規定が適用されず、独占禁止法違反行為を構成することはないこと、②他方、特許法等による「権利の行使」とみられるような行為であっても、それが発明を奨励すること等を目的とする技術保護制度の趣旨を逸脱し、又は同制度の目的に反すると認められる場合には、当該行為は「権利の行使と認められる行為」とは評価されず、イノベーション促進に悪影響が生じるとして、独占禁止法が適用されることを確認する趣旨で設けられたものであると考えられる。

　例えば、外形上又は形式的には特許法等による権利の行使とみられるような行為であっても、当該行為が不当な取引制限や私的独占の一環をなす行為として又はこれらの手段として利用されるなど権利の行使に藉口していると認められるときなど、当該行為が発明を奨励すること等を目的とする技術保護制度の趣旨を逸脱し、又は同制度の目的に反すると認められる場合には、特許法等による「権利の行使と認められる行為」とは評価できず、独占禁止法が適用されるものと考えられる。

　また、上記以外の場合において、外形上又は形式的には特許法等による権利の行使とみられるような行為であっても、行為の目的、態様や問題となっている行為の市場における競争秩序に与える影響の大きさも勘案した上で、個別具体的に判断した結果、技術保護制度の趣旨を逸脱し、又は同制度の目的に反すると認められる場合には、当該行為は「権利の行使と認められる行為」とは評価できず、独占禁止法が適用されることがあり得る。

　そこで、「知的財産権の権利の行使と認められる行為」とは何かについて検討する。

(1) 特許法等による「権利の行使と認められる行為」とは、排他的効力をもつ財産権の一種としての特許権者がなし得る特許発明の使用、収益、処分に関する行為又は権利者が他人に権利の実施をさせる場合に付す一定の時

間的、地理的若しくは内容的制限を意味し、当該制限に反した行為が行われると、特許権の侵害になると解されている行為を指すものである。具体的には、次の①、②の場合は、一般的に「権利の行使と認められる行為」と考えられる。

① 権利を使用すること（自ら実施をすること、又は実施をしないこと、権利侵害者に対して差止め請求訴訟を提起すること等により、他人の無断使用を排除することなど）、権利により収益を図ること（他人に実施・再実施させること、又はさせないこと、担保に供することなど）、権利を処分すること（譲渡すること）、

② ライセンスに際し、特許の実施を時間的、地理的又は内容において制限すること（製造・使用・販売等に区分してライセンスをすること、実施地域を限定してライセンスをすること、実施期間を限定してライセンスをすること、実施する技術分野を区分してライセンスをすること、実施できる数量を制限してライセンスをすること（なお、数量制限については、当該制限に反してライセンシーが製造等をした場合に当該行為が権利侵害になるか争いがある。）

(2) なお、これに対し、著作権、意匠権、商標権は、いずれも特許法と比べると権利の性格が異なると考えられるところから、権利の行使とみられる行為の範囲は、特許権に比べより限定されるものと解される。例えば、製造・使用・販売等の区分許諾、地域の制限、裁定製造数量等の制限を課すことは、特許権の場合とは異なり、原則として権利の行使とみられる行為とは認められないであろう。

(3) 外形上又は形式的には「権利の行使とみられる行為」の範ちゅうに属するが、その行使が正当でないような場合、すなわち技術保護制度の趣旨を逸脱し、又は同制度の目的に反するような形態であるいは内容の権利行使のされ方をしている場合には「権利の行使と認められる行為」とは評価されないことがある。

(4) 技術保護制度の趣旨を逸脱し、又は同制度の目的に反するような権利行使のされ方の例示として、指針は、権利行使に藉口している例示として、

不当な取引制限や私的独占という極めて競争制限の強い反社会的な行為の手段となっている場合を挙げているが、これらの場合は、まさに特許権の行使として許容される本来の趣旨から乖離した行為がなされていると考えられる。

なお、知的財産権の権利行使とはいえない条項例には、次のようなものがある。

① 実施権者は、本契約締結後3年間契約製品を日本国外へ輸出してはならない。
② 実施権者は、契約製品の競争品を本契約終了後といえども製造、販売してはならない。
③ 実施権者の開発した契約製品に関する改良技術は、すべて許諾に帰属する。
④ 実施権者は、許諾特許の有効性について直接たると間接たるとを問わず争ってははらない。
⑤ 実施権者は、契約製品を販売する場合には、その販売価格を1個〇〇円とするものとする。

2 知的財産基本法における競争促進への配慮

知的財産基本法10条は、「知的財産の保護及び活用に関する施策を推進するに当たっては、その公正な利用及び公共の利益の確保に留意するとともに、公正かつ自由な競争の促進が図られるよう配慮するものとする」と規定している。

競争促進は、一般的にイノベーション促進への刺激効果が期待される。

3 まとめ

特許法等知的財産法の目的と独占禁止法の目的は、相対立するように見える。しかし、両法は産業・経済の発展を図るという最終目的において同一であり、したがって、両者は相互補完的関係にあるといえよう。両制度共に産業・経済の発展のための政策法であり、イノベーション促進の実効性有する

といえる。

Ⅲ-3-3 知的財産の利用に関する独占禁止法上の指針におけるイノベーション機能

1 はじめに

　公正取引委員会が公表した「知的財産の利用に関する独占禁止法上の指針」は、次のように述べている。

　「独占禁止法21条は、「この法律の規定は、著作権法、特許法、実用新案法、意匠法又は商標法による権利の行使と認められる行為にはこれを適用しない」と規定している。したがって、技術の利用に係る制限行為のうち、そもそも権利の行使とはみられない行為には独占禁止法が適用される。

　また、技術に権利を有する者が、他の者にその技術を利用させないようにする行為及び利用できる範囲を限定する行為は、外形上、権利の行使とみられるが、これらの行為についても、実質的に権利の行使とは評価できない場合は、同じく独占禁止法の規定が適用される。すなわち、これら権利の行使とみられる行為であっても、行為の目的、態様、競争に与える影響の大きさも勘案した上で、事業者に創意工夫を発揮させ、技術の活用を図るという、知的財産制度の趣旨を逸脱し、又は同制度の目的に反すると認められる場合は、上記21条に規定される「権利の行使と認められる行為」とは評価できず、独占禁止法が適用される。

　なお、一定の行為が、権利の行使と認められるかどうかの判断に当たっては、権利の消尽にも留意する必要がある。すなわち、技術に権利を有する者が、当該技術を用いた製品を我が国の市場において、自らの意思によって、適法に拡布した後においては、他の者がそれを我が国の市場で取引する行為は、当該権利の侵害を生じるものではない（特許権等の国内消尽）。したがって、権利者が、自らの意思で拡布した製品について他の者が取引をする際に、各種の制限を課す行為への独占禁止法の適用は、一般の製品の販売に関する制限の場合と何ら異なるものではない。」

　すなわち、技術に権利を有する者が、他の者にその技術を利用させないようにする行為は、場合によっては、独占禁止法違反となる。

<独占禁止法によるイノベーション促進機能>
① 競争促進施策（非係争義務、不争義務、改良のアサインバック義務、競合技術禁止）
② 知的財産権の権利行使行為以外の制約に関する制限（ライセンス拒絶等）
③ ライセンシングの促進

知的財産制度の趣旨を逸脱し、又は同制度の目的に反すると認められる場合は、上記21条に規定される「権利の行使と認められる行為」とは評価できず、独占禁止法が適用される。

特許権の存在がイノベーションを阻害し経済の発展を妨げ、消費者の利益を害することは、問題である。

[2]、[3]において、「知的財産の利用に関する独占禁止法上の指針」の対象と基本的考え方を述べる。

[2] 知的財産の利用に関する独占禁止法上の指針の対象

「本指針は、知的財産のうち技術に関するものを対象とし、技術の利用に係る制限行為に対する独占禁止法の適用に関する考え方を包括的に明らかにするものである。

「本指針において技術とは、特許法、実用新案法、半導体集積回路の回路配置に関する法律、種苗法、著作権法及び意匠法によって保護される技術並びにノウハウとして保護される技術を指す。

これらの技術の利用とは、法的には当該技術に係る知的財産の利用にほかならないから、本指針では、以下「技術の利用」と「知的財産の利用」とは同義のものとして用いる。

本指針で対象とする技術の利用に係る制限行為には、ある技術に権利を有する者が、①他の者に当該技術を利用させないようにする行為、②他の者に当該技術を利用できる範囲を限定して許諾する行為及び③他の者に当該技術の利用を許諾する際に相手方が行う活動に制限を課す行為がある。

技術の利用に係る制限行為には、技術を有する者が、自ら単独で制限を行

う場合もあれば、他の事業者と共同で行う場合もあり、技術を利用しようとする者に対して直接に制限を課す場合もあれば、第三者を通じて制限を課す場合もある。また、これらの制限には、契約中の制限条項として規定されるもののほか、事実上の制限もある。

　本指針では、その態様や形式にかかわらず、実質的に技術の利用に係る制限行為に当たるものは、すべてその対象としている。

　本指針で示される考え方は、事業者の事業活動が行われる場所が我が国の内外のいずれであるかを問わず、我が国市場に影響が及ぶ限りにおいて適用される。」

③ 独占禁止法適用の基本的な考え方
(1) 市場についての考え方

　「技術の利用に係る制限行為について独占禁止法上の評価を行うに当たっては、原則として、当該制限行為の影響の及ぶ取引を想定し、当該制限行為により当該取引の行われる市場における競争が減殺（中略）されるか否かを検討する。

　なお、不公正な取引方法の観点から検討する際には、競争減殺とは別に、競争手段として不当か、又は自由競争基盤の侵害となるかについて検討を要する場合がある（中略）。

　技術を利用させないようにする行為又は技術を利用できる範囲を限定してライセンスをする行為は、当該技術の市場又は当該技術を用いた製品（役務を含む。以下同じ。）の市場における競争に影響を及ぼす。また、技術のライセンスに伴ってライセンシーの事業活動に制限を課す行為は、当該技術又は当該技術を用いた製品の取引以外に、当該技術又は当該技術を用いた製品を用いて供給される技術又は製品の取引、当該技術を用いた製品の製造に必要な他の技術や部品、原材料の取引などさまざまな取引に影響を及ぼす。

　したがって、技術の利用に係る制限行為について独占禁止法上の評価を行うに当たっては、制限行為の影響が及ぶ取引に応じ、取引される技術の市場、当該技術を用いて供給される製品の市場、その他の技術又は製品の市場

を画定し、競争への影響を検討することになる。

　技術の市場（以下「技術市場」という。）及び当該技術を用いた製品の市場（以下「製品市場」という。）の画定方法は、製品又は役務一般と異なるところはなく、技術又は当該技術を用いた製品のそれぞれについて、基本的には、需要者にとっての代替性という観点から市場が画定される。その際、一般に技術取引は輸送面での制約が小さく、また、現在の用途から他の分野へ転用される可能性があることを考慮し、技術市場の画定に際しては、現に当該技術が取引されていない分野が市場に含まれる場合がある。また、ある技術が特定の分野で多数の事業者により利用されており、これら利用者にとって迂回技術の開発や代替技術への切換えが著しく困難な場合、当該技術のみの市場が画定される場合がある。

　なお、技術の利用に係る制限行為が、技術の開発をめぐる競争にも影響を及ぼす場合もあるが、研究開発活動自体に取引や市場を想定し得ないことから、技術開発競争への影響は、研究開発活動の成果である将来の技術又は当該技術を利用した製品の取引における競争に及ぼす影響によって評価することになる。」

(2) 競争減殺効果の分析方法

　「技術の利用に係る制限行為によって市場における競争が減殺されるか否かは、制限の内容及び態様、当該技術の用途や有力性のほか、対象市場ごとに、当該制限に係る当事者間の競争関係の有無、当事者の占める地位（シェア、順位等）、対象市場全体の状況（当事者の競争者の数、市場集中度、取引される製品の特性、差別化の程度、流通経路、新規参入の難易性等）、制限を課すことについての合理的理由の有無並びに研究開発意欲及びライセンス意欲への影響を総合的に勘案し、判断することになる。技術の利用に関して複数の制限が課される場合、それら制限が同じ市場に影響を及ぼすのであれば、各制限が当該市場における競争に及ぼす影響を合わせて検討することになる。

　また、これらの制限が、それぞれ異なる市場に影響を及ぼす場合には、各市場ごとに競争への影響を検討した上で、当該市場の競争への影響が他の市

場の競争に対して二次的に及ぼす影響についても検討することになる。また、他の事業者が代替技術を供給している場合には、これらの事業者が同様の制限行為を並行的に行っているかどうかについても検討する。」

(3) 競争に及ぼす影響が大きい場合の例
① 競争者間の行為
「技術の利用に係る制限行為が競争者間で行われる場合には、非競争者間で行われる場合と比べて、これら当事者の間における競争の回避や競争者の排除につながりやすいため、競争への影響が相対的に大きいと考えられる。」

② 有力な技術
「有力と認められる技術は、それ以外の技術に比べて、技術の利用に係る制限行為が競争に及ぼす影響は相対的に大きい。一般に、ある技術が有力な技術かどうかは技術の優劣ではなく、製品市場における当該技術の利用状況、迂回技術の開発又は代替技術への切替えの困難さ、当該技術に権利を有する者が技術市場又は製品市場において占める地位等を、総合的に勘案して判断される。

例えば、技術市場又は製品市場で事実上の標準としての地位を有するに至った技術については、有力な技術と認められる場合が多い。」

(4) 競争減殺効果が軽微な場合の例
「技術の利用に係る制限行為については、その内容が当該技術を用いた製品の販売価格、販売数量、販売シェア、販売地域若しくは販売先に係る制限、研究開発活動の制限又は改良技術の譲渡義務・独占的ライセンス義務を課す場合を除き、制限行為の対象となる技術を用いて事業活動を行っている事業者の製品市場におけるシェア（以下、本項において「製品シェア」という。）の合計が20％以下である場合には、原則として競争減殺効果は軽微であると考えられる。ただし、一定の制限が技術市場における競争に及ぼす影響を検討する場合は、原則として、製品シェアの合計が20％以下であれば競争減殺効果は軽微であると考えられるが、製品シェアが算出できないとき又は製品シェアに基づいて技術市場への影響を判断することが適当と認められ

ないときには、当該技術以外に、事業活動に著しい支障を生ずることなく利用可能な代替技術に権利を有する者が4以上存在すれば競争減殺効果は軽微であると考えられる。」

4 競争技術、競争品の取扱い制限の独占禁止法違反性

4-1 競　争

　知的財産権ライセンス契約における競争は、独占禁止法1条の「公正且つ自由な競争」を基本とし、一定の取引分野における競争の実質的な制限（同法2条5項・6項）及び「公正な競争を阻害するおそれ」（同法2条9項）を考慮して、知的財産権取引市場における競争が対象となる。

　すなわち、ライセンス契約の対象である知的財産権取引市場、例えば特許権を対象とするライセンス契約においては技術市場における競争が対象となる。したがって、競争事業者とは、関連市場における現在及び将来の競争関係にある事業者ということになる。

　競争（一定の取引分野における競争）要件は、知的財産権取引市場（商品又は役務性）。市場＝競争（独占禁止法2条4項）が行なわれる場である。

　ライセンス契約において、知的財産権が独占禁止法2条4項の商品又は役務に該当するか、が議論されている。知的財産権は何らかの経済的利益であり、取引の対象となるすべてのものが商品又は役務であるといってよいので、知的財産権は、商品又は役務であるといえるだろう。いずれにしても、知的財産権ライセンス契約に関し、独占禁止法上の問題は知的財産権取引上の制限の違法性を考慮することになる。

4-2 競争技術、競争品の取扱制限

　ライセンサーは、ライセンシーに対して、許諾製品（許諾特許等に基づき製造される製品）と競合する製品の取扱いを制限することを要求することがある。しかし、ライセンサーがライセンシーに対し、ライセンサーの競争品を製造・販売すること又はライセンサーの競争者から競争技術のライセンスを受けることを制限する行為は、ライセンシーによる技術の効率的な利用や円滑な技術取引を妨げ、競争者の取引の機会を排除する効果を持つ。し

がって、これらの行為は、多くの場合、イノベーション促進に悪影響を与えることになり、公正競争阻害性を有する場合には、不公正な取引方法に該当する（一般指定第2項、第11項、第12項）。

なお、当該技術がノウハウに係るものであるため、当該制限以外に当該技術の漏洩又は流用を防止するための手段がない場合には、秘密性を保持するために必要な範囲でこのような制限を課すことは公正競争阻害性を有さないと認められることが多いと考えられる。このことは、契約終了後の制限であっても短期間であれば同様である（「指針」第4-4-(4)）。

事業経営上又は取引上の合理性の観点から、公正競争阻害性の判断につき考慮すべきであろう。ライセンサーとしては、ライセンスの許諾に消極的となり技術等の利用が促進されず、結果的に競争の促進が図れないこととなる。

5 改良発明等に関する取扱い方法

5-1 知的財産権ライセンス契約における拘束条項と独占禁止法の関係

知的財産法は、一定の要件を満たす発明等に対し、排他的利用を認め、発明等に係わる公正で自由な競争を促進することを目的とするものである。

なお、独占禁止法21条は「この法律の規定は、著作権法、特許法、実用新案法、意匠法又は商標法による権利の行使と認められる行為にはこれを適用しない」と規定しており、知的財産権の権利行使行為は適用除外される。

5-2 改良発明等に関するライセンシーの義務条項

ライセンサーはライセンス契約においてライセンシーに対して、種々の意図により、種々の拘束条項を要求することがある。例えば、許諾特許発明の改良発明等に対して、アサインバック（Assign Back）、グランドバック（Grant Back）、フィードバック（Feed Back）等の義務を課す要求することがある。

ライセンシーが開発、取得した改良発明等に関する拘束条項は、実務的・法的に重要な課題が存する。

その例は、次表の通りである。

■ Ⅲ オープンイノベーションの観点からの知的財産の制度上、実務上の留意点

	方　法	内　容	独禁法上の問題
1	フィードバック	ライセンサーに改良技術を通知する。	問題なし
2	オプションバック	通知した改良技術についてライセンサーにオプション権を与える。	問題なし
3	非独占ライセンスのグラントバック	改良技術についてライセンサーに非独占ライセンスを許諾する。	場合によって問題あり
4	ソールライセンスのグラントバック	ライセンシーの自己実施権を留保し独占的なライセンスを許諾する。	場合によって問題あり
5	独占ライセンスのグラントバック	改良技術についてライセンサーに独占ライセンスを許諾する。	問題あり
6	共有バック	改良技術（特許）をライセンサーと共有する。	場合によって問題あり
7	アサインバック	改良技術（特許）をライセンサーに譲渡する。	問題あり

　いずれにしても、ライセンサーがライセンシーに対して、アサインバック、グラントバック、フィードバック等を要求する意図は、ライセンシーによる改良技術の原点は、ライセンサーがライセンシーにライセンスした許諾特許、許諾ノウハウにあるのであり、多かれ少なかれ許諾特許、許諾ノウハウが包含され、寄与しているということにある。

　そして、ライセンサーとしては、許諾技術、許諾発明等をライセンシーが改良した場合は、オープンイノベーションの観点から、許諾技術、許諾発明に基づくイノベーションをライセンス許諾によってライセンシーを自らの分身として、その改良活動に対しても期待するので、ライセンシーの改良発明等に関し、アサインバック又は独占的ライセンスのグラントバックを要求したいと思うのが通常である。しかし、これらについては、ライセンシーのインセンティブ考慮、イノベーション活動の拘束性等の理由から、独占禁止法上問題があるので、共有（Co-Ownership）バック、ソールライセンス（Sole License）のグランドバック又は非独占的ライセンス（Non-Exclusive license）のグラントバックを要求することになる。ライセンサーとしては、少なくとも、フィードバック、オプションバック（Option Back）は固執す

— 98 —

ることになるのが通常である。
　一方、ライセンシーとしては、自己が開発、取得した改良技術について制約を受けたくないのが通常である。
　ライセンス契約の実務においては、特許ライセンス契約の場合より、ノウハウライセンス契約の場合に、ノウハウが有益な秘密情報であるためにライセンシーの改良技術の取扱いが重要視される。
　いずれにしてもライセンス契約における当事者の意思、戦略によって改良発明等の義務条項について大きな論点となる。その場合、独占禁止法の適用性を考慮することが通常であり、したがって、改良発明等に関するライセンシーの義務条項の独占禁止法違反性の問題は重要な問題である。

5-3 改良発明等に関するライセンシーの義務条項の独占禁止法違反性

　特許やノウハウに係わる技術取引の場合においては、ライセンサーがライセンシーに対して、ライセンシーが当該技術について行った改良等の成果を、ライセンサーに譲渡する義務又は独占的な利用を許諾する義務を課すことは、ライセンシーの取得した知識、経験や改良発明等の成果をライセンシーが自ら使用する、又は第三者にライセンスすることが制限されることによって、ライセンシーの研究開発意欲を損ない、また、新たな技術の開発を阻害するなど、イノベーション促進に悪影響を与え、結果的に市場における競争秩序に悪影響を及ぼすおそれがある。

5-4 改良発明等に関するライセンシーの義務条項の独占禁止法違反性基準と正当性

(1) 独占禁止法違反性基準

　公正競争阻害性は、次のような事項についてライセンシーの商品、技術取引の自由、自主性を抑圧し自由競争基盤を侵害するものとなるか否かを個別具体的に判断する。
　なお、具体的判断は契約条項自体に基づいて行われるのが原則であるが、ライセンス契約の公正競争阻害性が判断される市場は、契約対象技術を適用した製品の取引市場（製品市場）及び契約対象技術の取引市場（技術取引市場）である。
　したがって、契約対象技術が関係する製品市場又は技術取引市場における

競争阻害的効果があるか否かを具体的な市場を対象として判断すべきである。禁止することがプラスをもたらすのであれば、その契約条項は公正競争阻害性を帯びるという判定となり、逆に許容してもプラスが失われないのであれば、公正競争阻害性を帯びないという判定となる。換言すれば、技術取引及び知的所有権制度の競争促進的効果は、公正競争阻害性の判断と対向する外在的判断要素ではなく、他の要素とともに公正競争阻害性の判断自体の中に折り込まれるべき内在的判断要素とみなされているわけである。

① ライセンサーの技術・製品市場に占める地位
② ライセンシーの数と市場に占める地位
③ 義務条項の内容、程度、期間、合理性
④ 許諾特許の重要性、価値
⑤ ライセンサーのライセンス意欲に与える影響
⑥ より制限的でない代替的手段の利用可能性

(2) 正当性の法理

ライセンス契約の拘束条項が独占禁止法に違反するか否かについては、最終的には、正当化事由が認められるか否かによって決定される。

① ある契約条項に含まれる制限が特許法等による権利の本来的行使の範囲内にとどまっているかどうか。
② ある契約条項に含まれる制限がノウハウの秘密性を保護する上で必要な範囲にとどまっているかどうか。
③ ある制限が禁止されるとライセンサーのライセンス意欲が不当に損なわれるかどうか。
　1）競争促進効果――ライセンス許諾意思（ライセンス拒絶の違法性との関係）
　2）ライセンサーの分身――技術革新に対するインセンティブ（改良の継続）
　3）ライセンシーの飛躍的レベルの開発へのインセンティブ、経済の効率化
　4）改良の範囲の厳格な解釈を踏まえて契約自由の原則が是認できる。

5-5 まとめ

　知的財産権ライセンス契約において、ライセンサーがライセンシーに課す改良発明等に関する義務条項は、ライセンサーのライセンス許諾意思と強く関係を有する。

　すなわち、ライセンシングアウトの形態でのオープンイノベーション対の本意は、ライセンシーの改良技術に対する期待であるからである。知的財産権は、有効適切に活用され公正で、自由な競争を促進する機能を有するのでライセンス契約の活性化が必要不可欠である。

　ライセンサーは、ライセンシーの改良発明等は、許諾特許等がベースになっているので、それをライセンサーに譲渡又は実施許諾を要求することがある。

　しかし、このような行為は、ライセンサーのライセンシーに対する優越的地位の濫用（独占禁止法2条9項5号）又は拘束条件付取引（一般指定第12項）であり、その結果、ライセンシーの研究開発意欲を損ない、新たな技術の開発を阻害することにより、市場における競争秩序に悪影響を及ぼすおそれがある（公正競争阻害性）と考えられ、また、通常ライセンサーにとって本制限を課す合理的な理由があるとは認められない（正当化理由なし）ことから（合理的な対価をさだめられた非独占ライセンスで、ライセンサーの改良についても同様な取扱いとなっているような場合には正当化理由が認められるかも知れない）、不公正な取引方法に該当し、違法となるおそれは強いものと考えられる（公正取引委員会の「指針」第4-5-(8)(9)）。

　ライセンサーがライセンシーに対して、この制限を課すことに関しては、事業上又は取引上の合理性の観点から公正競争阻害性の判断につき考慮すべきであろう。

　改良技術のグラントバックについてはライセンサーの改良の追加ライセンス等とバランスが取れている等を考慮すべきである。

　ライセンス契約に関しては、独占禁止法の厳格、適正な解釈、適用が重要である。その場合特に留意すべきことは正当化事由の合理的考慮であると考える。

6 ライセンシーの不争義務規定の独占禁止法違反性

6-1 はじめに

　知的財産権ライセンス契約は、原則的には契約自由の原則に従って実施されるが、その締結、及び内容（特にライセンサーによるライセンシーに対する拘束条項）が一定の取引分野における競争を実質的に制限することになり、又は公正な競争を阻害するおそれがある場合には、契約自由の原則に反して独占禁止法が適用されることがある。

　ライセンス契約における、ライセンシーの不争義務規定について、独占禁止法の違反性が問題となる。

6-2 不争義務とは

　特許・ノウハウ等に関するライセンス契約において、ライセンサーがライセンシーに対して、ライセンスされた特許権の有効性やノウハウの秘密性について争わない義務を課すことをいい、ライセンシーはライセンス契約の締結により許諾特許の無効性や、許諾ノウハウの公知性について争うことができなくなる。

6-3 不争義務の違法性

　ライセンサーがライセンシーに対して、ライセンス技術に係る権利の有効性について争わない義務を課す行為は、円滑な技術取引を通じ競争の促進に資する面が認められ、かつ、直接的には競争を減殺するおそれは小さい。

　しかしながら、無効にされるべき権利が存続し、当該権利に係る技術の利用が制限されることから、公正競争阻害性を有するものとして不公正な取引方法に該当する場合もある（一般指定第12項）。

　なお、ライセンシーが権利の有効性を争った場合に当該権利の対象となっている技術についてライセンス契約を解除する旨を定めることは、原則として不公正な取引方法に該当しない。

　「権利の有効性について争わない義務」とは、例えば、ライセンスを受けている特許発明に対して特許無効審判の請求を行ったりしないなどの義務をいい、ライセンシーが所有し、又は取得することとなる権利をライセンサー等に対して行使することが禁止される非係争義務とは異なる。

6-4 不争義務に関するライセンシーの義務条項の独占禁止法違反性基準と正当性

不争義務関するライセンシーの義務条項の独占禁止法違反性基準と正当性については、改良発明等に関するライセンシー義務条項の場合と実質的に同一である。

6-5 まとめ

知的財産権ライセンス契約においては、当事者間の信頼関係が基本であり、ライセンス契約の対象となっている、特許やノウハウについて当事者間で争うことは、日本においては信義誠実の原則に反するものとして、ライセンシーの不争義務については、むしろ当然のこととされていた。しかし、第三者が許諾特許やノウハウについて、無効性・公知性に争うことができるのにライセンス契約関係にあることで、ライセンシーが不争義務を負うということは不公正であるとされるようになっている。

また、知的財産権の権利行使の範囲、技術保護制度の趣旨の観点からも違法性を有するとされていたが、現行指針は「円滑な技術取引を通じ、競争の促進に資する面が認められ、かつ直接的には競争を減殺するおそれは小さい」としている。

7 ライセンシーの非係争義務と独占禁止法
7-1 非係争義務条項とは

非係争義務条項とは、ライセンス契約中に、ライセンス対象技術・製品について、ライセンシーは、ライセンサー又はライセンサーの指定する者に対して特許権侵害訴訟等を提起しないこと及びライセンス許諾義務を規定した条項である。特許権について、特許非係争をNAP（Non Assertion of Patents Clause）といわれる。

7-2 公正取引委員会の「指針」

「知的財産の利用に関する独占禁止法上の指針」では以下のように述べている。

「ライセンサーがライセンシーに対し、ライセンシーが所有し、又は取得することとなる全部又は一部の権利をライセンサー又はライセンサーの指定

する事業者に対して行使しない義務[注]を課す行為は、ライセンサーの技術市場若しくは製品市場における有力な地位を強化することにつながること、又はライセンシーの権利行使が制限されることによってライセンシーの研究開発意欲を損ない、新たな技術の開発を阻害することにより、公正競争阻害性を有する場合には、不公正な取引方法に該当する（一般指定第12項）。

ただし、実質的にみて、ライセンシーが開発した改良技術についてライセンサーに非独占的にライセンスをする義務が課されているにすぎない場合は、（中略）原則として不公正な取引方法に該当しない。

　注　ライセンシーが所有し、又は取得することとなる全部又は一部の特許権等をライセンサー又はライセンサーの指定する事業者に対してライセンスをする義務を含む。」

8　正当化要件

① 　ライセンス許諾意思へのインセンティブ／契約自由の原則
- 侵害排除権の不行使
- 秘密情報へのアクセス

② 　ライセンス許諾による経済産業の発展、ライセンス許諾により技術が普及して、特許法の目的に沿う。特許権等は、活用されなければ、評価されない。
- 特許等の活用促進
- 重複研究開発、二重投資の回避
- 時間を買う

③ 　消費者の利益
- ライセンス許諾により、知的財産権の迂回による不良品問題を回避し、良い品質の商品を消費者が利用できる。

④ 　技術取引がなされることにより、異なる技術の結合によって技術の一層効率的な利用が図られたり、新たに技術やその技術を利用した製品の市場が形成され又は競争単位の増加が図られ得るものであり、技術取引によって競争を促進する効果が生ずる。

⑤ 契約対象ノウハウの流用防止のために必要な範囲内で合理的な期間に限って、ライセンシーが第三者との共同研究開発を禁止すること。
⑥ 許諾技術の効用を保証するために必要な範囲内で、複数の特許等について一括してライセンスを受ける義務を課すこと。
⑦ 技術保護制度の趣旨を逸脱し、又は同制度の目的に反すると認められる場合には、特許法等による「権利の行使と認められる行為」とは評価されず、独占禁止法が適用される。
⑧ ライセンス拒絶、侵害訴訟の提起も、支配的企業が行う場合に（マーケットシェア―等）知的財産権の内容によっては、独占禁止法違反となり得る。「技術を利用させないようにする行為」の問題は重要。

Ⅲ-4　知的財産基本法に基づくオープンイノベーションの検討

Ⅲ-4-1　知的財産基本法におけるオープンイノベーション施策

　知的財産基本法は、総じて、知的創造サイクルを積極的に展開し、イノベーションを促進し、活力ある経済社会を目指し、そのためには、オープンイノベーションをも考慮している。

1　基本的目標

　知的財産基本法は、4条において、知的財産の創造、保護及び活用により我が国産業の国際競争力の強化及び持続的発展に寄与することを規定している。

2　事業者の責務：知的財産の活用

　また、そのためには、事業者の責務として、当該事業者若しくは他の事業者が創造した知的財産又は大学等で創造された知的財産を積極的に活用することを規定している（同法4条）。このことに関連して、国の責務として大学等の研究成果の事業者への円滑な移転促進施策を講ずることを規定してい

る（同法13条）。

3 連携の強化：オープンイノベーション

国は、国、地方公共団体、大学等及び事業者が相互に連携を強化できる施策を講ずべきことを規定している（同法9条）。

Ⅲ-4-2　知的財産基本法の規定：イノベーション、オープンイノベーション観点から

1 知的財産法の目的

知的財産基本法は、その1条に本法の目的として「この法律は、内外の社会経済情勢の変化に伴い、我が国産業の国際競争力の強化を図ることの必要性が増大している状況にかんがみ、新たな知的財産の創造及びその効果的な活用による付加価値の創出を基軸とする活力ある経済社会を実現するため、知的財産の創造、保護及び活用に関し、基本理念及びその実現を図るために基本となる事項を定め、国、地方公共団体、大学等及び事業者の責務を明らかにし、並びに知的財産の創造、保護及び活用に関する推進計画の作成について定めるとともに、知的財産戦略本部を設置することにより、知的財産の創造、保護及び活用に関する施策を集中的かつ計画的に推進することを目的とする」と規定している。

2 知的財産・知的財産権

そして、従来必ずしも明確でなかった、知的財産、知的財産権について、その2条で定義した。知的財産実務において、明確なガイドラインが示され、実効性が顕著となった。

3 知的財産施策の理念

知的財産施策は国家戦略であり基本的な理念は、国民経済の健全な発展及び豊かな文化の創造（同法3条）と我が国産業の国際競争力の強化及び持続的な発展（同法4条）である。すなわち、

① 知的財産の創造、保護及び活用に関する施策の推進は、創造力の豊かな人材が育成され、その創造力が十分に発揮され、技術革新の進展にも対応した知的財産の国内及び国外における迅速かつ適正な保護が図られ、並びに経済社会において知的財産が積極的に活用されつつ、その価値が最大限に発揮されるために必要な環境の整備を行うことにより、広く国民が知的財産の恵沢を享受できる社会を実現するとともに、将来にわたり新たな知的財産の創造がなされる基盤を確立し、もって国民経済の健全な発展及び豊かな文化の創造に寄与するものとなることを旨として、行われなければならない。
② 知的財産の創造、保護及び活用に関する施策の推進は、創造性のある研究及び開発の成果の円滑な企業化を図り、知的財産を基軸とする新たな事業分野の開拓並びに経営の革新及び創業を促進することにより、我が国産業の技術力の強化及び活力の再生、地域における経済の活性化、並びに就業機会の増大をもたらし、もって我が国産業の国際競争力の強化及び内外の経済的環境の変化に的確に対応した我が国産業の持続的な発展に寄与するものとなることを旨として、行われなければならない。

4 国、地方公共団体、大学等、事業者等の責務

同法5条～9条に次のように規定している。
① 国は、知的財産の創造、保護及び活用に関する基本理念にのっとり、知的財産の創造、保護及び活用に関する施策を策定し、及び実施する責務を有する。
② 地方公共団体は、基本理念にのっとり、知的財産の創造、保護及び活用に関し、国との適切な役割分担を踏まえて、その地方公共団体の区域の特性を生かした自主的な施策を策定し、及び実施する責務を有する。
③ 大学等は、その活動が社会全体における知的財産の創造に資するものであることにかんがみ、人材の育成並びに研究及びその成果の普及に自主的かつ積極的に努めるものとする。
④ 大学等は、研究者及び技術者の職務及び職場環境がその重要性にふさわ

しい魅力あるものとなるよう、研究者及び技術者の適切な処遇の確保並びに研究施設の整備及び充実に努めるものとする。
⑤　国及び地方公共団体は、知的財産の創造、保護及び活用に関する施策であって、大学及び高等専門学校並びに大学共同利用機関に係るものを策定し、並びにこれを実施するに当たっては、研究者の自主性の尊重その他大学及び高等専門学校並びに大学共同利用機関における研究の特性に配慮しなければならない。
⑥　事業者は、我が国産業の発展において知的財産が果たす役割の重要性にかんがみ、基本理念にのっとり活力ある事業活動を通じた生産性の向上、事業基盤の強化等を図ることができるよう、当該事業者若しくは他の事業者が創造した知的財産又は大学等で創造された知的財産の積極的な活用を図るとともに、当該事業者が有する知的財産の適切な管理に努めるものとする。
⑦　事業者は、発明者その他の創造的活動を行う者の職務がその重要性にふさわしい魅力あるものとなるよう、発明者その他の創造的活動を行う者の適切な処遇の確保に努めるものとする。
⑧　国は、国、地方公共団体、大学等及び事業者が相互に連携を図りながら協力することにより、知的財産の創造、保護及び活用の効果的な実施が図られることにかんがみ、これらの者の間の連携の強化に必要な施策を講ずるものとする。

5　競争促進への配慮

　知的財産の保護及び活用に関する施策を推進するに当たっては、その公正な利用及び公共の利益の確保に留意するとともに、公正かつ自由な競争の促進が図られるよう配慮するものとする（同法10条）。

6　法制上の措置等

　政府は、知的財産の創造、保護及び活用に関する施策を実施するため必要な法制上又は財政上の措置その他の措置を講じなければならない（同法11

条)。

7 研究開発の推進、研究成果の移転の促進等

① 国は、大学等における付加価値の高い知的財産の創造が我が国の経済社会の持続的な発展の源泉であることにかんがみ、科学技術基本法（平成七年法律第百三十号）第二条に規定する科学技術の振興に関する方針に配慮しつつ、創造力の豊かな研究者の確保及び養成、研究施設等の整備並びに研究開発に係る資金の効果的な使用その他研究開発の推進に必要な施策を講ずるものとする（同法12条）。

② 国は、大学等における研究成果が新たな事業分野の開拓及び産業の技術の向上等に有用であることにかんがみ、大学等において当該研究成果の適切な管理及び事業者への円滑な移転が行われるよう、大学等における知的財産に関する専門的知識を有する人材を活用した体制の整備、知的財産権に係る設定の登録その他の手続の改善、市場等に関する調査研究及び情報提供その他必要な施策を講ずるものとする（同法13条）。

8 事業者が知的財産を有効かつ適正に活用することができる環境の整備

① 国は、事業者が知的財産を活用した新たな事業の創出及び当該事業の円滑な実施を図ることができるよう、知的財産の適正な評価方法の確立、事業者に参考となるべき経営上の指針の策定その他事業者が知的財産を有効かつ適正に活用することができる環境の整備に必要な施策を講ずるものとする（同法19条1項）。

② 前項の施策を講ずるに当たっては、中小企業が我が国経済の活力の維持及び強化に果たすべき重要な使命を有するものであることにかんがみ、個人による創業及び事業意欲のある中小企業者による新事業の開拓に対する特別の配慮がなされなければならない（同法19条2項）。

Ⅳ 技術経営(MOT)における知的財産契約の機能と戦略

＜要旨＞

　知的財産契約の実務は、知的財産契約の種類ごとに多種多様である。オープンイノベーションの観点から、キーワードとして次の諸点を挙げることができる。

- 知的財産権化中心、排他権中心主義（プロパテント）から活用重視へ
- 自前主義、侵害回避（迂回開発）からオープン化、相互補完、時間を買うへ
- 契約自由の原則、公正性が前提、Win-Win が重要
- 評価は当方、相手方及び社会
- 知的財産活用（オープンイノベーション）の観点からの知的財産法、知的財産

　このことをオープンイノベーションの形態ごとに整理すると次の通りである。

- アウトイノベーション：知識の活性化、ライセンシーの改良技術・発明の取扱い
- インイノベーション：時間を買う、コストパフォーマンス、保証、Head Start
- クロスイノベーション：相互補完、特許法73条問題、Win-Win

＜イノベーション・オープンイノベーションと戦略的知的財産契約のフロー＞

(1) 基本：イノベーション計画、オリジナルイノベーション

　オリジナルイノベーションが基本

① 戦略的アウトイノベーション
② 相互補完的クロスオープンイノベーション
③ 知的財産ポートフォリオ的オープンイノベーション

(2) 応用：具体的知的財産契約

　イノベーションの効率性を考慮してオープンイノベーションを選択する。

経済・経営のスピード、コストリスク、知的財産問題を考慮して、オープンイノベーションで補完する。

(3) 戦略：戦略的選択、補完

　知的財産を核にオープンイノベーションに個々に対応する。知的財産契約に戦略的に対応して初めて実効性が期待できる。

① ライセンサーとしては、ライセンシーの改良技術のフィードバック（Feed back）、グラントバック（Grant back）によって、新たなイノベーションが期待できる。ただし、アサインバック（Assign back）については独占禁止法上問題がある。

② 知的財産（権）譲渡による対価取得し、他のテーマに関しイノベーション促進を図る。

③ 共同研究開発により新たなイノベーションを協創の形で対応する。ただし、その成果の帰属と利用に関し、例えば、企業と大学、製品メーカーと部品・材料メーカーによる共同研究開発契約の場合、法制度上、戦略上の問題が多い。

④ 自社の現状を補完し、また、知的財産ポートフォリオを考慮して、戦略的に対応する。

⑤ 自前イノベーション、他社権利侵害回避等との戦略的コストパフォーマンスにより自社レベルを補完することを図る。

Ⅳ-1　知的財産契約の概要

1　はじめに

　企業活動は、技術開発、生産、営業、管理など各活動について、いろいろな法律によって規制されているとともに、契約に基づいて遂行されることが一般的である。したがって、個々具体的な企業活動を円滑に遂行するためには、契約問題に適切に対応する必要がある。以下企業活動と契約問題について述べる。

　知的財産の活用は自己実施、他へのライセンス及び、信託的活用等多様であるが、ライセンス契約等知的財産契約を戦略的に対応することが必要不可欠である。

　知的財産活用契約においては、自方は当然として相手方、社会から評価されることが必要である。

　知的財産政策は、経済産業の発展のために実施されるものである。経済産業の発展のためには、市場における自由競争が大前提となる。

　知的財産活用を検討する場合、特に、知的財産の利用に関する契約においては、独占禁止法との関係を考慮しなければならない。

　独占禁止法21条は、知的財産の権利行使行為には、独占禁止法の適用を除外する旨規定しているが、知的財産ライセンス契約においては独占禁止法による規制の問題が重要である。

　知的財産活用契約においては、自方は当然として相手方、社会から評価されることが必要である。

2　知的財産契約の意義、契機、目的

　知的財産契約とは、知的財産に関連する契約のことをいい、知的財産創出型契約、知的財産貸与型契約及び知的財産譲渡型契約等が含まれる。具体的には、次のような種類がある。
① 　共同研究開発契約、研究開発委託契約
② 　知的財産権譲渡契約

③　知的財産権ライセンス契約

　知的財産契約の契機、目的は、契約の種類により多様であるが、知的財産権ライセンス契約の場合においては、次のような諸点を指摘することができる。
①　他人の特許権等知的財産権の侵害を回避する
②　他人の秘密情報であるノウハウにアクセスできるようにする
③　対価の取得、安全な事業、コストパフォーマンス（時間を買う）

　知的財産ライセンス契約の場合における契機から調印までの項目としては、次の諸点を指摘することができる。
①　ライセンス契約の契機……いつ、どこで、何によって
　　テクノマート、TLO、特許フェア、雑誌・新聞情報、特許侵害警告、調査の結果侵害回避不可
②　何の目的で……ポリシー、方針
　　対価の取得、安全な事業、コストパフォーマンス（時間を買う）
③　誰と誰が……契約当事者、仲介者、特許権者、ノウハウ保有者
　　企業と大学、製品メーカーと部品・材料メーカー、日本企業と外国企業
④　何を対象に……ライセンスの対象（特許、ノウハウ等）
　　特許権、特許を受ける権利、ノウハウ、著作物
⑤　どんな内容で……ライセンス形態、条件、契約書
　　一方的ライセンス、サブライセンス、クロスライセンス、包括ライセンス契約、独占・非独占ライセンス、対価、改良技術の取扱い、保証、秘密保持等
⑥　どのような法的根拠、規制法で……特許法、独占禁止法等
　　特許法の実施権規定、独占禁止法の指針（知的財産の利用に関する独占禁止法上の指針）
⑦　どのような交渉で……当事者同士、代理人
　　どちらが条件提示・契約書原案提示、交渉方法はどうする。
⑧　どのように調印し、管理するか……契約管理
　　調印者は誰か、契約管理の窓口責任者は、社内管理は。

Ⅳ 技術経営（MOT）における知的財産契約の機能と戦略

3 知的財産契約の種類
3-1 知的財産契約の概要

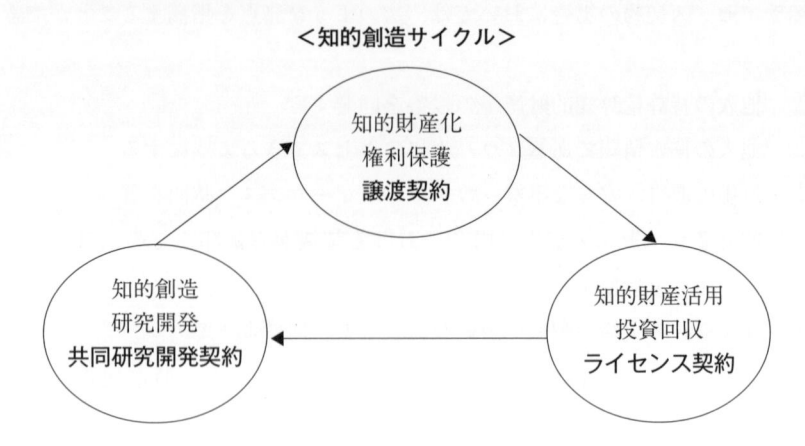

＜知的創造サイクル＞

- 知的財産化 権利保護 **譲渡契約**
- 知的創造 研究開発 **共同研究開発契約**
- 知的財産活用 投資回収 **ライセンス契約**

　知的財産契約の種類はいろいろの区分ができるが、知的創造サイクル的観点からは、知的財産創出型契約（共同研究開発契約等）、知的財産保護・権利化型契約（知的財産譲渡契約等）、知的財産活用型（知的財産ライセンス契約等）を挙げることができる。

(1) 知的財産創出契約……共同研究開発契約等
　知的財産は、単独で創出する場合と他と共同で創出する場合がある。共同で創出する場合としては、共同研究開発契約が重要である。

(2) 知的財産、知的財産権譲渡契約
　知的財産、知的財産権は、多種多様である。特許を受ける権利は、原始的には自然人のみが享有でき、著作者の権利は、自然人及び法人（法人格のない社団を含む）も享有できる。なお、営業秘密（ノウハウ）は、「保有」概念の下に譲渡契約の対象となるか必ずしも明確ではない。実務的に最も重要なものは職務発明に関する予約承継を含む譲渡契約である。

(3) ライセンス契約等
　知的財産活用契約としてライセンス契約が重要である。
　ライセンス契約とは、知的財産・知的財産権の実施・使用・利用に関する契約で、民法上の13種類の典型契約、有名契約ではなく、非典型契約、無名

— 114 —

契約である。

ライセンス契約とは、当事者の一方（ライセンサー）が、相手方（ライセンシー）に対して、特許発明、ノウハウ等ライセンスの対象について、一定の対価（実施料、使用料、利用料）により、ライセンス（実施権、使用権、利用権）を許諾する契約をいう。

3-2 知的財産契約の種類、分類

(1) 主体による種類

　法人と自然人（個人）、大学と企業、主たる実施契約と再実施契約

(2) 知的財産の種類による分類

　特許、実用新案、意匠、商標、著作物、ノウハウ等

(3) 知的財産の段階による分類

　創出（共同研究開発）、保護、権利化（譲渡）、活用（ライセンス）

(4) 分野別種類

　技術知的財産（特許等）、非技術知的財産（商標等）

(5) 有償、無償の別による種類

(6) 知的財産単独契約、複合契約

(7) 契約段階による分野

　本契約、本契約締結前契約、LOI（Letter of Intent）、オプション契約、秘密保持契約、本契約終了時、後契約

(8) 単独知財契約、複合契約

　合弁事業契約、フランチャイズ契約、M&A契約

3-3 各知的財産関連契約の概要

(1) 共同研究開発契約

　共同研究開発契約とは、当事者双方が共同で新技術の研究開発をすることを目的とする契約をいい、さらに、各当事者の提供する役務が同種の場合と異種の場合に分けられる。

　共同研究開発契約の主なチェックポイントは、研究開発の目的、対象、情報・資料の相互開示、開発業務及び費用の分担、定期的打ち合せ、秘密保持、開発成果の取扱いなどである。

① 企業対企業
　1）製品メーカーと部品メーカー
　2）日本企業と外国企業
② 企業対大学

(2) 特許権等譲渡契約

　当事者の一方（譲渡人）が特許権等を相手方（譲受人）に移転することを直接の目的とする契約をいい、そのうち有償の譲渡は特に売買と呼ばれる。

　譲渡の対象となっている特許権等を明確にする必要がある。

① 特許権、特許を受ける権利
② 商標権、商標登録出願によって生じた権利
③ 著作権（著作者人格権は一身専属で対象外）

(3) 特許等ライセンス契約

　当事者の一方（ライセンサー）が相手方（ライセンシー）に対し、ある特許につきライセンスを許諾する契約をいい、この場合ライセンシーは、ライセンサーとは別個独立の事業として自己のために当該特許等を実施する権利を有する。したがって、下請者が、下請委託者の一機関として技術の実施をなし得るにすぎない下請契約と区別される。

(4) ノウハウライセンス契約

　ノウハウ（Know-How）の利用権を許諾することを内容とする契約。ノウハウは秘密性が本質的要素であり、契約を締結しなければ、それにアクセスできないのが通常である。したがって、ノウハウライセンス契約の締結交渉においては、秘密保持契約やオプション契約（Option Agreement）が利用されることが多い。

IV-2　知的財産契約の経営戦略

1　はじめに

　知的財産契約の業務は、文書的対応業務、法律業務的対応を基本として行われるが、最も重要なのは、戦略業務的対応である。

2 知的財産権戦略の観点からの競争優位戦略
(1) 経営戦略における知的財産権の位置づけ
知的所有権　→　知的財産権　→　知的資産（資本）

(2) 経営戦略論へのアプローチ
　知的財産権戦略の観点からの経営戦略論へのアプローチも、一般的な経営戦略論の場合と基本的な部分では、本質的な相違はない。ただし、知的財産権戦略の場合には、知的財産権法制をベースとする法律論を強く考慮し、法律学と経営学を視野に入れた、総合政策学的アプローチが必要になる。

① 実体的側面
　　1）経営戦略のフレームワーク
　　　・どの分野の何を……事業領域（ドメイン）
　　　・どのような理念で……企業理念
　　　・誰が……組織論（戦略は組織に従う）
　　　・何により……経営資源（知的財産権）
　　2）経営戦略の内容
　　　・適切な経営戦略が構築されなければサバイバルできない。少なくとも継続的発展は不可能
　　　・企業戦略、事業戦略、機能戦略ごとに具体的な内容で構成される。

② 手続的側面
　　1）戦略プロセス
　　　・どのような方法で……組織運営規程
　　　・どのような決定、実行、手続で……アクションプラン
　　2）評価
　　　・どのような評価システムで誰が評価して……評価ルール
　　　・経営資源の展開……計画のローリング

(3) 知的財産権による競争優位戦略
① 企業戦略（Corporate Strategy）における機能
　　企業の経営戦略構築をする場合には、知的財産権による経営資源の強みを考慮した諸施策が検討される。その場合知的財産人材は、経営レベルで

事業領域の決定において、知的財産の位置づけ等を決定する役割を果たすべく機能すべきである。
1）事業領域の決定：全社的レベルでの経営戦略への練り込み
2）経営資源の配分決定：組織、人材、ネットワーク、知的財産権

② **事業戦略（Business Strategy）における機能**

企業経営における個々の事業戦略の検討において、知的財産部門は、知的財産権の経営価値を評価し、特定商品市場における競争優位性の展開において、知的財産をビジネスモデルの策定発展戦略、差別化戦略等の対象として活用、位置づけるべく機能すべきである。
1）ビジネスモデルの策定：発展戦略
2）競争戦略：競争優位戦略（優位の源泉）
3）競争回避戦略：差別化戦略（知的財産権、ブランド、ノウハウ）

③ **機能戦略（Functional Area Strategy）における機能**

個別の製品、ビジネスにおける知的財産権の価値評価に基づく経営戦略の具体的展開において、知的財産人材は、関係部門と連携、協力して知的財産をコア競争力（Core Competence）の対象と位置づけ、絶対優位、比較優位、価値連鎖（Value Chain）の観点から役立てるよう機能すべきである。
1）組織戦略：法務部門、経営企画部門、知的財産部門
2）研究開発戦略：知的財産権戦略
3）マーケティング戦略：価値連鎖（Value Chain）
4）グローバル戦略：コア競争力（Core Competence）
5）ライセンシング戦略：絶対優位、比較優位、公正競争に留意

3 知的財産契約の戦略
(1) 意　義

各種知的財産契約における経営的、契約交渉上、法的、実務上の理念、方針、考え方、主張、ポリシーデシジョン等考慮に入れた施策で企業ごとに、案件ごとに策定される。

(2) 知的財産契約における戦略的要素、目的
① 経営戦略上の知的財産契約の位置づけ
- 知財の網かピンポイント（基本特許、必須特許）
- 利益重視か信頼重視か
- 中長期成果か短期成果か
- 加点視向（知財ビジネス）か減点視向か（リスクマネジメント）
- CSR／戦略／法的規制対応
- 差別化（高率利益、門外不出）か標準化（多売）

② 交渉上、法的・実務的戦略
- 絶対優位か比較優位か
- 契約自由（独占禁止法限界）、Win-Win
- 全体戦略と部分戦略、企業、事業、機能（製品）

(3) 各種知的財産契約における戦略論
① 共同研究開発について……共同開発重視か
- 成果の帰属は特許法原則か契約による処理中心か
- 成果の利用について特許法73条対応は

② 特許受ける権利、特許権、著作権の譲渡……アウトソーシング
- 特許出願（職務発明の予約承継）かノウハウか
- 著作権の支分権の取扱い

③ ライセンス契約……ライセンス契約重視か
- 改良技術、改良発明
- 保証問題
- 不争義務
- 実施権維持義務

IV-3 技術経営におけるライセンス契約の戦略

　知的財産権は、産業政策的、文化政策的に独占排他権を認知された無体財産権であり、企業経営においては、この制度趣旨に沿って、知的創造活動の

結果については、適切、合理的に知的財産権を取得・保有すべきである。

知的財産権を取得・保有している企業は、その知的財産権に与えられた独占排他権の範囲内において、それを積極的に活用する経営戦略を策定・実行することになる。

従来、企業経営においては、知的財産権の戦略的活用が不十分であった。その主たる理由は、個々の知的財産権の価値評価を行い、その結果を考慮した積極的な戦略的アプローチが弱かったことにあると思われる。

前述したとおり、知的財産権は一般的に不安定、不確定な性格を有しており、その価値評価は、一般的に困難性を有するが、従来の価値評価は、主として技術的又は会計的なアプローチが中心であり、経営戦略的アプローチは少なかった。知的財産権を活用する経営戦略としては、知的財産権の権利の大きさ、完全性、保有企業の規模・実態その他により一定不変のものではないが、一般論として、次の諸点を挙げることができる。

1 自己実施戦略

独占排他権による、競合他社の市場への参入を阻止する障壁を構築する。

知的財産権の本質的、最重要な特徴は、独占排他権である。知的財産権の保有者は、その権利範囲内における技術・商品の実施を独占し、市場における独占性を享有することができる。これが知的財産権経営戦略の基本である。

この点について、市場を独占することを法制度的に認知されている知的財産権法制は、市場における公正競争を期待する独占禁止法制と形式的には矛盾する。しかし、独占禁止法は、その21条により、知的財産権の権利行使行為については、独占禁止法の適用を除外する、いわゆる適用除外規定を定めている。

いずれにしても、知的財産権により保護された商品が品質、価格、機能等において、類似する競合他社商品より勝れている限り、市場における独占性を維持することができる。そして、知的財産権の存続期間中、市場独占を享有し、合理的な利益を取得することができる。

(1) 市場独占戦略の具体例

知的財産権の価値評価に基づいた市場独占戦略としては、例えば、次のような具体例を挙げることができる。

① 権利の残存期間が長く、独占力、排他力が強く、迂回・改良の可能性及び容易性が少ない場合には、強い参入障壁を構築し、市場独占を図る。

② 権利の有効性に瑕疵がなく、競合他社の市場における実施行為が、権利抵触となり、侵害排除権を行使することができる場合には、競合他社を市場から排除し、市場独占をはかる。

③ 権利の独創性が高く、ただ乗り（Free Ride）、デッドコピー（Dead Copy）等の困難性が高い場合には、差別化が図れ、結果的に競争を回避し、競合相手の市場参入を阻止できる。

(2) 市場独占戦略に対する留意点

知的財産権による市場独占戦略については、次の留意点がある。

① 知的財産権で保護された技術・商品等は、必ず陳腐化し、市場における競争優位性も、長期的に安定的な地位も持続することは難しい。

② 知的財産権は、特に特許権等の産業財産権は、人的に認知されたものであり、完全無欠なものは少ない。権利の瑕疵、権利範囲の限定により、市場における競争優位性も完全なものとはいえない。

③ 企業経営における事業範囲は、単品である場合は少ない。したがって、独占排他権の行使のみを考慮した絶対優位の経営戦略とすることは、知的財産権を取得・保有していない他の技術・商品について、競合他社からの強い権利行使を受ける原因となることがあり、十分な配慮が必要となる。したがって、知的財産権の独占排他権の本質から可能である絶対優位の経営戦略は、比較優位の経営戦略にレベルダウンして、施策を実行する必要性が多くなる。

2 知的財産権の経営資源化とライセンシング戦略

(1) 知的財産権の経営資源化

本来、知的財産権は、経営資源として期待されているものである。しか

し、知的財産権は、多くの場合、具体的な条件により経営資源性が評価・決定される。すなわち、その知的財産権は、新規性、進歩性、創作性等の要件を具備しているか否かにより、経営資源性及び経営資源の価値が決定する。知的財産権の経営資源性及びその価値評価については、その評価要素・要件が不確定・不安定であり、一定不変ではない。

知的財産権の経営資源性が評価される場合には、次のような効果が期待できる。

① 知的財産権保有企業の企業資産価値の対象（M&A等）
② 融資対象
③ 企業信用の対象

企業経営のソフト化傾向の進展等により、経営戦略策定における知的財産権の役割・機能は、ますます重要となる。要は、創造的企業としての評価は、知的財産権の無形固定資産→自己実施→ライセンシング→企業資産価値（M&A、融資対象等）による価値連鎖（Value Chain）が要点である。

(2) 経営戦略におけるライセンシングの役割

ライセンス契約は、当事者の一方（ライセンサー：Licensor）が、相手方（ライセンシー：Licensee）に対し、ライセンスの対象、例えば特許権、商標権、著作権、回路配置利用権、ノウハウなどにつき、一定の対価（実施料、使用料、利用料、ロイヤルティー）により、ライセンス（実施権、使用権、利用権、License）を許諾する契約をいう。

したがって、ライセンス契約の構成要素としては、①契約当事者、②ライセンスの対象、③ライセンス及びその許諾、④ライセンスの対価を挙げることができる。

市場戦略構築の場であるライセンス契約の内容は、原則的には契約自由の原則に従ってライセンサー、ライセンシー両当事者の意思によって定められる。ただし、市場戦略の構築に関するライセンス契約の内容は、独占禁止法の制約を受ける。

その場合の制約基準は独占禁止法21条に規定する知的財産権の権利行使行為内であるか否かである。例えば、ライセンス契約により、ライセンサーが

ライセンシーに対して、許諾商品の販売価格を制限することは、知的財産権の権利行使行為を越え、かつ市場のコントロールとなり、公正競争原理に反する。

したがって、契約自由の原則の例外として、独占禁止法に違反するものとして規制を受ける。知的財産権の保有者は、独占禁止法の制約を回避する公正なライセンス契約に基づき、ライセンシングを行い、対価の取得、改良技術の実施権の取得（非独占）、ネットワークの構築等の経営戦略で、実効性を上げることになる。

公正なライセンス契約についての指針としては、公正取引委員会が公表した「知的財産の利用に関する独占禁止法上の指針」がある。

(3) ライセンスの対価の考え方

ライセンス契約の実務においては、ライセンスの対価の問題が最も重要であり、したがって、ライセンス契約の当事者にとって重大な関心事である。

ライセンスの対価は、ライセンサーからライセンシーにライセンスの対象について、ライセンスを許諾する代償として支払われる金銭その他のものである。

ライセンスの対価についての考え方は、ライセンサーの立場とライセンシーの立場によって異なるのが通常である。ライセンサー、ライセンシーの立場からの考え方の主なものを挙げる。

① **ライセンサーの立場からの考え方**

1）ライセンスの許諾による収益への期待

　　ライセンスの許諾に対する対価を取得することによって、製品の製造・販売など以外の手段による企業収益の増加を図る。また、余剰・遊休技術・知的財産権の商品化を図り、ライセンシングビジネスの対象として、収益の増加を図る。

2）研究開発費などの回収

　　ライセンスの許諾による対価の取得によって、技術開発費、知的財産権の取得・維持費の回収を図る。また、ライセンスの許諾により取得した対価は、新規プロジェクトへの資金源となり得る。

3）他社の技術・権利を取得する対価に充当

　他社の技術・知的財産権のライセンスを取得するために要する対価の支払いに、クロスライセンス契約の締結により充当する。また、ライセンシーからフィードバック（Feed back）、グラントバック（Grant Back）されるライセンシーの改良技術の価値をも考慮する。

② **ライセンシーの立場からの考え方**

1）研究開発費などの節約

　自ら研究開発を行う場合の費用と、ライセンスを取得するために要する対価と比較して、コストパフォーマンス、実施利益を考慮する。

2）研究開発時間の短縮

　自ら研究開発を行うことなく、又はこれを最短にしてヘッドスターター（Head Starter）の地位を獲得するための費用。ライセンスを取得するために要する対価は、いわば、時間を買う費用である。

3）権利侵害対策

　自社で開発を完成した後、又は開発途上において、他社技術・他社知的財産権の存在が判明した場合には、権利侵害回避対策として対価を考える。これは、自社技術・自社権利の補完のための費用であり、リーガルリスクマネジメント（Legal Risk Management）のための必要経費でもある。

IV-4　知的財産契約戦略の判断基準

1　判断基準

知的財産契約においては、次のような種々の判断基準が存在する。

(1) **特許化かノウハウキープか**：共同研究開発の成果が当事者の共有に係る場合、対象技術の陳腐化、技術革新、特許性等を考慮して特許化、ノウハウキープを判断する。

(2) **自己実施かライセンシングアウトか**：特許権の限界、絶対優位か比較優位か

(3) 共同研究開発の成果（特許法73条）：各自自由実施に対する特約、不実施補償、単独ライセンス許諾権
(4) アウトソーシングか自己完結か：知的財産の帰属と利用、著作物の法人著作要件
(5) ライセンス許諾の考え方：ロイヤルティー、開発費、権利取得、維持費回収　グラントバック期待、ライセンシー分身論、クロスライセンス、時間を買う、リスクマネジメント
(6) ライセンス取得の考え方：時間を買う。コストパフォーマンス、リスクマネジメント
(7) 総合か単独か：持続的発展、総合政策

2　基礎、応用、戦略

① 基礎：法的根拠、原則……この欠如は知的財産契約の業務の緒に着けない。

（例）専用実施権は、設定登録により効力が発生する（特許法77条）。特許を受ける権利が共有の場合は、全共有者共同でなければ出願ができない（特許法38条）。

② 応用：明示的な法的根拠がない場合、解釈で可能な範囲で契約自由の原則に従って対応する……この欠如は、方針、考え方、契約の構成が組立たない。

（例）特許法77条4項における専用実施権者の場合と比較して、特許法78条には通常実施権者は許諾者（特許権者等）の承諾がなければ再実施権を許諾することはできない旨の禁止規定はないが、解釈上当然に承諾が必要である。

③ 戦略：法に基づく特約、法に規定がなくかつ契約自由の原則の範囲内でかつ Win-Win の範囲内で方針を考慮し、総合政策的かつ競争戦略も考慮した考え方……この欠如は、経営戦略として役に立たない。

（例）特許出願かノウハウか（1）コストパフォーマンス、2）陳腐化のスピード、3）特許性-広さ、強さ）単純ライセンスかクロスライセンスか

3 まとめ

① 知的財産制度は文化経済政策で、時代により、国により、制度設計が異なる。企業経営においては、時、場所により臨機に知財制度の利用・活用戦略を、使い分ける必要がある。

② 知的財産契約の目的は、企業経営における知的財産の戦略的活用である。

③ 知的財産契約の実施は、専門的事項を踏えないと行えない。ひな型や定型的契約書では役に立たない。個別的方針戦略に沿ったものではければ目的達成できず、リスキーであり、役に立たない。項目ごとに個別的方針、戦略に沿った検討、対応が必要不可欠。

したがって、具体的戦略的項目が重要。知的財産の機能と役割がその具体例。

Ⅳ-5 知的財産契約の管理

1 はじめに

昨今、知的財産契約が重視されており、個々具体的な企業活動を円滑に遂行するためには、知的財産契約の管理に適切に対応する必要がある。

知的財産契約の管理とは、広義には、知的財産契約業務全体の管理を意味するが、ここでは一般的な用法にならい、知的財産契約締結後の管理業務に限って言及する。

2 今日的管理項目

知的財産契約の管理項目は、多種多様であり、今日的重要項目として次の諸点がある。

(1) 職務発明に関するライセンス契約

特許法35条に基づく職務発明に関する「相当の対価」は、職務発明に関するライセンス契約の対価が重要な計算基礎となる。したがって、その管理が重要である。

(2) ライセンシーの訂正審判応諾

ライセンス契約の対象となっている特許権について、第三者から特許無効審判が請求された場合、特許権者たるライセンサーが訂正審判を請求するには、特許法127条によりライセンシーの承諾が必要となる。

(3) ライセンス対象特許と特許法104条の3

ライセンスの対象となっている特許権について、特許権侵害訴訟を提起した場合、被告から特許無効の抗弁がなされることがある。そのことがライセンス契約に及ぼす影響を考慮する必要がある。

(4) 独占的ライセンス契約における真正商品の並行輸入

例えば、日本特許について、専用実施権（独占的実施権）契約が締結されている場合に、許諾特許に相応する外国特許に基づいて外国で製造された真正商品が日本に並行輸入された場合や影響を考慮する。

(5) ライセンシーの許諾特許実施に対する、第三者からの権利主張とライセンサーの保証

ライセンス契約に基づいて、ライセンシーが許諾特許を実施したところ、第三者から特許権等の侵害問題が提起された場合のライセンサーのライセンシーに対する保証。

(6) 技術標準とライセンス契約

技術標準の対象となっている技術に関し特許権が存在する場合のライセンス契約は、独占禁止法上の問題等重要な課題がある。

(7) 著作物利用契約における著作者人格権

著作者の権利のうち、著作者人格権は、著作者に一身専属であり（著作権法59条）、譲渡も、ライセンス許諾もできない。著作物利用許諾契約における著作者人格権の取り扱いに注意する。

(8) ノウハウライセンス契約におけるライセンサーのキーパーソンの退社

ノウハウライセンス契約の有効期間中に、ライセンサーの許諾ノウハウのキーパーソンが退社した場合、ノウハウの継続的移転が難しくなる。

(9) 共同研究開発契約における特許法73条問題

共同研究開発契約に基づいて生じた発明については、その帰属と利用が両当事者にとって重要である。特に、特許法73条の規定に関して、重要な課題

がある。
(10) ノウハウライセンス契約に関して、特許権が取得された場合
　ノウハウライセンス契約に関し、許諾ノウハウに特許権が生じた場合、対価等契約上いろいろの問題が生じる。
(11) ライセンス契約において、ライセンシーの改良発明の取り扱い
　ライセンス契約において、ライセンシーの改良発明の取り扱いは、特に独占禁止法上重要な問題がある。
(12) サブライセンスとサブコントラクト（下請）管理
　ライセンス契約において、ライセンシーの対応として、ライセンサーの許諾に基づき第三者に再実施権を許諾する場合と下請け製造委託の場合等がある。

3　ライセンサーのライセンシーに対する特許保証のあり方

　技術の高度化、複雑化、プロパテント政策に伴う権利主張の積極化等により、特許の実施事業に関連して特許に関する紛争が生じることが、従来よりも多くなる傾向にある。このことは、ライセンス契約の対象となっている特許権についても例外ではない。ライセンサーのライセンシーに対する特許保証の問題は、企業戦略、特に企業のリスクマネジメントの観点から極めて重要な問題である。

(1) 特許保証の意義
　ライセンサーのライセンシーに対する特許保証の問題は、①ライセンス契約の対象となっている特許（許諾特許）の不完全性又は欠陥（瑕疵）のために、ライセンシーが契約の予期した通りの目的を達成することができない場合におけるライセンサーのライセンシーに対する保証と、②第三者の許諾特許侵害行為の排除に関するライセンサーのライセンシーに対する保証の問題を含むが、ここでは、前者に限って論ずることとする。

(2) 許諾特許の不完全性と欠陥（瑕疵）
① 特許の不完全性
　ライセンシーによる契約通りの実施を妨げる第三者の権利の存在等。

② 特許の欠陥（瑕疵）

　　許諾特許が契約の予期した技術的実施可能性（特に技術的効果）を欠く場合又はライセンス契約締結後の拒絶査定、特許無効の確定

(3) 特許保証事項

① 許諾特許の実施が第三者の権利により制限を受けない保証

　　特許出願審査経過等を含め、第三者の関係特許の存在の適切な事前調査が前提となる。その前調査結果のライセンシーに対する説明責任も重要である。

② 特許の欠陥（瑕疵）に対する保証

　　技術的実施可能性（特に技術的効果）については一般論としては、ノウハウライセンス契約の場合と異なり、ライセンシーの事前判断がより重要であろう。ただし、許諾特許の特許性、無効性についてはライセンサーから、特許出願の審査経過等を考慮して、ライセンシーに適切に説明することが重要である。

(4) 企業戦略的特許保証の考え方

① 当該ライセンス契約に対する総合政策

　　ライセンス契約は、一人勝ちではいけない。また、ライセンサー、ライセンシー共に契約目的を十分に達成したいのが大前提である。したがって、リスクマネジメントの観点から事前調査、説明責任、自己責任等、総合政策的配慮が重要である。

　　一方、技術開発、特許取得のインセンティブは尊重されるべきである。技術・特許の保有者のライセンス許諾意思を、必要以上に低下させるような特許保証は、一般論としては好ましくない。もちろん、ライセンス契約の内容はフェアであるべきである。

② リーガルリスクマネジメント

　　特にライセンサーにとっては、自己の企業戦略に基づいて、経営資源たる特許の活用を図るのがライセンス契約であるので、契約締結の結果、損害を負担するわけにはいかないのが大前提である。特に特許、契約面からのリーガルリスクマネジメントが重要である。

③ 当該ライセンス契約における個別事情

　ライセンス契約の対象となっている特許は、一般的には完全無欠（無瑕疵）ではない。ライセンス契約の対象となっている特許の不完全性については、ライセンサーとライセンシーがリスクを適切、妥当に分担すべきである。当該ライセンス契約において、ライセンサーとライセンシーがどのような内容で、どのようにリスクを分担すべきかは、個別事情によって決定されるべきである。例えば、ライセンサーからの積極的ライセンシングであるのか、ライセンシーからの侵害回避のためのライセンス申し込みによるか等、ライセンス契約締結の経緯も考慮されることになろう。

(5) 具体的特許保証内容のあり方
① 手続的保証

　許諾特許に関する審判、訴訟についての手続的保証は、その費用負担をライセンサーとし、また第三者の権利の存在によるライセンシーが制限を受ける場合の第三者権利に関する審判、訴訟についての手続的保証は、その費用負担をライセンシーとする等を考慮する。

② 経済的保証
　1）対価減額請求権

　許諾特許の特許性、有効性に問題がある場合、ライセンシーによる許諾特許の実施は継続するが、許諾特許の評価変えに基づくもので、ライセンサーのライセンス許諾意思のインセンティブと、ライセンス契約内容のフェアネスのバランス対応が重要である。

　2）第三者への損害賠償支払金、又はライセンス取得評価の求償権

　ライセンシーの許諾特許の実施が、第三者の権利の存在により制限を受ける場合においてライセンサーとしては、最大ライセンサーからの取得対価額＋契約締結・管理関係費を保証限度としたい。ただし、ライセンサーの保証姿勢いかんによっては、ライセンサーのライセンシングビジネス全体に対する信用評価を下げることになりかねないので要注意である。

　3）支払対価返還請求権

　ライセンシーの許諾特許実施行為が、第三者特許を侵害したことに起因

する損害賠償請求権、許諾特許の欠陥に対する瑕疵担保責任に基づく保証の問題であるが、ライセンサーの可能な限りの説明責任とライセンサーの自己責任、リスクマネジメントのバランス対応が重要である。

③ 解約権の行使

　ライセンシーの許諾特許実施行為が第三者特許の侵害を回避することができず、かつ、ライセンシーがその特許のライセンスも取得できない場合、当該ライセンス契約の解約も検討される。ただし、ライセンス契約の対象となっている特許が、拒絶無効となった場合は別として、単純にライセンス契約を解約することは問題である。該特許の侵害問題を解決しておく必要がある。

＜法制度上、戦略上の視点＞

　特許制度は方式主義に基づき特許出願発明の特許性を審査し、新規性、進歩性等特許要件を満たすもののみを特許するが、特許法72条が他人の特許発明を利用することがあることを前提として規定しているように、特許権は、排他権（特許法100条等）ではあっても絶対的独占権ではない。したがって、特許権者は、特許権が絶対的独占権である認識で、ライセンスを許諾するに当り、ライセンシーに対する特許保証をすることは好ましくない。戦略的対応としては、当該案件の実状を考慮して、合理的な対応をすべきである。

4　ノウハウライセンス契約と技術者のスピンアウト時の留意点

　日本企業においても雇用の流動化が進展し、転職者が増加している。すなわち、日本企業においては従来、終身雇用制が定着していたが、昨今は頻繁に転職、独立が行われるようになっている。

　企業としては、退職者が在職中に知得したノウハウについてどのように対応するかが今後の重要な課題である。特に、そのノウハウについて、他にライセンスを許諾している場合には、退職者が在職中に知得したノウハウの特定とその帰属問題が重要である。

特許権の場合は、特許法35条に職務発明についての規定があり、この規定が帰属問題についての実務上のガイドラインとなっており、従業員等が職務上行った発明については、職務発明規程等に基づいて、企業と従業員の間における帰属問題を明確にすることが可能になっているが、ノウハウの場合には、特許法35条に相当する法的根拠、ガイドラインがなく、法的には不安定であるといえる。

　退職した従業員が、業務上その構築にかかわったノウハウについて、同種の事業を開始し、それを使用し、又は他にライセンスを許諾するような場合には、実務的に複雑な問題を生ずる。特に、退職した従業員が従来勤務していた会社がライセンスを許諾していたライセンシーと、そのノウハウの構築者であることを考慮して交渉を継続するような場合には重大な問題となる。

　企業の実務においては、秘密管理規程を策定しておき、退職者に対しては秘密保持契約（Non-Disclosure Agreement）及び競合避止契約（Non-Competition Agreement）を締結する等により、退職者が同業他社、ライバル会社に再就職したり、自ら同種の事業を開始する場合には、一定の範囲の秘密保持、競合避止を期している。しかし、退職者に対して必要以上の不利益を与える契約は、憲法が保障する職業選択の自由の観点から、内容通りの効力は認められない場合があるので注意を要する。

Ⅳ-6　オープンイノベーションの観点からの知的財産関係契約の機能

　技術経営におけるオープンイノベーションは、一般的にはイノベーション効率化のための選択的、補完的手段であり、他との共同、協力が前提となる中で、契約関係、特に知的財産契約への戦略的対応が必要不可欠となる。

［1］　オープンイノベーション下における知的財産戦略

　イノベーションの概念・趣旨は技術革新、そのシステム、成果の活用、社会貢献、効果等の創新全体である。

　したがって、オープンイノベーション下における知的財産契約論として

は、知的財産制度の基本的機能、役割、すなわち、絶対的排他権、相対的排他権、行為規制保護の制度設計を総合的に把握、評価した上で、単独でのイノベーションから共同研究開発、単独活用から分身活用（ライセンシング）又は相互補完活用（クロスライセンシング）等が重要であり、知的財産各法にオープンイノベーション対応の制度が間接的に設定されており、さらに独占禁止法の運用において技術に関する知的財産権の権利の行使については、一定の条件に従ってオープンイノベーションが考慮される。

2 知的財産契約の考え方

- 知的財産戦略は、知的財産の評価、活用戦略によって、常に絶対優位戦略対応ではなく、比較優位対応が必要な場合がある。知的財産ポートフォリオ考慮、コストパフォーマンス考慮、経営的相互補完、アライアンス考慮等である。
- 企業の事業活動における知的財産問題は多くの場合、不確定、不安定要素が存在し、権利侵害問題等リーガルリスクマネジメント対応が必要不可欠である。
- 多くの製品は、単一技術、単一知的財産により製造できる場合は少ない。クロスライセンス等を考慮した対応が必要となる場合がある。

各知的財産契約について、それぞれ、次の事項を検討整理して対応することが必要不可欠である。

① 基本（法的解釈、留意点を指摘）：イノベーション促進規定（特許法48条優先審査）、イノベーション規制規定（特許法73条共有に係る特許権）
② 実務的現状、留意点を指摘：契約実務上の留意点（特許法77条4項専用実施権者の再実施権許諾権）
③ 戦略的検討：知的財産の利用に関する独占禁止法上の指針

3 オープンイノベーションの観点からの知的財産法制の課題

- 包括的ライセンス契約における通常実施権登録制度（産業活力の再生及び産業活動の革新に関する特別措置法）

- ライセンシーの保護制度（通常実施権登録の法的効果）
- 差止請求権の濫用禁止制度（特許法104条の3、ADR前置制度）
- 技術標準ライセンス契約における累積ライセンス料の上限制度（必須特許、RAND）
  特許法93条（公共の利益のための通常実施権の設定の裁定）
  特許法83条（不実施の場合の通常実施権の設定の裁定）
- LOR（License of Right）制度
- 特許法73条（共有に係る特許権）の改訂検討

4 知的財産法の仕組みと契約対応

知的財産契約には、知的創造サイクル、すなわち創造、権利化、保護、活用各段階において、それぞれの法律の規定を踏まえた契約対応が必要不可欠である。

知的創造活動における、創造、保護・権利化、活用のサイクルにおいて知的財産の機能、位置づけを明確にする概念であり、知的財産の活用を重視する考え方である。

具体的には、開発、製造を計画する段階で、マーケティングの検討、予想される競合関係の検討等を行い、特許等知的財産の戦略を整理して、特許等の権利化、ノウハウキープの考え方を戦略的に対応し、戦略的活用を考慮することである。

(1) 創造段階

① 創作者、著作者

特許法には発明者についての定義規定は存在しない。これは、実用新案法、意匠法においても同様である。一方、著作権法には、著作者についての定義規定が存在する。すなわち、著作者とは「著作物を創作した者をいう」である（著作権法2条1項2号）。

なお、創作者・著作者とは何かについては、著作権法16条の「映画の著作物の著作者は、……その映画の著作物の全体的形成に創作的に寄与した者とする。……」の規定が参考となる。

創作者・著作者の認定については、特に、創作・著作を外部専門家に委託する、いわゆるアウトソーシングの場合にコンセプトを示して委託する場合、ラフスケッチを示して委託する場合、概要ができているもののアレンジを委託する場合のような種々の形がある中で、創作者の認定については委託者、受託者、委託者と受託の共同のバリエーションが考えられる。その場合に、前記著作権法16条の「著作物の全体的形成に創作的に寄与した者」の判断基準が参考になる。

② **デザイン等委託契約**

　デザイン制作等を外部に委託する場合は、デザイン制作委託契約を締結し、特に、知的財産権の帰属と利用に関し、明確にする必要がある。

　意匠法による意匠登録を受ける権利は意匠の創作者に原始的に発生し（意匠法3条1項）、意匠登録を受ける権利は移転することができる（意匠法15条による特許法33条の準用）ので、委託契約により制作される意匠登録を受ける権利の帰属と利用について規定する。

　なお、デザイン制作の成果、著作物に結果する場合は、著作権法に基づく権利の帰属と利用を約定することになる。

　その場合著作者人格権は、著作者に一身専属で移転することができないこと（著作権法59条）及び法人著作（著作権法15条）に留意する必要がある。すなわち、著作者の権利には、著作者人格権と著作権が存在し（著作権法17条1項）、法人にも著作能力が認められているのである。

　なお、コンテンツの創作、保護及び活用の促進に関する法律6条には、コンテンツ制作等を行う者の責務として、「……コンテンツに係る知的財産権に関し知識と理解を深めること等を通じて、そのコンテンツ制作等に当っては、これを尊重するよう努めるものとする」との規定があり、デザイン制作に関する契約実務において参考にすべきである。

(2) 保護・権利化段階

　デザイン等の創作・著作が行われると、その保護方法を検討し、権利化を図る場合には、方式主義を採用している意匠法制度を利用する場合には、意匠登録出願等を行う必要がある。

現行意匠法制度は、創作能力は自然人のみに認められている。一方、著作権法は著作能力を法人にも認めており（著作権法15条）、法人には必ずしも法人格を必要としない（著作権法2条6項）ので、法人がデザインの創作を行う場合の保護・権利化の対応が、意匠法とは根本的に異なる。

　なお、職務創作については、意匠法15条3項による特許法35条の準用による処理が必要となる。

　また、デザイン創作を外部の専門家に委託するアウトソーシングの場合には、創作者・著作者の決定の問題に加えて、知的財産権の帰属に関する契約対応が重要視される。

　デザインが創作されると一般的に意匠登録を受ける権利が発生し、それは財産権であるので譲渡可能であり委託契約の中で事前に決定しておくことが望まれる。一方、著作権法に従った処理の場合には著作物についての著作者の権利は財産権としての著作権と人格権としての著作者人格権が含まれ、著作者人格権については、著作者に一身専属であり（著作権法59条）、譲渡不可能である。

　デザイン・意匠創作が複数の自然人により共同で行われた場合には、創作者全員が共同出願しなければならない（特許法15条による特許法38条の準用）。創作者の1人が意匠登録出願を望まない場合には、意匠権取得の可能性がなくなることになる。

(3) 活用段階

　デザイン創作の結果、保護、権利化の結果意匠権を取得した場合、それが共有意匠権である場合、各共有者は、特約がない限り各自自由に実施することができる（意匠法36条による特許法73条の準用）。ただし、共有意匠権について第三者に対して、単独でライセンス許諾することは共有相手方の同意を得なければ行うことは不可能である（意匠法36条による特許法73条の準用）。

　デザイン・意匠は、企業イメージ・企業評価を高め、結果的に企業評価を高める。そして、意匠権等知的財産権保護により、差別化、競争優位の効果を発揮する。

したがって、知的創造サイクルにおける、創造、権利化・保護を踏まえて、その活用を考慮した活用戦略をしっかりと策定する必要がある。その場合ライセンス契約が重要視される。

　そして、知的創造サイクルにおける知的創造、保護・権利化、活用ごとに、知的財産の戦略的活用の観点から、知的財産各法に用意されている知的財産条文を実務的に考慮した、契約を検討することが有益である。

Ⅴ オープンイノベーションと知的財産契約実務

<要旨>

　イノベーションの効率化等の観点からオープンイノベーションを選択、補完する場合には、知的財産契約への戦略的対応が必要不可欠である。その場合のキーワードとして、次の事項を挙げることができる。

- 時間を買う：研究開発委託、技術購入、アウトソーシング
- パートナーとの相互補完：共同研究開発、クロスライセンス、産学官連携重視の時代、特許法73条の特約（米国特許法262条）
- 知的財産ポートフォリオ：ライセンシング、改良の取扱、不争義務、競合忌避
- ライセンシング（ライセンシングアウト、ライセンシングイン）
  ライセンス契約の評価：自方、相手方、社会（独占禁止法等）
- 新しい事業の創出：技術提携、ジョイントベンチャー、産学官連携、M&A
- フェアユース：リバースエンジニアリング、公正競争の促進
- 事業の切り出し：スピンアウト、スピンオフ、カーブアウト

　そして、その場合の基本的理念としては、次の諸点が重要である。

① 知的財産保護制度の基本的趣旨・目的を踏まえた立て方が前提
② 知的財産には、公信力がなく、現実には不完全・不確定なものがある。無効審判制度、特許法104条の3、独占禁止法による制限、強制実施権制度、権利の制限制度
③ また、知的財産は、常に絶対優位の地位が約束されていない。容易に迂回可能な権利、知的財産の網の必要性、コストパフォーマンス、陳腐化のスピード、権利の幅を考慮した対応が必要等
④ したがって、クローズ、オープンイノベーションの使い分け、組合せが必要、有益な戦略となる。その場合、知的財産の機能を正しく把握し、知的財産戦略経営の考え方に基づいて戦略的知的財産契約を実行して行くことが必要不可欠である。

⑤　要は、オープンイノベーション下において、知的財産の現実的、効率的活用を戦略的に対応することが肝要である。

　オープンイノベーションの各形態ごとの知的財産契約に戦略的に対応するための基本的施策は、形態ごとに多種多様であるが、技術経営（MOT）戦略面から各種知的財産契約を次のように検討することが期待される。

①　知的財産契約におけるオープンイノベーション面における法的側面から整理する。共同発明は共同出願（特許法38条）、持分譲渡の制約（特許法33条3項）

②　各知的財産契約条項をオープンイノベーション面から戦略的検討整理する。例えば、譲渡契約における対象権利の価値評価、共同研究開発契約における成果の帰属と利用、ライセンス契約におけるライセンサーの特許保証・ライセンシーの改良技術・発明の取扱い、技術標準対応における必須特許・RAND・競争の促進等

③　各知的財産契約の内容を契約書作成における具体的課題を検討整理する。

V-1　アウトソーシング契約

　アウトソーシングの趣旨は、イノベーションの効率化を考慮した自前主義の補完である。具体的な契約形態として、知的財産権の譲受、M&A、研究開発委託契約、技術導入契約、ライセンシングイン契約、未完成・未実証技術の完成委託等があるが、それらの場合のキーワードは、次の通りである。

　時間を買う、コストパフォーマンス、交渉時に秘密保持契約・Escrow Agreement の利用、委託条件・委託目的・委託内容、成果の帰属と利用、改良技術の取扱い、競合技術の取扱い制限、サブライセンス許諾権、技術的効果の保証、第三者権利に対する保証等である。

V-1-1　知的財産（権）譲渡契約

1　特許権、特許を受ける権利の移転（譲渡）に関する特許法の規定
① 特許権の移転（譲渡）

特許法98条（登録の効果）

　次に掲げる事項は、登録しなければ、その効力を生じない。

一　特許権の移転（相続その他の一般承継によるものを除く。）、信託による変更、放棄による消滅又は処分の制限

② 特許を受ける権利の移転（譲渡）

特許法33条（特許を受ける権利）

　特許を受ける権利は、移転することができる。

3　特許を受ける権利が共有に係るときは、各共有者は、他の共有者の同意を得なければ、その持分を譲渡することができない。

特許法34条（特許を受ける権利）

　特許出願前における特許を受ける権利の承継は、その承継人が特許出願をしなければ、第三者に対抗することができない。

4　特許出願後における特許を受ける権利の承継は、相続その他の一般承継の場合を除き、特許庁長官に届け出なければ、その効力を生じない。

特許法38条（共同出願）
　　特許を受ける権利が共有に係るときは、各共有者は、他の共有者と共同でなければ、特許出願をすることができない。

2　特許（権）譲渡契約の主要条項
(1) 契約の対象
　この契約は、特許権と特許を受ける権利を対象とする。
① 特許権
　特許法には、特許権の移転については、直接的な規定はないが、移転することができることを前提に、移転は登録が効力発生要件であることを規定している（98条1項）。
② 特許を受ける権利
　特許法は特許を受ける権利は移転することができる旨を規定している（33条）。

(2) 移転登録
　特許権移転登録申請は、譲渡人と譲受人との両者で行う様式と、いずれかが単独で行う様式との2様式があるが、申請書類に差異があるのみで実体上の差はない。

　申請書に添付しなければならない書類として、当該特許権が譲渡された事実を証明する書類を必要とするが、これには、譲渡契約書そのものが使用され得るが、多くの場合、これに代えて別途譲渡人が作成した譲渡証書が使用される。

　次に、当事者が法人である場合には、その代表者（代表権のある者）が申請を行うのであるが、その者がその法人の代表者であることを証明する書類が必要である。これには通常その旨を示した登記簿抄本が使用される。

　特許を受ける権利（特許出願前の場合を除く）の移転も、その旨を特許庁長官に届出しなければ効力を発生しないので、届出に必要な書類が相違する以外、特許権の場合と同様に考えてよい。これら登録申請、届出（特許出願人名義変更届）に要する費用としては、登録免許税、手数料、書類の作成な

いし調達費、代理人を起用するときは、その費用等が挙げられるが、紛争を避けるために、主要なものについてはあらかじめ負担を決めておくことが好ましい。

3 特許（権）譲渡契約における権利の価値評価

　特許（権）譲渡契約は、譲渡側からはアウトオープンイノベーションであり、譲受側からはインオープンイノベーションである。その場合、いずれの側にとっても最も重要で、関心事は譲渡対象特許（権）の価値評価である。特許（権）の価値評価については、一般的には一定不変の公式的基準はなく、個別具体的な評価要素の総合的判断によって決定される。

　そして、個別具体的要素としては、それぞれのニーズ等を前提として決定される。

3-1 技術的価値評価

　知的財産権の中で、経営戦略上最も重要な位地を占める特許権等知的財産権については、従来、その価値評価においては、取得・保有件数、その技術分野等を主たる要素としていた。

　確かに、知的財産権戦略においては、知的財産権の取得・保有が前提となるが、それが経営戦略上どのような機能を果たすかという、経営戦略的価値評価が行われていない限り、競争優位戦略上、比較優位の対象とはなり得ても、絶対優位を確立することには役立たない。

3-2 会計学的価値評価

　知的財産権の価値評価は、M&Aにおける企業評価、企業結合、事業提携、企業倒産における評価、貸借対照表における無形固定資産評価、ライセンス契約における対価の決定基礎、権利侵害時における損害賠償金額の決定基礎、知的財産権を担保とする融資における評価、移転価格税制等において必要となる。

　知的財産権の価値評価については、知的財産権の取得・保有に要した費用や、取得したロイヤルティーの額等を中心として考慮した次の３つの方法が提案されている。

(1) 収益還元法（Income Approach・Discounted Cash Flow Method）

　評価対象知的財産権について、それを活用して、将来得られる価値をもってその現在価値とする方式。この方式には２種類ある。
① 　事業自体を評価する。（Going Concern Value）
② 　２次市場における価値から算出する。（Dead Value）

(2) 原価法（Cost Approach）

　開発コストをベースに価値を算定する方法。すなわち、評価対象知的財産権の創出、取得、維持に要した費用をもって価値とする。

(3) 取引事例比較法（Market Approach）

　評価対象知的財産権について、取引事例を参考にして取引上の価値を算定する方法。ライセンス契約におけるロイヤルティー等を考慮した価値評価。
　しかし、経営戦略的観点から見た場合、知的財産権の取得・保有に要した費用や取得したロイヤルティーの額を中心として考慮する価値評価では、必ずしも十分とはいえない。

3-3　経営戦略的価値評価

　これからの知的財産業務は、知的財産の戦略的活用が最大の課題となる。
　知的財産を戦略的に活用する目的とは何か。それはいうまでもなく、知的財産の価値を極大化することに尽きる。企業価値評価と知的財産の関係においては、どうすれば知的財産の価値を極大化できるのか。そして、これからの企業経営においては、権利を取得・保有することに加えて、というより多くの重要性は、取得保有権利の戦略的活用にある。
　知的財産戦略は、知的創造サイクルを基本とすべきである。そして、知的財産を経営戦略に総合的、複合的に組み込み、活用する必要がある。そのためには、知的財産の戦略的資産化（技術・製品・サービス別の知的財産戦略）と効果的イノベーションが必要不可欠である。
　一方、企業の社会的責任（CSR）の観点から、知的財産情報の開示が要請され、それによる企業価値評価をされる傾向にある。知的財産活用は、知的財産（資産）、戦略的人材、戦略・ビジョンの総合化において行われる。
　知的財産権の価値評価要素は、次表の通りである。

	価値評価要素	具体的内容
1	権利自体の要素	・権利の有効性 ・抵触性（同一性） ・独占力、排他力 ・権利存続期間、残存期間
2	技術的優位性の要素	・独創性 ・迂回・改良の可能性・容易性 ・陳腐化状況（持続性） ・ただ乗り、デッドコピーの容易性
3	市場性の要素	・市場ニーズ合致性 ・新規参入可能性・容易性
4	経営寄与の要素	・経営的信頼性（経営の質） ・企業価値評価 ・ロイヤルティー収入

（1）権利自体の価値評価要素

① 権利の有効性

　知的財産権には、特許権等産業財産権のように方式主義によって絶対的独占排他権が認知されるものと、著作権のように無方式主義によって相対的独占排他権が認知されるもの等がある。しかし、知的財産権のすべてが完全無欠の権利ではない。

　知的財産権は権利の強さ、広さに差異がある。しかし、場合によっては有効性が否定されることもある。

　経営戦略としては、各知的財産権について、強さ、広さを考慮してその活用を検討しなければならない。知的財産権の強さ、広さは独占排他権による競合他社の参入障壁の高さ、広さに関係する。

② 抵触性（同一性）

　知的財産権の権利範囲は、無限ではなく限定されたものである。競合他社の同種商品やサービスを権利範囲的にカバーすることが競争優位性を保有するための前提条件である。権利の幅が広ければ強い権利であり競争優位性が広くなる。もちろん、知的財産権に瑕疵があれば競争優位性の保有は不可能となる。

③ 独占力・排他力

　保有する知的財産権が、その一権利又は複数の権利で独占力・排他力が強ければ、競争優位戦略において絶対優位戦略の策定が可能となり、競合他社に対する参入障壁を強く築くことができる。

　独占力・排他力が強ければ、競争相手によるデッドコピー（Dead Copy）や、ただ乗り（Free Ride）を防止することができる。

④ 権利存続期間、残存期間

　知的財産権は、その種類によって、権利の存続期間が異なる。したがって、知的財産権を活用した経営戦略を策定する場合には、知的財産権の種類及び権利の残存期間を考慮する必要がある。

(2) 技術的優位性の要素

① 独創性

　知的財産権は、産業政策、文化政策等の観点から認知されるもので、原則として保護期間は有限である。この有限の保護期間内において経営戦略上有効に活用されるためには、知的財産権のうち特許権等の産業財産権については、技術的優位性が、その価値評価上重要な要素である。

　技術的優位性は、時代のニーズに合致していることを踏まえた独創性（Originality）を有することが基本的条件となる。

② 迂回・改良の可能性・容易性

　知的財産権を戦略的に活用して、競争優位性を確立しようとする場合に当該知的財産権の権利範囲を回避できる可能性があり、しかも回避が容易であれば、強い権利行使戦略は不可能となる。

　迂回・改良の可能性・容易性のある知的財産権は、競争優位の観点からは絶対優位ではなく比較優位の戦略を策定せざるを得ない。

　また、このような知的財産権は希釈化（Dilution）しやすく、知的財産権のうち技術的創作については特許出願しないでノウハウ（Know-How）として保有し、競争を回避する差別化の戦略を策定することを考慮する必要がある。

③ 陳腐化状況（持続性）

特許権等産業財産権は、技術革新、消費者ニーズの変化等により陳腐化する。陳腐化した知的財産権に基づく商品等は市場競争力を失い、競争優位を持続することはできない。経営戦略においては、技術革新、消費者ニーズに合致する技術開発、知的財産権取得・保有が必要となる。

(3) 市場性（Marketability）
① 市場ニーズ合致性
　知的財産権分野においては、その価値評価は、会計計算的に算定できないのが通常で、多くの場合、当該知的財産権の実施に関わる商品等の市場との関係に左右される。

　したがって、知的財産権を活用した事業戦略策定においては、当該知的財産権の実施に関わる商品等の市場性、ニーズ合致性についても価値評価を行う必要がある。

② 新規参入可能性・容易性
　知的財産権は、独占排他権が認知されているために、競合後発者は、先行市場の商品等に他人の知的財産権が存在する場合には、その他人の知的財産権により参入障壁が構築されており、新規参入は不可能である。

　一方、先行市場に新規参入しようとする場合に、他人の知的財産権が存在せず、逆に同種商品等について知的財産権に基づく商品等での新規参入ならば、法的に保証された、信頼性の高い形で、当初から競争優位を確立することが可能となる。

(4) 経営寄与の要素
① 経営的信頼性（経営の質）
　情報化、ボーダレス化、業際化等の急激な進展により、戦略的提携（Strategic Alliance）の必要性が顕著となっている。戦略的提携においては、パートナーの信頼性評価が前提となる。パートナーからの信頼を得るためには、提携の対象となっている事業に関わる知的財産権の取得・保有が重要な経営的信頼性の要素となる。

② 企業価値評価
　企業買収・合併（Mergers and Acquisitions）における企業価値評価等

においては、知的財産権の価値評価が必要となる。企業価値評価は DCF 法（Discounted Cash Flow Method）が利用される場合が多いが、知的財産権は、無体財産であり有体財産と比較して不安定、不確定要素が多く、必ずしも適切な価値評価方法とはいえない。

知的財産権の不安定性、不完全性、陳腐化性とは、例えば、日本の特許制度は、審査主義が採用されており、しかも完全無欠の審査は一般的に困難であるため、一旦付与された特許権に無効理由が存在する場合があり、権利の不安定性を否定することはできない。また、特許権付与前に出願発明の内容を公開するのが一般で、特許権取得前に他人がその発明の改良を行う可能性があり、権利の迂回は可能であり完全性は保障できない。さらに、技術革新などにより、権利は常に陳腐化の運命を有している。

③ ロイヤルティー収入

知的財産権の戦略的活用は、自己実施、ライセンシング（Licensing）、知的財産権を含む売買等である。ライセンシングは経営戦略上重要な要素であり、それによるロイヤルティー収入は知的財産価値評価上重要である。

企業経営における知的財産権戦略は、企業が取得・保有する各知的財産権についての価値評価要素を取捨選択し、具体的なビジネスにマーケティングミックス（Marketing Mix）して適用し、競争優位確立のための経営戦略を実施すべきである。そうすることにより、価値連鎖（Value Chain）効果を発揮することができる。

例えば、特許権の残存期間が長く、独占的排他力が強く、迂回・改良の可能性、容易性が少ない場合には、強い市場参入障壁を構築し、市場独占を図る経営戦略を実施する。また、特許権の残存期間が短く、陳腐化状況が判断される場合には、特許権の残存期間中に、他社にライセンスを許諾し、ロイヤルティー収入を図る経営戦略を実施する。

4 契約締結に当たっての留意点

特許権や特許を受ける権利の譲渡契約は、いわゆる売買契約であるので契

約条項や契約の履行は、一般的にはシンプルである。対象となる特許権等の価値が客観的に把握し難い点が問題である。

したがって、譲渡契約締結に際しての重要な点は、対象となる発明を評価することにある。

(1) 権利状況の確認

対象となる特許権等の権利状況を確認する必要がある。

① 特許権存続の有無
② 特許発明の内容の再確認（補正の有無等）
③ 共有者の有無及び共有者とその実施状況
④ 実施権者、特に専用実施権者の有無
⑤ 特許権者が個人の場合、その特許発明が職務発明であるか否か
⑥ 先使用権の有無
⑦ 質権、その他諸権利設定の有無
⑧ 無効審判係属中か否か等。

また、特許を受ける権利の譲渡については、前記事項に準ずるほか、その特許成立性の評価、審査請求の有無等についても確認しておく必要がある。

(2) 対　　価

対価の額は、対象である特許発明の評価に基づいて両当事者によって定められることが理想的であるが、前述したように、特許発明を評価することは極めて困難であり、したがって客観的な対価額を算定することは事実上不可能である。そこで多くの場合、世間相場ないしは前例によってこれを定めるのが最も現実的であろう。

5 特許（権）譲渡契約書文例

特許（権）譲渡契約書

株式会社〇〇〇〇（以下甲という）と〇〇〇〇株式会社（以下乙という）とは、甲の所有する特許権及び特許を受ける権利の譲渡に関し、次の通り契約を締結する。

第 1 条（対象特許権等）

　　　甲は、次に掲げる特許権及び特許を受ける権利を乙に譲渡し、乙はこれを譲り受ける。

　　　特許第〇〇〇〇〇号　発明の名称「〇〇〇〇〇」

　　　平成〇〇年特許願第〇〇〇〇号　発明の名称「〇〇〇〇」

第 2 条（登録申請手続及び費用の負担）

　　　甲は、次に掲げる書類を平成〇〇年〇〇月〇〇日までに乙に交付する。

　　　譲渡証書　各 1 通

　　　単独申請承諾書　前条に係るもの各 1 通

　2．乙は、移転登録及び名義変更に要する費用を負担する。

第 3 条（対価及びその支払方法）

　　　乙は、第 1 条に定める権利の譲渡の対価として、金〇〇〇円を甲に支払う。

　2．乙は、前項に定める対価を下記に従って〇〇銀行〇〇支店口座番号〇〇〇〇番の甲の口座に振り込む。

　　　平成〇〇年〇〇月〇〇日までに金〇〇〇〇円

　　　平成〇〇年〇〇月〇〇日までに金〇〇〇〇円

第 4 条（権利維持義務）

　　　甲は、第 2 条に定める書類を乙に交付し、乙がこれを受領するまで、第 1 条に定める権利を維持する義務を負い、また、乙が第 1 条に定める権利に係る名義変更手続を完了するまで、当該権利を維持する義務を負う。

第 5 条（秘密保持）

　　　甲は、第 1 条に係る発明が出願公開されるまで、当該発明を第三者に開示してはならない。

第 6 条（契約有効期間）

　　　本契約の有効期間は、平成〇〇年〇〇月〇〇日（締結の日）から平成〇〇年〇〇月〇〇日までとする。

本契約締結の証として、本書2通を作成し、甲乙記名押印のうえ、各1通を保有する。

平成〇〇年〇〇月〇〇日

　　　　　　　　　　　　　　　　　　　　甲：

　　　　　　　　　　　　　　　　　　　　乙：

＜法制度上、戦略上の視点＞

　アウトソーシングによるオープンイノベーションとしての特許権等の譲渡契約においては、譲り受ける特許権等の価値評価が最大の課題である。特許権等知的財産の価値評価方法には、一定不変のものはなく、個々具体的に判断される。
　また、他社からの知的財産権ライセンシングインにおいても基本的には、特許権等の譲渡契約の場合と同様な課題が存在すが、ライセンサーの改良技術に対する対応、許諾特許の実施に対する第三者からの権利行使に関するライセンサーの手続的、経済的保証問題も重要である。
　なお、譲渡契約の対象が特許を受ける権利、著作権（著作者人格権は含まない）、ノウハウ等の場合、それぞれの権利の法的性格を考慮した対応が必要不可欠である。例えば、著作権の譲渡の場合、著作権の対象である著作物について、その利用における著作者人格権の取扱いをどのように対応するかが、著作権譲渡契約の条件として極めて重要である。

6　著作権譲渡契約：著作者人格権の一身専属性

　著作物とは「思想感情を創作的に表現したものであって、文芸、学術、美術又は音楽の範囲に属するもの」である。著作物を創作した者が著作者であり、著作者に著作者の権利が発生し、著作者の権利には著作者人格権と著作権が含まれる。著作権は財産的権利であり、他人に譲渡したり、著作権者が

死亡した場合には相続ができる。したがって、著作者が、著作権を譲渡したり、相続された場合には、著作権者は著作者から著作権を譲り受けた者、相続した者になる。著作者人格権は、譲渡も相続もできない。

著作権法は、本来文化法的法律であるが実際の企業活動においては、著作物を利用することが多く、また企業活動の中から著作物が生じることも多い。

したがって企業活動においては著作権法とのかかわりが深い。

① 著作権法の目的：著作者などの権利保護、著作物の公正な利用。
② 著作物：思想又は感情を創作的に表現したものであって、文芸、学術、美術又は音楽の範囲に属するもの（小説、論文、音楽、絵画、地図、図表、映画、写真、コンピュータ・プログラム、データベースなど）
③ 保護される著作物：日本国民の著作物、最初に国内において発行された著作物、条約によりわが国が保護の義務を負う著作物（独創性のある著作物）
④ 保護されない著作物：法令、通達、判決及び官公文書など
⑤ 著作者：著作物の創作者、法人著作、映画の著作者
⑥ 著作権者、著作権の移転：原始的には、著作者が著作権者。著作者人格権を除き譲渡、相続などにより移転する。
⑦ 著作者の権利の発生：無方式主義（登録等いかなる方式も要しない）
⑧ 登録制度：実名・第一発行年月日の登録、創作年月日の登録、著作権の移転などの登録制度がある。また、プログラムの著作物の登録制度がある。
⑨ 著作者の権利：著作権（複製権、公衆送信権、上映権、譲渡権、頒布権、貸与権、翻訳権、翻案権など）、著作者人格権（公表権、氏名表示権、同一性保持権）
⑩ 著作権の制限：私的使用のための複製、図書館等における複製、引用など多くの制限がある。
⑪ 保護期間：原則として著作者の死後50年間。保護期間は、著作物の種類などにより特例がある。

⑫ 著作隣接権：実演家、レコード製作者、放送事業者、有線放送事業者に与えられる著作権法上の権利。
⑬ 著作権の利用制度：利用許諾契約、出版権、及び裁定による著作権利用制度がある。
⑭ 条約：ベルヌ条約、万国著作権条約などがある。
⑮ 権利侵害に対する措置：民事救済（差止請求権、損害賠償請求権、不当利得返還請求権、名誉回復措置請求権）、刑事制裁。
⑯ 著作権仲介業務：著作権等管理事業法に基づく運用。

＜法制度上、戦略上の視点＞

著作者人格権は、著作者に一身専属の権利であるので、著作物の利用契約の締結においては、同一性保持権等の対応が重要な課題となる。著作者人格権は放棄できないので、不行使又は承認条件の内容が検討される。オープンイノベーションを考慮した、著作物の適切かつ活発な活用においては、著作者人格権についての適切な対応が必要不可欠なことである。

V-1-2 研究開発委託契約

研究開発委託契約は、時間を買う、コストパフォーマンス、ヘッドスターター、垂直立ち上げ等の観点からのアウトソーシング対応の契約である。すなわち、イノベーションをアウトソーシングで対応するインイノベーションの一形態である。

1 はじめに

研究開発委託契約について検討すべき事項は、次の通りである。

(1) 研究開発委託内容

研究開発を委託する場合、委託内容、レベルには、次の３段階がある。
① 研究開発内容が詳細に示されており、その確認的レベル

② 研究開発内容がある程度具体的に示されており、委託者と受託者共同で仕上げるレベル
③ 依託内容は趣旨等概要のみが示され、受託者により実質的にすべて研究開発するレベル

(2) 研究開発成果の帰属と利用

　研究開発成果は、研究開発依託内容のレベルにより原始的に、①委託者単独、②委託者、受託者の共同、③受託者単独に帰属する。特許法、著作権法の判定、判断基準は、それぞれ次の通りである。

　発明の場合、委託者側に権利を譲渡する契約内容とした場合、発明者の相当の対価問題が、また、著作物については、著作者人格権の取り扱いが難点となる。

(3) 研究開発委託対価等条件

　研究開発委託対価等委託条件は、案件ごとに設定されることになる。ただし、研究開発の成果である発明、著作物等の帰属については、特許法、著作権法の原則及び契約により具体的に決定される。特に、研究委託対価とは別に、特許を受ける権利、財産権としての著作権の帰属については、契約書で特掲しておくことが必要不可欠なことである。

2 研究開発委託契約における主要事項

　研究開発委託契約は、アウトソーシング契約の代表的契約である。研究開発委託契約における主要事項は、研究開発内容、研究開発成否の認定、成果の帰属と成果の実施等である。

＜法制度上、戦略上の視点＞

　研究開発委託契約は、アウトソーシング契約の中で重要な位置を占める。法的、戦略的に最も重要な問題、課題は、研究開発成果に関する知的財産権の帰属と利用に関する問題である。

① 発明者の認定

特許法には発明者の定義が存在しない。技術課題の実質的解決者が発明者である。委託者と受託者の関わり方によって決定する。
② 　特許を受ける権利に関する特許法の原則と契約による処理
　発明者（自然人）が原始的に特許を受ける権利を取得する。特許を受ける権利は移転することができる（特許法33条1項）。委託者と受託者の協議により決定する。
③ 　特許出願かノウハウキープか
　特許を受ける権利が共有に係るときは、各共有者は、他の共有者と共同でなければ、特許出願をすることができない（特許法38条）。また、戦略的判断が必要である。
④ 　共同発明、共有権利の場合
　委託者と受託者の共同発明、共有権利の場合、特許出願（特許法38条）、特許発明の実施（特許法73条）について協議して決定する。
⑤ 　著作物の場合の著作者、法人著作（職務著作）
　研究開発成果が著作物である場合、著作者の認定、特に、法人著作（著作権法15条）が重要である。なお、著作者の権利のうち著作者人格権は一身専属で、譲渡不可能である。
⑥ 　研究開発成果の利用
　研究開発成果に関する知的財産権が受託者に留保されている場合、その利用に関し、委託者と受託者間で明確な契約を締結しておくことが必要である。

3　研究開発委託契約文例

研究開発委託契約書

　○○株式会社（以下甲という）と○○株式会社（以下乙という）とは、甲が○○分野に関する専門メーカーであり、□□技術を利用した新製品（以下本件製品という）の企業化を進めており、乙が□□に関する独自の技術と経

験を有していることを考慮して、甲から乙に対して□□技術を利用した新製品の研究開発（以下本件研究開発という）を委託することに関し、次の通り合意に達し、本契約を締結する。

第1条（研究題目・内容）

　　　甲は、本件研究開発を乙に委託し、乙は、これを受託する。

　　（題目）本件製品の開発研究。

　　（内容）乙は、甲が示す仕様を満足する本件製品の試作品を製作し、さらにこれを商品化するための技術を確立する。

第2条（研究費用・期間）

　　　乙は、本件研究開発を次の条件で実施する。

　　（研究費用）金○○円

　　（研究期間）平成○年○月○日から○年間

第3条（費用の支払い）

　　　甲は、前条に定める研究費用を、本契約締結後○日以内に、○○銀行○○支店の乙名義普通預金口座に振込んで支払うものとする。

第4条（第三者からの研究開発受託の制限）

　　　乙は、事前に甲の同意を得ることなしには、本件研究開発と同一の目的の研究開発を第三者から受託してはならない。

第5条（資料、情報の交換）

　　　甲は、本契約の有効期間中、甲が保有しかつ本件研究開発の遂行に必要な資料、情報を乙に開示するものとする。ただし、第三者との契約により秘密保持義務を負っているものについては、この限りではない。

　2．乙は、前項により甲から開示された資料、情報を本件研究開発の目的のみに使用し、その他の目的のためには使用しないものとする。

第6条（進捗報告）

　　　乙は、本契約の有効期間中、定期的に本件研究開発の進捗状況について、甲に通知するものとする。

第7条（成果及びその帰属）

本件研究開発の成果とは、本件研究開発により得られた成果のうち、本件研究開発の目的に直接に関係する発明、考案、創作、ノウハウなど一切の技術的成果をいう。
2．前項に定める本件研究開発の成果は、原則として甲に帰属するものとする。

第8条（成果の実施）
本件研究開発の成果に基づく本件製品は、甲が製造販売するものとする。

第9条（改良）
甲及び乙は、本契約の有効期間中及び終了後2年以内に、本件研究開発の成果に基づく本件製品に関し改良を行ったときは、遅滞なくその内容を相手方に通知し、その帰属及び取扱いについて、両者協議して決めるものとする。

第10条（秘密保持）
甲及び乙は、相手方から開示された資料、情報及び本件研究開発の成果並びに本契約に関連して知り得た相手方の技術上、営業上の一切の秘密を保持するよう万全の措置を講ずるものとし、事前に相手方の文書による同意を得た場合を除き、これを第三者に開示し又は漏洩してはならない。ただし、次の各号のいずれかに該当するものはこの限りではない。
(1) 相手方から開示される以前に既に保有していたもの。
(2) 相手方から開示される以前に既に公知だったもの。
(3) 相手方から開示された後に、自己の責に帰し得ない事由により公知となったもの。
(4) 正当な権限を有する第三者から開示を受け又は知得したもの。
(5) 本件製品を第三者に販売する場合に開示する必要があるもの。

第11条（解約）
甲及び乙は、相手方が次の各号の一に該当するときは、相手方にその改善を催告し、相手方が催告後10日以内に改善しない場合には、本契約

を解約することができる。
　　⑴　正当な事由なく本件研究開発の遂行に協力しないとき。
　　⑵　本契約の履行に関し、不正又は不当の行為のあったとき。
　　⑶　本契約に違反したとき。
　２．甲及び乙は、前項の場合のほか、いずれの責にも帰さない事由により、本契約を継続しがたい特別の事情が生じた場合には、両者協議の上、本契約を解約することができる。

第12条（損害賠償）
　　甲又は乙が本契約に違反したときは、それぞれ乙又は甲は、契約に違反した相手方に対して、被った損害の賠償を請求することができる。

第13条（有効期間）
　　本契約の有効期間は、〇〇年〇月〇日から〇〇年〇月〇日までとする。ただし、甲乙協議の上、合意が成立した場合には、有効期間を延長することができる。
　２．前項の規定にもかかわらず、第10条の規定は、本契約の終了後も効力を有するものとする。

第14条（協議）
　　本契約に定めのない事項又は本契約の解釈に疑義を生じた事項については、甲乙誠意をもって協議しこれを処理するものとする。

本契約成立の証として、本書２通を作成し、甲乙記名押印の上、各自１通を保有する。

　　　　　　　　　　　　　　　〇年〇月〇日
　　　　　　　　　　　　　　　甲：
　　　　　　　　　　　　　　　乙：

V-1-3 ライセンシングイン契約

1 チェックリストの利用

　特許・ノウハウライセンス契約を検討する場合、ライセンサー・ライセンシーそれぞれが、チェックリストを利用して戦略を整理する。その結果は、タームシート（Term Sheet）、すなわち、ライセンス契約条件概要書となる。

　ライセンス契約の実際においては、ライセンサーとライセンシーの考え方は、立場の違いにより顕著な差異があるのが一般的である。ライセンシーとしては、基本的には自己が事業化を計画する技術、製品については、自社で研究開発することになる。しかし、他人の知的財産権の存在や安全事業、コストパフォーマンス（時間を買う）等の観点から、知的財産権の保有者からライセンシングイン（実施権、使用権、利用権）することも考慮する必要が生じる。

　ライセンシングイン契約においてライセンシーとしては、次の事項については、次のように考える。

2 ライセンシーの考え方

(1) 当事者

　特許権者、ノウハウの保有者と契約するのが原則、それ以外の者（サブライセンス許諾権者）の場合不安定となる。したがって、サブライセンス契約の場合、主たるライセンス契約のライセンサーから、ライセンスの維持等について可能な保証を得ておくことを検討する。

(2) ライセンスの対象

　特許を受ける権利をライセンスの対象とする場合には、排他性がないので、特許権の場合よりも対価の支払い条件を厳格にする。

(3) ライセンスの種類

　ライセンスの種類には、専用実施権、独占ライセンス、ソールライセンス、通常実施権、非独占ライセンス等があるが、非独占ライセンスの場合に

は、同一対象についての他のライセンシーとの関係で、最恵待遇条項を入れる。

(4) ライセンスの範囲
ライセンスの範囲は、地域、内容、時間について特定される。ライセンシーとしては、ライセンス取得の方針に基づいて戦略的に規定する。

(5) 自己実施権の留保
独占的ライセンスの場合においては、ライセンサーの自己実施権が留保される場合とされない場合がある。留保される場合、実質的には非独占ライセンス的となり対価的条件を考慮する必要がある。

(6) 対価の種類、額
独占的ライセンスの場合、一般的には最低実施料（ミニマムロイヤルティー）規定が入るが、実施計画に基づく努力目標とする規定とし、目標未達成の場合、非独占的ライセンスに変更する規定とすることを考慮しておく。

(7) サブライセンス許諾権
ライセンシーの関係会社等へのサブライセンス許諾権は明示しておく。サブライセンス許諾権は、専用実施権でも特許権者の承諾が必要であり（特許法77条4項）、通常実施権、非独占ライセンスの場合ライセンサーの承諾が必要であるので、可能であれば、契約締結時に、サブライセンス許諾権を規定しておく。

(8) 実施権の維持義務
ライセンサーの実施権維持義務は基本的、本質的義務であるが、確認的に規定しておき、その義務違反につき、契約不履行、契約違反として損害賠償予約等まで規定しておく。なお、許諾特許権について、ライセンサーが第三者からの無効審判請求に対して、訂正審判を請求する場合には、特許法127条の規定により、ライセンシーの承諾が必要であることを契約書上確認的に規定しておく。

(9) 改良発明等の取扱い
ライセンシーの許諾特許、許諾ノウハウの改良技術、改良発明は、元来ラ

イセンシーに帰属するものでありアサインバック、共有バック、独占的グラントバック等は不公正な取引方法に該当し、独占禁止法に違反することとなる場合が多いので規定しない。なお、フィードバック、非独占的ライセンスのグラントバック等については、合理的な条件の基で規定してもよい。

(10) 競合技術等の禁止

ライセンシーの競合技術等の禁止は一般的に不公正な取引方法に該当し、独占禁止法違反に該当することとなるので規定しない。

(11) 実施権の登録

専用実施権は、登録が効力発生要件であるので当然のこととして、通常実施権についても第三者対抗要件であるので登録について規定する。登録規定が約定できない場合は、実施権維持義務違反に対する損害賠償規定を約定する。なお、実施権の包括的登録制度の利用も検討する。

(12) ライセンサーの保証

ライセンサーのライセンシーに対する保証問題は、①技術的効果の保証、②許諾特許の有効性、許諾ノウハウの秘密性の保証、③第三者権利非侵害性の保証等があり、それぞれ手続的、経済的対応が内容である。ライセンシーとしては、それぞれについて適切な規定を約定する。なお、中国の「中華人民共和国技術輸出入管理条例」にはこれらについて、ライセンサーの完全な保証義務を規定している。

(13) ライセンシーの実施義務

ライセンシーの原案には規定しないのが一般的である。しかし、専用実施権独占ライセンスの場合には、最低実施料条項が規定される場合が多いので、実質的な実施義務の効果を有する。

(14) ライセンシーの不争義務

ライセンシーの不争義務規定は、場合によっては不公正な取引方法に該当し、独占禁止法に反することとなるので絶対に規定しない。なお、ライセンシーが保有する、許諾特許に関連する特許権についてライセンサーに対し、権利行使を行わない義務、いわゆる非係争義務も独占禁止法に反することになるので絶対に規定しない。

(15) 秘密保持義務

ライセンシーの原案では双務的に規定する。

(16) 下請の禁止

ライセンシーの下請発注に基づく下請者の実施は、特許ライセンス契約の場合、特許の実施行為に該当しない考え方に従って、下請禁止については規定しない。なお、ノウハウライセンス契約の場合、秘密保持義務を考慮した規定を考慮する。

(17) 販売価格等の制限

販売価格等の制限は一般的に独占禁止法違反であり、規定しない。

3 ライセンス契約における主要事項

ライセンシングインの知的財産ライセンス契約は、ライセンシングアウトの知的財産契約と同一の事項を検討して締結する。したがって、ライセンスの許諾を受ける側（ライセンシー）の立場からの知的財産ライセンス契約の検討となるが、詳細は後述のライセンシングアウトにおける知的財産ライセンス契約を参照する。

ライセンシングインの知的財産ライセンス契約は、ライセンスの許諾を受ける側（ライセンシー）の立場からライセンス契約書が検討される。詳細は、後述のライセンシングアウトの契約書文例と同様であり、内容的にはライセンシーの立場から検討することになる。

＜法制度上、戦略上の視点＞

アウトソーシング契約の一つとしての他から知的財産に関するライセンスを取得する契約、すなわち、ライセンシングイン契約においては、ライセンシーとしては、ライセンサーの特許保証問題、例えば、ライセンス許諾特許の実施に対して第三者から権利主張された場合にライセンサーから経済的、手続的保証を受けたいが、どのような内容で保証を受けられるかが、法的な問題として、また契約条件として極めて重要な事項である。

> 一方、ライセンサーからライセンシーに対して、ライセンシーの改良技術に対するグラントバックの要求、許諾特許に関する不争義務の要求、ライセンシー保有の知的財産権に関する非係争義務の要求等がされる場合がある。
>
> これらの問題については、法的、戦略的に、WIN-WIN 的に対応することが望まれる。

V-1-4 M&A

1 はじめに

　M&A（Mergers and Acquisition）は、いわゆる、既存の企業の買収で、典型的なヘッドスターター、垂直立ち上がりのオープンイノベーション手段であるといえる。

　M&A で最も重要なことは、買収対象企業の評価である。すなわち、精査（Due Diligence）において経済的、法的、取引的な価値を適切に行うことである。

　買い取側と売り渡し側に共同発明者が分かれる場合、権利処分問題、相当の対価問題等が生じる。

2 M&A とエスクロウ契約の留意点

　M&A（Mergers and Acquisitions）においてエスクロウ契約（Escrow Agreement）が検討、締結されることがある。

　M&A の実務において、売り手側としては、売買契約調印までの交渉において、トレードシークレット等を考慮してより高値で売却しようと試みる。すなわち、秘密保持契約（Secrecy Agreement）を締結していても真に価値ある情報、例えば、製造ノウハウ、顧客リスト等については売買契約締結以前には開示したがらない。もし売買契約が不調に終わった場合には、以後のビジネスに重大な悪影響を及ぼしかねないからである。特に、交渉相手が同業又は競合関係にある場合には、それが顕著である。

そこで、売り手側は、エスクロウ契約の締結とエスクロウ金を要求する。このエスクロウ金はトレードシークレットの開示料等である。
　この場合買い手側としては、売買契約が不調に終った理由、原因について精査し、適切な対応をとることが望まれる。

3　M&A契約書の主要事項

　M&A（Merger and Acquisition）は、いわゆる「企業買収」で、類型としては、買収企業の株式を購入する株式買収方式（Stock Purchase方式）と買収企業の資産の中から必要なものを購入する資産買収方式（Asset Purchase方式）がある。
　M&A契約書の主要事項としては、買収基本条件、精査（Due Diligence）、クロージング（Closing）等である。

＜法制度上、戦略上の視点＞

　M&A契約における法制度上、戦略上の検討課題は多種、多様に存在する。知的財産問題の観点からは、買収対象企業が第三者と締結していた知的財産契約の承継問題、そのことも含めて買収対象企業が保有している知的財産の価値評価問題、暖簾（Good-Will）の価値評価、及びその償却処理問題等が重要である。
　イノベーション・オープンイノベーションの視点からのM&Aは「時間を買う」的に自社で技術開発を行う時間と費用を他社技術から獲得し、ヘッドスターター（Head Starter）の地位を得ることが主な目的である。M&A取引において売り手側の情報は、総じてトレードシークレット、ノウハウ・営業秘密であり、交渉において、その取り扱いが売り手側、買い手側にとってそれぞれの立場ごとに重要である。
　トレード・シークレット（ノウハウ、営業秘密）は、排他権による保護ではなく、行為規制的保護対象である。したがって、M&A取引交渉において、売り手側から開示される情報については、秘密保持契約及びエスクロウ契約（Escrow Agreement）等によって秘密管理を徹底

し、契約に基づいた対応を取る必要がある。
　一方、戦略上の視点からは、エスクロウ金をどのように設定し、M&A取引が不成立となった原因についても、その責任主体を明確に定めておく必要がある。売り手側の責任により取引が不成立となった場合は、エスクロウ金は預託者である買い手側に帰属することとしておく必要がある。

V-2　相互補完契約

　共同研究開発、クロスライセンス、技術（業務）提携、ジョイントベンチャー、産学連携
- 成果の帰属、成果の利用、役割分担、第三者との共同研究開発
- 相互補完、IP（知的財産）ポートフォリオを拡大
- オープンイノベーションの典型

V-2-1　共同研究開発契約

1　共同研究開発契約の意義
　共同研究開発契約とは、当事者双方が新技術又は新製品の研究開発行為を共同で遂行することを約する契約をいう。当事者の一方のみが研究開発行為のすべてを遂行することを約する研究開発委託（受託）契約と区別される。
　共同開発契約の3要素は、契約当事者、研究開発の対象、共同遂行ということである。

2　共同研究開発契約上の法的問題と実務的対応策
　企業経営の多角化、企業活動の業際化等の進展研究開発費の増加等により、一企業単独ですべての研究開発を成就する状況ではない。そこで、共同研究開発の重要性が顕著になっている。共同研究開発を成功裏に収めるため

— 164 —

には、共同研究開発の基本的な戦略や考え方を整理し、共同研究開発契約に適切かつ戦略的に対応する必要がある。そのためには次の項目における個別の問題や具体的な検討事項を押さえておくことが必要不可欠である。

① 共同研究開発基本戦略

　基本戦略の明確化が契約交渉・契約内容の基本である。

　研究開発あるいは共同研究開発が錯綜する中においては、専念義務という考え方がある。専念義務は実務的に2つあり、1つ目は、その当事者間以外とは同じようなテーマについての共同研究開発契約関係に入らないこと。2つ目は、いったんその共同研究開発に入ったならば、それに専念して力を分散しないこと、である。

　第三者と共同研究開発することについて相手方から制約がない場合、あえて積極的に踏み込んで「制限を受けない」趣旨の規定をするケースも当然あり得る。むしろ何も規定しないと信義誠実の原則に反する、あるいは秘密保持義務に違反する危険があるということで、お互いの疑心暗鬼が懸念される。

② 共同研究開発の相手方

　グループ経営、カンパニー制、ジョイントベンチャー、企業提携等々が速いスピードで展開している昨今の複雑な企業形態の中で、数年にわたる共同研究開発の相手方の選択は非常に重要であり、戦略の基本となる。

③ 共同研究開発契約の形態

　共同研究開発契約には、本来の共同研究開発契約のほかに研究委託契約に近いもの、あるいは親会社・子会社による、形式上共同研究開発の形をとるものなどを含めてさまざまな形態がある。

④ 契約交渉と契約内容

　契約交渉は、独り勝ちでは交渉を成功裏に収めたことにはならない。相手方も勝ち、当方も勝つ、いわばWin-Winが大前提である。当方が勝たずに相手方だけが勝つ、当方だけが勝ち相手方が勝たないというのは不公正な関係である。いずれにしても、契約交渉は非常に重要である。その結果が契約内容につながる。交渉に臨む際には背景、ポリシー、力関係など

を考慮することによって契約内容が作り込まれるのである。

⑤ 共同研究開発の成果の帰属と利用

　共同研究開発契約の内容で最も重要な事柄は、共同研究開発の成果の帰属と利用問題である。特に、知的財産問題が重要である。知的財産問題は、共同研究開発契約を法的に検討する場合の中心的な問題であり、特許だけでなく著作物やノウハウについても重要である。

　共同研究開発契約では秘密保持が基本的義務になる。開発成果の帰属について、課題の設定と課題の解決という形で象徴的に整理してみる。例えば、A社とB社による契約において、課題の解決に当たるのは役割分担によりB社だけである。A社は発明者要件となる課題の解決には従事しない。その場合、B社単独で特許出願できるのだろうか。特許法の原則ではそれが許される。しかし、仮にその発明の内容について、課題設定の段階でお互いにディスクローズした情報を含むような場合、日本の現在の制度では特許出願後1年6カ月後に公開されることになる。その事情を考慮すると秘密保持義務あるいは基本的な義務として、パートナーの了解を得ておく必要がある。

　したがって、単独発明であるから特許を受ける権利が単独帰属という規定があるからといって、特許出願するときには、秘密保持義務の観点から注意を要するわけである。いずれにしても、開発成果の帰属、出願等について重要事項を明確に規定した内容にしておかなければならない。

⑥ 共同研究開発成果の事業化契約

　共同研究開発契約は、研究開発成果の事業化が目的であり、共同研究開発契約締結の段階で、成果の事業化についても取り決めておくことが一般的には望まれる。したがって、共同研究開発契約に事業化契約を添付するか、少なくとも事業化についての基本的事項を共同研究開発契約に規定しておくべきである。

　日本の企業間においては、開発成果は特許法の原則を遵守しなければならない。共同で成果を出したもの、すなわち共同発明である場合、特約をしなければ事業化は各自自由にできる。ただし、事業化の段階で、子会

社、関係会社も含め、第三者にライセンス許諾する場合にはパートナーの了解が必要になる。

例えば、A社とB社で共同開発して共同成果が出た。単独発明ではなくて共同発明である。お互いに各自単独の事業化は自由に実施できる。ただし、Bの子会社B'がその事業化を担当しているような企業形態の場合、100％所有の子会社には法人格否認の法理が働き、無断でOKというわけにはいかない。

共同研究開発契約書の中で「この契約の解釈運用においては、各当事者の50％超の子会社・関連会社についてはこの契約の当事者とみなす」と規定しておけば別だが、そうでない場合には相手方の確認が必要となる。共同研究開発の成果が相手方単独発明の場合には、事業化の段階で交渉しておく必要があるわけだが、共同成果、共同発明の場合でも注意を要するわけである。

⑦ 共同研究開発契約の管理（規制法、終了後の措置等）

共同研究開発契約を検討する際には管理面からの問題もあり、とりわけ独占禁止法との関係を押さえておく必要がある。そういう意味において、平成5年に公正取引委員会が公表した「共同研究開発に関する独占禁止法上の指針」が参考になる。

3 共同研究開発のメリット・デメリット

共同研究開発のメリット・デメリットは必ずしも固定的ではないが、一般的に次の諸点を挙げることができる。

(1) メリット

① 研究開発の効率化

戦略的提携も含めて、当事者双方の技術知識・発想の相乗効果等欠かすことができないことがメリットである。

② 当事者の技術力、人力の相互補完

企業活動の業際化の進展による技術力、人力の相互補完の具体的なメリットは大きい。

③ 研究開発費用の軽減

　企業経営においてはリスクマネジメントがさまざまな面から議論されるが、費用の面がその最たるものであろう。一般的には同等の成果を達成する費用を半減することができる。

④ 研究開発期間の短縮

　①と②の効果が研究開発期間の短縮につながる。結果的にヘッドスタートが切れる。

⑤ 研究開発の成果の事業化における相互補完・新規分野への参入

　新規分野、不得意分野への参入の際に、パートナーの効果が期待できる。

(2) デメリット

① 研究開発戦略の複雑化

　共同研究開発は、複数企業が共同で技術開発、製品開発をするため、単独企業の思うままにはいかない複雑さが出るわけである。パートナーの同業他社、あるいは同種テーマについて制限を受けることが多く、そして、実際には、情報系の場合は特に、制限の範囲の特定が難しい場合が多いため第三者との提携の禁止については、実務的には慎重に考慮すべき要素を考えることが多い。要は、研究開発戦略が複雑化する現況に鑑み、パートナー戦略についても十分承知しておくべきである。

② 研究開発成果の非独占化

　研究開発成果は原則として、当事者双方の共有となる。共同研究開発の成果を知的財産、知的財産権の観点から分類をするに当たって、大きく分けて3つの要素に考えておくべきである。第一は言うまでもなく特許の世界、第二は著作物の世界、第三はノウハウである。

　特許の世界では、特許、実用新案、意匠の範囲までを特許（パテント）と称して、考えるのが一般的である。共同発明かどうかは課題を設定して、それが解決したか否かによって決まる。特許法では発明者とは何かについての規定がない。しかし契約自由の原則とはいっても、発明者でない

者を勝手に発明者とすることは許されない。いずれにしても発明者は自然人のみ、そして、発明者は総合的に技術課題の解決者、という2つの要件が重くのしかかるのであり、非独占化の典型的性格がそこに見られるのである。

共同研究開発契約に基づいて発明が共同で行われた場合、原始的にはA社とB社の研究者の共有になりA社とB社が、それを譲り受けることによりA社とB社の共有となる。共有になれば単独実施はできるが単独での第三者へのライセンス許諾はできない。

共有になっている権利は、仮に持ち分の特約がない場合には50：50が想定されるが、持ち分の譲渡ができないとすれば、いかにして資産評価をし、ライセンスするのか。このように共同研究開発については、特許だけを見てもこれだけの問題がある。それは非独占化という性質の究極の問題でもある。

特許の世界では法人発明制度は認められておらず、その観点からは、著作物の世界とは異なる。著作権法制においては無方式主義の原則に加えて法人が著作者になり得るという制度が用意されている。ただし、その要件として、以下の4つが挙げられている。①法人の発意（企画・決定）に基づき、その指揮のもとで著作物を制作すること、②法人の業務に従事する者が職務上制作すること、③法人の名前で公表されること（プログラムの著作物の場合はこの要件は不要）、④従業員に制作を任せるときの契約や勤務規則などで、この規定と異なる定めがないこと。このような著作物については、法人が著作者になり得るのである。

2法人による共同研究開発において、法人格を有しない代表者又は管理人の定めのあるものである場合も含めて、法人著作が成立する要件は何かという問題がある。仮にそれが成立するとしても、いかなる形で共同研究開発当事者が著作者になり得るのか、という点に注意する必要がある。

ところで、知的財産基本法では知的財産と知的財産権を定義している。その知的財産権に著作権を入れているが、著作権法では17条において、「著作者の権利」のうち財産的な権利を著作権とし、人格的な権利を著作

者人格権としている。いずれにしても法人著作の場合には財産権としての著作権のほかに、人格権としての著作者人格権を含めて、法人が著作者の権利を持つ。また、「法人の発意に基づき」という規定があるが、もし共同研究開発のように法人が複数ある場合、この「発意に基づき」をどのように整理するかという問題も含んでいる。このように無方式主義の著作権法制について、非独占化という問題は、かなり複雑な世界を担っているといわざるを得ない。

③ 研究開発成果の利用についての法的諸制約

　共同の成果を共有に帰属すると取り決めた場合、特許について単独出願はできないし、著作者の権利も単独でライセンスできない。著作者人格権の部分はパートナーの了解を得てもライセンス許諾することはできない。著作権法で著作権の行使という場合、一般的にはライセンス許諾を想定する。侵害排除、あるいは損害賠償請求については別の規定に基づく考え方を取る。特許の世界で権利行使という場合、侵害排除等を主として想定しているが、著作権法の規定では、別条を用意している。実務においては、多少そういう事情を考慮しておく必要があるだろう。

④ 研究開発成果の事業化の複雑化

　成果を事業化することについて、共同研究開発契約に事業化の規定を入れて締結する場合が多いが、事業化契約まで規定しないケースもあるだろう。事業化契約というよりも事業契約だと考えてみよう。事業契約とは違って、事業化契約においては実務的に極力詳細な条文に入れ、充実させることが必要である。特に特許やノウハウや著作物が単独又は共有でも、子会社にそれを実施させたいなどの場合には、事業化の段階における基本的な事項についてできるだけ多く書き込んでおくことが必要になる。規定にない問題が生じた場合、特許法の原則がそのまま適用されてしまうからである。また、ノウハウのように基本的義務だから単独では第三者にライセンス許諾できない案件について事業化あるいは事業契約については、極力、規定すべきものを詳細に織り込むべきである。あるいは別紙を添付するやり方もある。あたかもオプション契約におけるライセンス契約の添付

に近いような状況になる。

⑤ 研究開発成果の管理面の複雑化

共有にかかる特許権の管理、第三者への実施許諾、秘密情報管理等が複雑化する。

共同研究開発契約では秘密保持義務は基本的な義務である。特許出願等をする場合でも、相手方からディスクローズされた情報については秘密保持義務を考慮する必要がある。

成果の実施について、特許を強く意識しているが、共同研究開発契約を検討する場合、知的財産又は知的財産権が明確に定義されたことも考慮して、著作物やノウハウについても明確に規定すべきである。成果の実施以外においても特許法の原則あるいはそれを推定するノウハウや一般的な技術について、契約による特約の作り込みが重要である。

有効期間について、共同研究開発契約では契約期間を1年、2年、3年という形で規定するのが一般的である。期間の定めのない契約は一般的ではない。一方、合弁契約のような場合は、むしろ期間を定めないのが一般的である。この場合には自動延長方式、協議延長方式、残存規定の問題が考慮されるべきである。

改良について、ライセンス契約においては重要な問題だが、共同研究開発契約においてはそれほど問題ではない。

4 共同研究開発契約の交渉とチェックポイント

(1) 共同研究開発契約の交渉

① 共同研究開発に関する戦略の検討・策定

共同研究開発契約において、その成果が単独発明の場合に、パートナーから見て、共同開発成果の事業化についてどのような位置づけを確保しておくべきかは、交渉における重要な部分である。基本方針としてその点を最初から明確にしておかないと、例えば、この成果が共同発明で特約がなければお互い自由に事業化できるとした場合でも、B社が子会社B'会社に事業化を担当させたいと考えても、原則として、勝手にはできないので

ある。特に、単独発明の場合には、特許を受ける権利の共有化、及び単独所有の場合における事業化段階における当事者間のライセンス許諾契約等について定めておく必要がある。

② 契約の交渉

そういう意味で、契約交渉の場において基本的な戦略あるいは基本的・法的な問題点を、契約でどれだけ織り込むか、交渉の重要なポイントになるわけである。

(2) 共同研究開発契約のチェックポイント

① 共同研究開発の形態及び情報交換と秘密保持

共同研究開発の形態については、いろいろのバリエーションがあり、特に昨今の経営形態の多様化によりその傾向が顕著となっている。そのことを考慮した適切な対応が望まれる。また、情報交換と秘密保持については、きちんとした秘密情報管理規程あるいは情報セキュリティ管理規程を持っていない会社をパートナーに選ばないことである。そういう管理体制では、営業秘密の要件を基本的に満たさないからである。

秘密条項にはマル秘、社外秘、極秘などのような区分をするケースがある。そして区分ごとに、アクセスする人に対する対応ルールなど、管理システムが決まっている。最近は情報セキュリティーポリシーに基づいて、秘密情報管理よりもはるかに多面的なルールを設けるのである。

したがって、共同研究開発のテーマにアクセスすることができる個人を限定し、共同研究開発契約書に確認書のような形で添付することが望ましい。変更があった場合は、それを通知した上で確認書を差し替えるのである。

② 役割分担及び費用負担

例えば一方が構造を担当し、一方が評価を担当する、あるいは一方が材料や部品を担当し、一方が製品全体を担当する、いずれにしても実質的な研究開発に両方で絡むことが前提であるが、あるいは材料と製品、部品と製品というような分担で、その発明が単独で生じるような場合には、成果物は共有化しておくべきであろう。

問題は部品・材料面から全体の製品を考慮して共同研究開発するとき、成果が製品のような形で現れる場合、部品メーカーとしては、その成果の事業化については各自自由に行ってもよいとされたとしても、製品という形の成果では事業化せず、部品・材料という形で事業化することを、当然意図するだろう。その場合、製品メーカーに部品・材料を提供している部品メーカーとしては、第三者への販売が自由でないならば、自社における共同研究開発の意義は何か、分からない状態になってしまうからである。

③　共同研究開発の実施

　共同研究開発の実施については、施設の利用、記録・議事録・研究開発ノートの作成、第三者の関与、同種共同研究開発の第三者との実施等種々の問題がある。

　共同研究開発の成果かどうか具体的に認定するときに、研究開発ノートやメモランダムが重要な役割を果たす。成果の帰属の大前提になるところである。

④　成果の帰属

　成果の帰属については、特許法29条1項で「産業上利用することができる発明をした者は……その発明について特許を受けることができる」と規定している。発明した者でない人は特許を受ける権利を原始的には持てないことになる。すなわち、共同研究開発の成果たる発明は、共同研究開発パートナーの発明者に帰属し、たとえ共同研究開発のパートナーであっても、発明者でない者は発明者からその特許を受ける権利の一部あるいは全部を承継しない限り権利者たり得ない。特許法には発明者の定義規定はないが、要因として考えられることは、課題を解決した者で、その確認が必要だということになる。

　発明については、「特許を受ける権利は、移転することができる」（特許法33条1項）。したがって、共同研究開発の成果の帰属については、仮に単独発明になった場合でも、評価という面からの費用負担を考慮し、一部譲渡をして共有にすることが一般的である。そのとき法人は発明能力がないわけであるから、法人に所属する自然人、すなわち従業員たる研究者・

技術者の特許を受ける権利を、共同研究開発の当事者である2社に同時かつ関係者全員で譲渡書を作って特許を受ける権利を譲渡する方法がある。そのことを不明確にしておくと、共同研究開発契約における発明の取り扱いは、各社の職務発明規程のみでは処理できず、特許を受ける権利が持ち分ごとに、他社の発明者との共有関係になってしまうことがあることを考慮しておかなければならない。

共同発明の特許出願は、「特許を受ける権利が共有に係わるときは、各共有者は、他の共有者と共同でなければ、特許出願をすることができない」と規定されている（特許法38条）。

発明者という定義では、現在の特許法では自然人しか認めていない。著作者については法人著作を認めている（著作権法15条）ので、著作物の場合、著作者人格権の問題を配慮する必要がある。したがって、共同研究開発の当事者たる両社のaさんbさんと両社の間で特許を受ける権利の譲渡契約が必要になる。また、著作物の場合も同様である。

⑤　成果の実施

特許法は、「特許権が共有に係るときは、各共有者は、契約で別段の定めをした場合を除き、他の共有者の同意を得ないでその特許発明の実施をすることができる」と規定している（73条2項）。

著作権法の規定も同じような文言であるが、「各共有者は、他の共有者の同意を得なければその持ち分を譲渡し、又は質権の目的とすることができない」と規定し（65条1項）、また「その共有者全員の合意によらなければ行使することができない」（65条2項）と規定している。この「行使することができない」という言い方は、ライセンス許諾を想定した規定である。侵害排除等については別条項で用意されているのである。

契約に基づく成果の事業化については、自己実施自由の原則に対して、当事者間の戦略的特約についての対応となる。

5　共同研究開発契約と職務発明

企業と企業の共同研究開発契約の場合において、共同研究開発の成果たる

特許を受ける権利（発明）が両企業の従業員の共同発明であるような場合に、各企業の職務発明規程がどのように適用されるか、また、両企業の従業員から特許を受ける権利をどのような手続（契約）で、どのような内容（帰属、対価等）で処しておくかを明確にしておく必要がある。

要するに、特許法35条の問題と、契約の問題を総合的に対処しておく必要がある。

なお、共同研究開発の成果は発明のほかにノウハウ、著作物もあり、それらについても検討整理する必要がある。

職務発明とは、「従業者、法人の役員、国家公務員又は地方公務員（以下「従業者等」という。）がその性質上当該使用者等の業務範囲に属し、かつ、その発明をするに至った行為がその使用者等における従業者等の現在又は過去の職務に属する発明」をいう。

職務発明について使用者等の特許を受ける権利の特許法上の取り扱いは、次の通りである。

① 職務発明について、従業者等がその発明について特許を受けたときは、その特許権について使用者等（企業等）に法定通常実施権が認められる（特許法35条1項）。この通常実施権の範囲は、業務範囲に限らず、また無償である。
② あらかじめ使用者等に、特許を受ける権利や特許権を承継させ、使用者等に専用実施権を設定することを定めることができる（予約承継）。

(1) 職務発明規程と共同研究開発成果の取り扱い

職務発明規程があるからといって、共同研究開発成果の取り扱いが万全というわけではない。契約上、あるいは職務発明規程を補完するような対応が必要になる。

(2) 共同研究開発の成果と特許法35条

共同研究開発の成果たる発明については、原始的には契約当事者たる両社の従業員aさんbさんと規定すれば明確になるが、特許を受ける権利は丸ごと財産権であるから、A社B社にどのように移管するのか約定する必要がある。

(3) 発明者（自然人）と共同研究開発の当事者（法人）の譲渡契約

発明者という定義では、現在の特許法では自然人しか認めていない。したがって、共同研究開発の当事者たる両社の従業員aさんbさんと両社の間で特許を受ける権利の譲渡契約が必要になる。

(4) 特許法35条の「相当の対価」の運用

発明者と法人の間の契約や職務発明規程による決定される。

共同研究開発契約の規定でどのように定めるべきかというような問題を含んでいることを考慮する必要がある。

(5) 共同研究開発の当事者（法人）の法定通常実施権

「相当の対価」を考慮する以前の問題として、特許法35条の規定に基づき、当事者（法人）に法定通常実施権が認められている。そして各企業の職務規程には、特許を受ける権利の譲渡を明記されているケースが多い。したがって当事者同士の契約的な処理が必要になる。

6 共同研究開発契約の調印

企業活動の業際化の進展、技術革新の進展、研究開発費の増大等により、他との共同研究開発の必要性が増大している。

共同研究開発を成功させるためには、共同研究開発契約に適切・戦略的に対応することが必要不可欠である。そして、共同研究開発の成果たる知的財産権については、複雑な法律問題や契約に基づく特約の問題が多種多様に存在する。

共同研究開発契約は、以下の項目を考慮した契約書を起案し、当事者間の交渉を踏まえて調印する。

6-1 契約の主要条項の検討

(1) 契約の目的

共同研究開発のきっかけは、相互補完、リスクの分散等である。

(2) 費用分担

一般的に共同研究開発契約における費用負担の方法には、次のようなものがある。

① 各当事者が、自己の開発分担において発生した費用を負担する。
② 共同研究開発において発生した費用を各当事者が均等に、又は、比率を決めて負担する。
③ 共同研究開発において発生した費用を一方当事者が全額負担する。なお、他方当事者は費用負担以外の義務を負担する。

(3) 秘密保持

共同研究開発契約においては秘密保持が極めて重要な事項である。相手方から開示を受けた情報については、原則として事前に相手方の書面による同意を得ない限り第三者に開示、漏洩してはならないことを規定し、また、秘密保持、情報の流用禁止の観点及び専念義務の観点から第三者への委託の禁止規定、第三者との共同研究開発の禁止規定を設ける。

(4) 産業財産権

共同研究開発により生じた発明、考案、意匠の創作などの取扱い方法については、次のようなものがある。
① 発明、考案、意匠の創作などが、相手方から開示された情報に基づかず、各当事者により独自になされた場合には、その当事者に産業財産権を受ける権利が帰属する。
② 共同研究開発においては、発明、考案、意匠の創作などは、一般的に両当事者が複雑に関与していること及び共同研究開発に対する両当事者の立場などを考慮して、共同研究開発の成果たる産業財産権を受ける権利は両当事者の共有とする場合が多い。
③ 共同研究開発の成果たる産業財産権を受ける権利の帰属については、その都度両当事者協議を行い、発明者、考案者、意匠の創作者などを確認し、その帰属を決定することとする。

(5) 成果の実施

共同研究開発の成果の事業化について、どのように規定するかについては、次のような方法がある。
① 共同研究開発契約には具体的な内容を規定しないで、別途当事者間で合意書を取り交わす。なお、共同研究開発の成果については、特別な取り決

めを行わず、両当事者が各自自由に事業化できるとする場合もある。
② 共同研究開発の成果の事業化については、たとえば、一方当事者が製造を担当し、他方当事者が販売を担当するなど、原則的な事項のみ規定する。
③ 事業化について、原則的な事項だけでなく詳細事項についても規定する。

(6) 有効期間

共同研究開発契約の有効期間は、研究開発の対象、課題によって長短を決定することになるが、研究開発の遅延などにより有効期間を延長する必要が生じる場合もある。

有効期間の延長方式には、両当事者双方から特段の異議がない場合に、自動的に延長される自動延長方式と、両当事者の協議による合意が成立した場合に、契約内容を見直すなどして延長する協議延長方式とがある。なお、共同研究開発契約の終了後もなお効力を残存させる、いわゆる残存規定を設けることもある。

(7) 改　　良

共同研究開発の成果たる技術・製品の改良については、共同研究開発の成果を利用している場合が多いことを考慮して、その帰属及び取扱いについて、両者の協議により決定することとする。

(8) 解約及び損害賠償

解約及び損害賠償の規定は、契約違反の抑止効果を考慮して、確認的に設ける。なお、損害賠償の規定の内容については、民法420条の「賠償額の予定」を規定する場合もある。

6-2 オープンイノベーションの観点からの共同研究開発契約対応

(1) 共同研究開発契約の交渉

① 共同研究開発に関する戦略の検討・策定
- その共同研究開発の位置付け
- どのような考え方、方針で、取り組むのか

② 契約の交渉

- 共同研究開発体制成立までのプロセス
- 交渉の段取りと進め方
- 交渉の実際

(2) 共同研究開発契約のチェックポイント

① 共同研究開発の形態
- 同一施設で共同で行う（共同遂行型）
- 双方が役割を分担して個々に、異なる場所・施設で行う（独立遂行型）
- 新たに研究開発組織を設立して行う（合弁事業型）
- その他

② 情報交換と秘密保持
- 情報開示の範囲
- 事前の秘密保持契約
- 情報へのアクセス者の制限
- 秘密保持義務と特許出願

③ 役割分担
- 研究開発行為自体の役割分担
- 研究開発行為と費用負担の分担

④ 費用負担
- 研究開発費の均等負担
- 研究開発行為の分担に従った負担
- 一方当事者が全額負担

⑤ 共同研究開発の実施
- 施設の利用
- 記録・議事録・ノートのサイン
- 第三者の関与
- 同種共同研究開発の第三者との実施

⑥ 成果の帰属
- 共同研究開発の成果の決定
  共同研究開発の成果であるか否かを決定する。

特に当事者の既存の技術、一般に公知（Public Domain）の技術との区別又は、それを包含する場合には注意深く決定する。
- 成果の帰属についての原則―――特許法の規定

共同研究開発の成果は、特許法の規定を参考にして帰属を決定するのが原則。特許法は「産業上利用することができる発明をした者は……その発明について特許を受けることができる」と規定している（29条1項）。すなわち、共同研究開発の成果たる発明（特許を受ける権利）は、共同研究開発パートナーの中の発明者に帰属し、共同研究開発のパートナーであっても発明者でない者は、発明者からその権利を承継しないと特許を受けることができないのである。

- 発明者（成果帰属者）決定基準

課題設定行為だけではなく、完全な課題解決行為を行った者である。なお、著作物に関しては、著作権法15条の要件を満たす場合には、法人が原始的に著作者になるので、共同研究開発の成果が発明である場合と対応が異なる。

- 契約に基づく成果の帰属

共同研究開発の成果は、発明だけではなく、いわゆるノウハウ（Know-How）等も重要である。また発明については、「特許を受ける権利は、移転することができる」（特許法33条1項）。したがって、共同研究開発の成果の帰属については、契約によって定めることができる。なお、特許法33条3項は「特許を受ける権利が共有に係るときは、各共有者は、他の共有者の同意を得なければ、その持分を譲渡することができない」と規定している。

したがって法人間の共同研究開発契約において、両者の従業員たる研究員による研究成果が共同発明である場合、各研究者の所属会社の職務発明規程に基づく、持分の所属会社への帰属には、共同発明者の同意が必要となる。法人間の共同研究開発契約においては、そのことについて配慮しておく必要がある。

- 共同発明の特許出願

共同発明について特許法は、「特許を受ける権利が共有に係るときは、各共有者は、他の共有者と共同でなければ、特許出願をすることができない」と規定している（特許法38条）。

　したがって、共同発明の場合発明者の1人が、1）コストパフォーマンス、2）技術革新のスピード、3）パテンタビリティー等を考慮して特許出願を拒否する場合には、その共同発明は特許出願することができない。

⑦　成果の実施
　・特許法の規定
　特許法は、「特許権が共有に係るときは、各共有者は、契約で別段の定をした場合を除き、他の共有者の同意を得ないでその特許発明の実施をすることができる」と規定している（特許法73条2項）。ただし、「特許権が共有に係るときは、各共有者は、他の共有者の同意を得なければ、その持分を譲渡し、その持分を目的として、質権を設定し、その特許権について専用実施権を設定し、又は通常実施権を許諾することができない」（特許法73条1項、3項）。これらの場合、「契約での別段の定め」による各自自由実施に対する制約と「他の共有者の同意」による単独ライセンス許諾権をどのような条件の基に定めるかが極めて重要である。

　・著作権法の規定
　共同著作物については、著作権法は、「各共有者は、他の共有者の同意を得なければその持分を譲渡し、又は質権の目的とすることができない」（著作権法65条1項）、また「その共有者全員の合意によらなければ行使することができない」（著作権法65条2項）と規定している。

　・契約に基づく成果の事業化
　製造と販売の分担、部品と完成品の分担、一方当事者のみの実施等を契約で定める（自己実施自由の原則）。なお、第三者に実施許諾する場合の実施料収入の配分、一方当事者のみの実施の場合の利益の分配なども契約で定める（参考　中国特許法15条）。

⑧　契約期間・解約等
　・研究開発期間と契約期間（秘密保持規定の残存等）

- 解約時の措置（損害賠償請求、成果の利用等）

> **＜法制度上、戦略上の視点＞**
>
> 　相互補完効果を考慮したオープンイノベーションたる共同研究開発契約においては、重要な課題が沢山存在する。
> ① 　共同研究開発の相手、役割分担
> ② 　研究開発の目的
> ③ 　研究開発範囲、費用分担
> ④ 　発明者の認定、成果の帰属、特許出願とノウハウキープ
> ⑤ 　成果の実施、特に、大学と企業の共同研究開発契約、製品メーカーと部品・材料メーカーの共同研究開発契約においては、成果の実施問題については課題が多い。
> ⑥ 　第三者へのライセンス許諾、持ち分の譲渡（相手方の同意）
> ⑦ 　共有知的財産権に関する各共有者の利用、第三者に対する実施許諾、利用許諾問題、特に日本、米国、中国の共有特許権に関する制度的相違
>
> 　職務発明の相当の対価制度のために共同研究開発を回避、また、共同発明に関し、特許法73条問題に加えて、共有の特許を受ける権利、特に職務発明規程に基づく取り扱いの複雑さがイノベーション制約に、また、このことに関連して、M&Aがらみでも複雑な問題が生じる。
>
> 　日本の特許法35条に基づく職務発明制度は、日本企業が外国企業と共同研究開発を行う場合、職務発明に基づく相当の対価問題が弊害となる場合があるといわれている。
>
> 　職務発明に対する相当の対価を裁判所が事後的に決定するのではなく、予約承継方式による特許を受ける権利を会社に譲渡する段階で、発明の価値評価を行い、対価を決定し、「相当な対価」処理を行う方式を採用すれば企業経営の予見可能性が高まるといわれている。

6-3 共同研究開発契約書の文例

共同研究開発契約書

○○株式会社（以下甲という）と○○株式会社（以下乙という）とは、甲が長年の間○○の製造販売の業務に従事しており、この業務に関連して新しい○○の研究開発を意図していること、乙が○○に関する独自の技術と経験を有していることを考慮して、新しい○○の研究開発を共同で行うことに関し、次の通り合意に達し、本契約を締結する。

第1条（目的）
　　甲及び乙は、互いに協力して別に定める研究開発計画に基づき新しい○○（以下本件製品という）の研究開発（以下本件研究開発という）を行う。
第2条（研究開発の範囲と分担）
　　本件研究開発の範囲は、別に定める研究開発計画において定めるものとし、甲は主として本件製品の材料面からの研究開発を分担し、乙は主として本件製品の機能面からの研究開発を分担する。
第3条（第三者への委託）
　　甲及び乙は、前条に定める自己の研究開発分担の一部若しくは全部を、第三者に委託する場合には、事前に相手方の文書により同意を得なければならない。
第4条（資料、情報の交換）
　　甲及び乙は、本契約の有効期間中、各自が保有しかつ本件研究開発の遂行に必要な資料、情報を相互に開示し合うものとする。ただし、第三者との契約により秘密保持義務を負っているものについては、この限りではない。
　2．甲及び乙は、前項により相手方から開示された資料、情報を本件研究開発の目的のみに使用し、その他の目的のためには使用しないものとする。

第5条（研究開発費用の分担）

甲及び乙は、本件研究開発に要する費用を折半して負担する。なお、甲及び乙は、第2条に基づいてそれぞれが分担した本件研究開発の進行においては、各自がその分担部分に要する費用を負担し、本契約終了時に甲乙が均等負担となるよう精算するものとする。

第6条（進捗報告）

甲及び乙は、本契約の有効期間中、定期的に本件研究開発の進捗状況について、相互に通知し合うものとする。

第7条（第三者との共同研究開発の制限）

甲及び乙は、事前に相手方の同意を得ることなしには、本件研究開発と同一の目的の研究開発を第三者と共同で行い、又は第三者から受託してはならない。

第8条（成果及びその帰属）

本件研究開発の成果とは、本件研究開発により得られた成果のうち、本件研究開発の目的に直接に関係する発明、考案、創作、ノウハウなど一切の技術的成果をいう。

2．前項に定める本件研究開発の成果は、原則として甲乙の共有とする。ただし、甲又は乙が相手方から提供された資料、情報又は、相手方の助言、援助、協力によることなく単独でなしたものは、当該甲又は乙に単独に帰属するものとする。

第9条（産業財産権）

前条の規定に基づく甲及び乙の共有の成果についての特許、実用新案、創作などに基づく産業財産権を受ける権利及び該権利に基づき取得される産業財産権（以下本件産業財産権という）は、甲及び乙の共有とする。なお、甲又は乙の単独の成果についての産業財産権は、甲又は乙に帰属するものとする。

2．前項に規定する甲、乙共有の本件産業財産権の出願手続及び権利保全手続は甲が行い、乙はこれに協力するものとする。

3．甲及び乙は、前項に基づく産業財産権の出願手続及び権利保全手続に

要する費用を折半して負担する。
第10条（研究開発成果の発表）
　　　甲及び乙は、本件研究開発の成果を外部に発表する場合には、その内容、時期、方法などについてあらかじめ文章をもって相手方に通知し、その同意を得なければならない。
第11条（成果の実施）
　　　本件研究開発の成果に基づく本件製品は、甲及び乙各自が製造販売するものとする。
第12条（単独権利の取扱い）
　　　甲及び乙は、本件研究開発の成果のうち甲又は乙の単独の成果についての産業財産権について、相手方から本件研究開発の成果の実施を目的として、実施許諾の申出があった場合は、これに応ずるものとし、その条件については別途協議して定める。
第13条（第三者への実施許諾）
　　　甲及び乙は、本件研究開発の成果及び本件産業財産権について、第三者に実施許諾する場合には、両者協議して許諾の可否及びその条件を定める。
第14条（産業財産権の取得保全）
　　　甲及び乙は、本件産業財産権の取得及び権利維持に関し、第三者から異議申立、審判請求又は訴訟を提起された場合には、該産業財産権の取得及び維持のため相互に協力するものとする。
第15条（権利侵害）
　　　甲及び乙は、本件産業財産権を、第三者が侵害した場合には、相互に協力してその侵害の排除措置をとるなど、その解決を図るものとし、それに要する費用の負担については、甲乙協議して定める。
第16条（改良）
　　　甲及び乙は、本契約の有効期間中及び終了後2年以内に、本件研究開発の成果に基づく本件製品に関し改良を行ったときは、遅滞なくその内容を相手方に通知し、その帰属及び取扱いについて、両者協議して決め

るものとする。

第17条（秘密保持）

甲及び乙は、相手方から開示された資料、情報及び本件研究開発の成果並びに本契約に関連して知り得た相手方の技術上、営業上の一切の秘密を保持するよう万全の措置を講ずるものとし、事前に相手方の文書による同意を得た場合を除き、これを第三者に開示し又は漏洩してはならない。ただし、次の各号のいずれかに該当するものはこの限りではない。

(1) 相手方から開示される以前に既に保有していたもの。

(2) 相手方から開示される以前に既に公知だったもの。

(3) 相手方から開示された後に、自己の責に帰し得ない事由により公知となったもの。

(4) 正当な権限を有する第三者から開示を受け又は知得したもの。

(5) 第13条の規定に基づき本件研究開発の成果を第三者に実施許諾する場合及び本件製品を第三者に販売する場合に開示する必要があるもの。

第18条（解約）

甲及び乙は、相手方が次の各号の一に該当するときは、相手方にその改善を催告し、相手方が催告後10日以内に改善しない場合には、本契約を解約することができる。

(1) 正当な事由なく本件研究開発の遂行に協力しないとき。

(2) 本契約の履行に関し、不正又は不当の行為のあったとき。

(3) 本契約に違反したとき。

2．甲及び乙は、前項の場合のほか、いずれの責にも帰さない事由により、本契約を継続しがたい特別の事情が生じた場合には、両者協議の上、本契約を解約することができる。

第19条（損害賠償）

甲又は乙が本契約に違反したときは、それぞれ乙又は甲は、契約に違反した相手方に対して、被った損害の賠償を請求することができる。

第20条（有効期間）
　　本契約の有効期間は、〇〇年〇月〇日から〇〇年〇月〇日までとする。ただし、甲乙協議の上、合意が成立した場合には、有効期間を延長することができる。
 ２．前項の規定にもかかわらず、第10条、第11条、第12条、第13条、第14条、第15条、第17条の規定は、本契約の終了後も効力を有するものとする。
第21条（協議）
　　本契約に定めのない事項又は本契約の解釈に疑義を生じた事項については、甲乙誠意をもって協議しこれを処理するものとする。
本契約成立の証として、本書２通を作成し、甲乙記名押印の上、各自１通を保有する。

　　　　　　　　　　　　　　〇年〇月〇日
　　　　　　　　　　　　　　甲：
　　　　　　　　　　　　　　乙：

＜法制度上、戦略上の視点＞

　共同研究開発契約は極めて重要性を増してきている。実務的にはかなり成熟化しているが、法制度上、戦略上の視点から整理をしておく必要がある。
　企業の経営形態、組織形態も複雑化し、共同研究開発の成果である知的財産に関する問題も流動的である。なお、次の事項が重要である。

(1) 法制度上の視点
① 発明者の認定
　　特許法には発明者の定義規定はないが、技術的課題を実質的に解決した自然人が発明者であり、共同研究開発契約においては、一般的には当事者が常に情報交換を行いながら研究開発を行うことになるが、実質的に技術課題を解決した者を発明者特許認定することになる。
② 特許を受ける権利の帰属

特許を受ける権利は、発明者たる自然人に原始的に帰属する（特許法29条）。

　なお、特許を受ける権利は移転することができる（特許法33条1項）ので、共同研究開発契約の場合、研究開発の役割分担の結果、発明が単独で行われた場合でも、特許を受ける権利を共有化することが多い。

③　特許出願

　共同研究開発の成果が共同発明に帰結した場合、特緒を受ける権利が当事者の共有となり、それを特許出願する場合は共同でなければ出願できない（特許法38条）。

　特許法29条、38条、49条2号（共有の特許を受ける権利は共同出願が原則、一方当事者がノウハウキープを希望する場合は、特許出願は不可能。単独出願は冒認出願）

①　特許出願かノウハウ留保か（技術の陳腐化速度、コストパフォーマンス、特許性、知的財産戦略）

②　営業秘密を含む特許出願（秘密保持義務）

　この点は、オープンイノベーション的考え方に従って、共同研究開発契約が行われた結果の成果について、特許出願ができないという結果になるので、共同研究開発契約締結時に、当事者双方の意思を確認しておくことが望まれる。

(2) 戦略上の視点

①　特許出願かノウハウキープか

　共同研究開発の成果について特許出願するかノウハウキープするかは、当事者間でそれぞれ、技術の陳腐化速度、コストパフォーマンス、特許性、知的財産戦略等を考慮して判断することになる。その場合、当事者の一方が特許出願に同意しない場合は、出願できないことになる（特許法38条）。

　したがって、共同研究開発契約を締結する段階で、その件を規定しておくべきである。

② 成果の実施

共同研究開発の成果が当事者の共有特許権の場合、特許法73条2項は、契約で別段の定めをした場合を除き、各自その特許発明を自由に実施できると規定している。当事者の状況により、契約で別段の定めをするか、また、その内容をどのようにするかは、極めて重要な戦略上の事項である。

例えば、企業と大学、また、製品メーカーと部品・材料メーカーにおける共同研究開発契約においては、共同研究開発契約を締結する段階で各自の立場、状況を考慮して適切に対応しておくことが必要不可欠なことである。

③ 第三者への実施許諾

共同研究開発契約当事者の共有に係る特許権については、相手方の同意を得なければ、その特許権について第三者に専用実施権の設定、通常実施権の許諾をすることができないと規定している。したがって、例えば、当事者が共同研究開発の成果に関する事業を関係会社に託す予定があるような場合には、共有特許権に関し、関係会社に実施許諾できることを共同研究開発契約締結の段階で規定しておくことが望まれる。

④ 利益配分

共有特許権に関して、当事者の一方が単独で第三者に実施権を許諾した場合、又は、共有者の一方が共同研究開発の成果を実施しないような場合等においては、利益配分について、各自の立場、状況を考慮して適切に対応することが重要である。

⑤ その他

共同研究開発の当事者が共同研究開発契約終了後に、共同研究開発の成果に関連した改良発明を行った場合の取扱いについて、1）特許出願、2）帰属と利用、3）秘密保持等について整理しておくことが重要である。

V-2-2 産学間の共同研究開発契約

1 はじめに

　資源の乏しい我が国が、国際競争力を強化し、人口減少下においても持続的な成長を達成していくためには、「知」の拠点である大学に、イノベーション創出の原動力としての期待が高まっている。産学官連携は、その実現のための重要な手段である。

　大学等は、民間では生まれにくい基盤技術や新たな知見を創出する「知」の拠点であり、そこからは長期的に価値を生じる革新的な研究成果が生み出される。

　イノベーションの創出のためには、大学等における教育・研究と、これらから生まれる新たな「社会的価値の創造」の三要素を一体化する視点に立ち、「知の創造」と「社会価値創造活動」の双方向の結合力強化に向けた更なる改革が必要である。

　各大学等では、国の支援措置も活用しながら、知的財産に関する創出・管理・活用のための体制として知的財産本部が設置され、知的財産ポリシーをはじめとするルール整備がなされてきた。

　各大学等の具体的産学間連携活動の展開に当たっては、研究者の自由な発想のもとで独創的、先進的な研究成果を生み出し、そこから見出された優れた知的財産を、大学等内で、あるいは他の大学等との連携により発展させるとともに、最終的には、企業との連携等により実用化し、活用していくことが不可欠である。

　特に、イノベーションの創出に持続的・発展的に貢献できる産学官連携体制を構築する観点から、大学等においては、研究の進展と一体的な知的財産戦略を進めることで、件数のみならず質の重視を念頭に、国際的な基本特許を生みだし、国際競争力につながる効率的な知的財産の活用を図る点を重視することが重要であり、知的財産関係者のみならず、研究者全体への知的財産戦略の浸透をさらに進めるべきである。

　具体的には、例えば、特許出願前に発明内容が産業上の利用可能性の確認

を考慮した産学連携の実施等である。

2　国、大学との共同研究開発

　現段階における日本の産学官連携、特に、産学間の共同研究開発契約においては、企業と大学の立場の相異から、いくつかの重要な課題がある。すなわち、通常、企業は直接的に企業の経営に寄与することを主目的として、また、大学は研究成果の達成を主目的とすること等から、①費用負担と成果の帰属、②不実施補償問題、③単独ライセンス許諾権等が議論されている。

　そして、これらの諸問題についてガイドラインの必要性も議論されるところである。しかし、前述した通り、教育基本法、学校教育法に大学の社会貢献の使命が規定されたこともあり、また、産学間連携による共同研究契約も個性的な当事者間による契約自由の原則に基づいて可能な限り活性化すべきであるという観点からは、固定的な対応は必ずしも好ましくはないだろう。

　一般論として、産学連携における共同研究開発契約においては、契約締結前に、①研究開発の役割分担、②研究開発費用の分担、③研究開発成果の帰属と利用、④第三者への実施許諾等について、的確に確認しておく必要がある。その場合、特許法の規定に基づけば、発明者中心の考え方と、特約中心の考え方がある。しかし、共同研究開発は、相互補完性、効率的研究開発実施の必要性等の観点から、契約締結前に成果の帰属と利用について特約条件を明確に規定すべきである。その内容は Win-Win になる内容が前提であり、前述した基本認識を踏まえたものであるべきである。要は、特許法の原則と特約について明確に判断、対処しておくべきである。もっとも、共同研究開発の成果がどのように評価されるかが確認できない契約締結前に、成果の帰属と利用について具体的に明確に規定することは、困難な点が多いのも確かである。

　産学間の共同研究開発契約における事前取決めでポイントとなるのは、共同研究開発成果の帰属と利用である。

＜法制度上、戦略上の視点＞

　大学は、教育基本法（7条1項）により、「……成果を広く社会に提

供し、社会の発展に寄与するものとする」役割を有する。大学で研究開発された基礎技術成果は、企業と産学連携による応用研究開発を行う等して、産業上利用可能な技術成果として、社会貢献することが期待される。なお、産学連携により、企業と大学が共同発明を行った結果、共有の特許を受ける権利、特許権を取得した場合、特許法73条等による規制があるので、共同研究開発契約締結段階で、不実施補償、単独ライセンス許諾権等について規定しておくことが期待される。

3 オープンイノベーションと産学間の共同研究開発

産学連携問題が多種多様な場において、多種多様に論じられ、多種多様な施策が講じられている。この問題は、国策的にも産業政策的にも極めて重要である。

一般的に、企業経営における基本理念は持続的発展である。そのためには、効率のよいイノベーション活動が必要不可欠である。企業経営環境下においては、イノベーション活動については、他との適切な連携が必要不可欠である。

企業経営における他との連携については多種多様な形があるが、産学官の連携、特に産学間の共同研究開発が必要かつ有益である。また、平成18年12月に約60年ぶりに教育基本法が改正され、またこれを受けて、学校教育法が改正され、大学の使命として、教育、研究に加えて「……成果を広く社会に提供することにより、社会の発展に寄与する」すなわち、「社会貢献」が加えられたことにより、産学間連携による社会貢献の実効性への期待が顕著となった。

日本企業の国際競争力は、国策的レベルでの対応が求められており、大学の社会貢献使命を考慮した産学間連携は、そのための機能・役割の実効性が大いに期待できる。すなわち、大学の研究開発の成果が真に社会に貢献できるか、就中、産業に貢献できるかをあらかじめ見通すためには、研究開発を産学共同で行うことが有効であり、実効性が期待できるからである。

① 成果の帰属については、1）特許法の原則、すなわち、発明者が原始的に特許をうける権利の取得（特許法29条）、2）共同研究開発契約の目的的運用、すなわち、研究開発の役割分担は研究開発の効率的実施のためである等を考慮して、特許を受ける権利の共有化等（特許法33条）を合理的に規定しておくべきである。

なお、大学においては、「大学等における技術に関する研究成果の民間事業者への移転の促進に関する法律」「産業活力の再生及び産業活動の革新に関する特別措置法」「国立大学法人法」により原則的に機関帰属とすることとなったことが重要な点である。そして、大学で生れた研究成果の効果的な社会還元を図るために大学における知的財産の組織的創出、管理、活用体制の整備が必要である。

② 成果の利用については、特許法73条2項の原則が基本となるが、共同研究開発の趣旨、当事者の立場の特性・相異等を考慮して契約締結前に特約について明確に規定しておくべきである。

③ 成果の第三者への利用許諾については、特許法73条3項の原則が基本となるが、特許法の趣旨、我が国における契約実務の慣習を考慮して、契約締結前に特約条件について明確に規定しておくことが望まれる。もっとも、共同研究開発の成果がどのような内容、形で完成するかが、明確に判断できない段階で、果たして明確な規定を定めることができるかという問題があることは前述の通りである。

産学間の共同研究開発契約についての基本認識としては、次のような諸点が指摘される。

① 産学間の共同研究開発については、お互いの立場の特性、相異を適切に認識する（Win-Win）。

② また、産学間の共同研究開発は、国レベルでの施策を考慮する（技術立国）。

③ しかし、企業は産学間共同研究開発契約に対して経営判断に基づく対応が必要不可欠である。

④ そのために成果の事業化まで考慮した事前取決めを可能な限り詳細に行

う必要がある。

＜法制度上、戦略上の視点＞

　産学間の共同研究開発の開発成果については、大学側としては、一般的に事業化対応がないため、企業との共有知的財産について、特許法73条の原則に対して次の検討課題がある。
① 　不実施補償
② 　第三者に対する実施許諾
③ 　持ち分の第三者への譲渡

V-2-3 クロスライセンス契約等

1 クロスライセンス契約の趣旨

　クロスライセンスとは、技術に権利を有する複数の者が、それぞれの権利を、相互にライセンスをすることをいう。クロスライセンスは、パテントプールやマルチプルライセンスに比べて、関与する事業者が少数であることが多い。

　関与する事業者が少数であっても、それらの事業者が一定の製品市場において占める合算シェアが高い場合に、当該製品の対価、数量、供給先等について共同で取り決める行為や他の事業者へのライセンスを行わないことを共同で取り決める行為は、パテントプールと同様の効果を有することとなるため、当該製品の取引分野における競争を実質的に制限する場合には、不当な取引制限に該当する。

　技術の利用範囲としてそれぞれが当該技術を用いて行う事業活動の範囲を共同して取り決める行為は、技術又は製品の取引分野における競争を実質的に制限する場合には、不当な取引制限に該当する。

　クロスライセンス契約（Cross License Agreement）は、契約当事者双方の知的財産、技術を合わせてさらなるイノベーションを期待することができ双方にとって、オープンイノベーション効果を有する。

ライセンス契約の当事者がそれぞれ保有する特許・ノウハウ等について、互いにそれらについてライセンスを許諾し合うことをいう。

　ライセンシーの改良技術や発明をライセンサーにグラントバック（Grant Back）する条項を含む契約については、通常はクロスライセンスとはいわない。

　電気、機械分野や精密機械分野などでは、一つに製品に多くの特許が関係し、したがって、クロスライセンス対応が多いのが実態である。

　クロスライセンスは、権利侵害回避、コスト低減等リスクマネジメント対応としても重要である。なお、クロスライセンス契約に伴う実務的な問題として、発明者としての社員に対する職務発明に関する「相当な対価」の計算が複雑になる問題がある。

2　クロスライセンス契約の主要項目

(1) ライセンスの対象

　クロスライセンスの対象は、各当事者が保有するか又はライセンス許諾権を有する知的財産である。ライセンス許諾権を有する知的財産が対象である場合は、サブライセンスの形態となる。なお、著作物の場合、著作者人格権はライセンスの対象とすることができない。

(2) ライセンス

　クロスライセンス契約においては、各当事者は、通常、相手方に互いに同種のライセンスを許諾する。ただし、ライセンスの対象が異種の知的財産、例えば、特許権と著作権の場合には、ライセンスの種類が異なる。

(3) 対　　価

　相互にライセンス許諾することに対する対価は、ライセンス対象たる知的財産の評価、知的財産の保護期間の長短等により決定される。状況によっては、実際の対価の支払いがない場合もある。

(4) 契約期間

　クロスライセンス契約の有効期間は、最長すべてのライセンス対象知的財産の最長保護期間である。実際には、各当事者の戦略、方針により協議決定

される。なお、ライセンスの対象がノウハウの場合、他の知的財産と異なり、保護期間ではなく秘密性等を考慮して契約の有効期間を決定することになる。

(5) 規制事項

クロスライセンス契約においては、相互に改良技術のグラントバック義務、不争義務等の規制事項を要求する場合がある。ただし、クロスライセンス契約は、双務的契約であるので、不利益事項である規制事項については規定しないことが多い。

3　特許相互実施許諾契約書文例

特許相互実施許諾契約書

株式会社〇〇〇〇（以下甲という）と〇〇〇〇株式会社（以下乙という）とは、甲乙の所有に係る特許の相互実施許諾に関し、次の通り契約を締結する。

第1条（定　義）
　　本契約書中で使用される下記の用語は、それぞれ次の意味を有する。
　(1)　甲特許とは、甲の所有に係る別紙記載の特許をいう。
　(2)　乙特許とは、乙の所有に係る別紙記載の特許をいう。
　(3)　契約製品とは、甲特許又は乙特許に基づいて製造された製品をいう。

第2条（実施許諾）
　　甲及び乙は相手方に対して、甲特許又は乙特許につき、契約製品を製造、販売する通常実施権を相互に許諾する。
　2．甲及び乙は、書面による事前承諾を得なければ、第三者に対して再実施権を許諾することができない。

第3条（特許の維持）
　　甲及び乙は、本契約の有効期間中、甲特許又は乙特許を維持しなけれ

ばならない。

第4条（対　価）
　　甲及び乙は、第2条に基づき甲及び乙が相手方に許諾した権利については相互に対価を徴しない。

第5条（不争義務）
　　甲及び乙は、乙特許又は甲特許の有効性について、直接たると間接たるとを問わず争ってはならない。

第6条（改良技術）
　　甲及び乙が、本契約の有効期間中に、乙特許又は甲特許の改良技術を開発したときは、直ちにその内容を相手方に通知するものとする。
２．前項により通知した改良技術について相手方から実施許諾の要求があったときは、合理的な条件で実施許諾に応じるものとする。

第7条（秘密保持）
　　甲及び乙は、本契約の締結及び履行に関して知り得た相手方の秘密情報を、相手方の書面による事前承諾を得なければ、第三者に開示又は漏洩してはならない。

第8条（解約）
　　甲又は乙は、相手方が、本契約のいずれかの義務を履行しないときには、相手方にその履行を催告し、催告後30日以内にそれを是正しないときは、本契約を解約することができる。

第9条（有効期間）
　　本契約の有効期間は、本契約締結の日から甲特許及び乙特許の最終の存続期間満了の日までとする。

第10条（協議）
　　本契約に定めのない事項及び本契約の解釈につき疑義の生じた事項については、甲乙誠意をもって協議し、友好的解決を図るものとする。

　本契約締結の証として、本書2通を作成し、甲乙記名押印のうえ各1通を保有する。

　　　　　　　　　　　　　　平成〇〇年〇〇月〇〇日

甲：
乙：

<法制度上、戦略上の視点>

　知的財産権ライセンス契約の法的趣旨は、知的財産権の権利者が契約相手に対して侵害排除権等の権利を行使しない約定であり、クロスライセンスは、当事者双方が各自の有する知的財産権について侵害排除権等の権利を行使しないことを相互に約定する契約である。

　クロスライセンス契約の検討、締結の背景、趣旨は、①契約当事者双方が相手の知的財産権について、侵害回避・迂回が困難と判断している場合、②侵害回避・迂回の可能性はあるが相互補完、コストパフォーマンスの観点からオープンイノベーション対応としてクロスライセンス契約を選択・検討、締結する場合、③パテントプール的観点から戦略的にオープンイノベーション対応としてクロスライセンス契約とする場合等がある。

　特許相互実施許諾契約、すなわち、クロスライセンス契約（Cross License Agreement）においては、法制度上、戦略上次の事項が重要である。

① ライセンスの対象

　クロスライセンス契約におけるライセンスの対象は、互いに同種かつ均等価値の知的財産であることが望まれるが、現実的にはそのことはまれである。したがって、対価的条件に差が生じることが多い。

② ライセンス

　ライセンスの種類、内容はライセンスの対象の差異及び当事者の戦略・方針によって異なる。一般的には、ライセンスの種類、内容は、同種、同内容にすることが多い。

③ 対価

　ライセンスの対象の種類、価値評価によって、均等、不均等が決定される。クロスライセンス契約の場合は、状況により、妥協的にお互

いに対価の支払いを行わない場合がある。
④　契約の有効期間

クロスライセンス契約の有効期間の定め方は、ライセンスの対象知的財産の種類及び当事者の戦略・方針等によって決定される。ただし、ライセンスの対象がノウハウの場合は、契約の有効期間及び契約終了後のノウハウの使用可能性、対価の必要性、秘密保持義務等について他の知的財産を対象とする場合と異なるのが通常である。
⑤　規制事項として、改良技術のアサインバック義務、非係争義務、競合技術使用禁止義務などを規定すると、場合によっては、不公正な取引方法に該当し、独占禁止法に違反することになる。この件については、公正取引委員会の「知的財産の利用に関する独占禁止法上の指針」を参照して対応することが必要である。

4　パテントプール、マルチプルライセンス
(1) パテントプール

パテントプールとは、ある技術に権利を有する複数の者が、それぞれが有する権利又は当該権利についてライセンスをする権利を一定の企業体や組織体（その組織の形態にはさまざまなものがあり、また、その組織を新たに設立する場合や既存の組織が利用される場合があり得る）に集中し、当該企業体や組織体を通じてパテントプールの構成員等が必要なライセンスを受けるものをいう。

パテントプールは、事業活動に必要な技術の効率的利用に資するものであり、それ自体が直ちに不当な取引制限に該当するものではない（なお、標準化に伴うパテントプールについては「標準化に伴うパテントプールの形成等に関する独占禁止法上の指針」（平成17年6月29日公表）参照）。

しかしながら、一定の技術市場において代替関係にある技術に権利を有する者同士が、それぞれ有する権利についてパテントプールを通じてライセンスをすることとし、その際のライセンス条件（技術の利用の範囲を含む）に

ついて共同で取り決める行為は、当該技術の取引分野における競争を実質的に制限する場合には、不当な取引制限に該当する。

また、これらの事業者が、プールしている技術の改良を相互に制限する行為や、ライセンスをする相手先を相互に制限する行為は、当該技術の取引分野における競争を実質的に制限する場合には、不当な取引制限に該当する。

(2) マルチプルライセンス

マルチプルライセンスとは、ある技術を複数の事業者にライセンスをすることをいう。

マルチプルライセンスにおいて、ライセンサー及び複数のライセンシーが共通の制限を受けるとの認識の下に、当該技術の利用の範囲、当該技術を用いて製造する製品の販売価格、販売数量、販売先等を制限する行為は、これら事業者の事業活動の相互拘束に当たり、当該製品の取引分野における競争を実質的に制限する場合には、不当な取引制限に該当する。また、同様の認識の下に、当該技術の改良・応用研究、その成果たる技術（改良技術）についてライセンスをする相手方、代替技術の採用等を制限する行為も、技術の取引分野における競争を実質的に制限する場合には、不当な取引制限に該当する。

V-3　ライセンシングアウト契約（分身論）

ライセンシングアウト契約の趣旨としては、次のような諸点を挙げることができる。

　未利用知的財産の活性化
　対価の評価、再投資
　改良のグラントバック（ライセンシーの改良）
　競合技術の取扱い
　知的財産の評価
　① 　有効性の確度：特許法104条の3
　② 　権利の広さ：迂回可能性の程度

③ 権利の範囲：有効期間、内容（物、方法）、地域、国際的権利状況
④ 必須特許性
⑤ 単独実施可能性：一つの製品は、一つの知的財産で実施できる場合は少ない。したがって、クロスライセンス、マルチプルライセンス、パテントプールが必要な場合が多い。
⑥ 製品ライフと知的財産のライフは一致しない。
⑦ 時間を買う、ヘッドスタート、品質、リスクマネジメント、経営・営業の信頼確保
⑧ 排他権至上主義はコストパフォーマンス配慮を欠く

ライセンシングアウトによるオープンイノベーションにおいては、多くの課題がある。

① ライセンス許諾契約の目的、契機
② ライセンスの対象知的財産、ライセンスの種類
③ ライセンスの種類ライセンシーの改良技術、改良発明の取扱い
④ ライセンシーの不争義務
⑤ ライセンシーの再実施権（サブライセンス）許諾権
⑥ ライセンサーの保証（技術的効果、第三者権利の侵害）
⑦ 競争品の製造・販売又は競争者との取引の制限
⑧ 原材料・部品に関する制限
⑨ 販売に係る制限
⑩ 販売価格・製販売価格の制限

なお、ライセンス契約の詳細については、（社）発明協会発行の「知的財産契約実務ガイドブック」を参照されたい。

V-3-1 ライセンシングアウト契約の概要

1 特許・ノウハウライセンス契約の意義・目的・対象

1-1 ライセンス契約の意義

ライセンス契約とは、知的財産・知的財産権の実施・使用・利用に関する

契約で、民法上に規定されている13種類の有名契約ではなく、無名契約である。具体的には、当事者の一方（ライセンサー）が、相手方（ライセンシー）に対して、特許、ノウハウ等ライセンスの対象について、一定の対価（実施料、使用料、利用料）により、ライセンス（実施権、使用権、利用権）を許諾する契約をいう。なお、ライセンス契約の概念図及びライセンス契約のキーポイントを表すと次のようになる。

<ライセンス契約概念図>

ライセンスの対象についてライセンスの許諾

ライセンサー (Licensor) ──（License）──→ ライセンシー (Licensee)
ライセンシー ──対価の支払い（Royalty）──→ ライセンサー

<ライセンス契約のキーポイント>

キーポイント	内　　　容
当　事　者	当事者は誰と誰か？
対　　　象	対象は何か？
ライセンス	どのような範囲のライセンスを許諾するのか？
対　　　価	許諾対価はどれ程か？

(1) 当事者

① ライセンサーとライセンシーの相互の信頼関係が大前提。与える側と受ける側の立場の違いはあるが、一人勝ちの考え方ではうまくいかない。特に、改良技術の取扱い、秘密保持、第三者の権利侵害への対応等については相互の協力が必要不可欠である。

② ライセンス契約交渉は、合理的な条件、合法性（特に独占禁止法違反に注意）を考慮する必要がある。

(2) ライセンスの対象

① 特許

特許権（登録された権利）、特許を受ける権利（登録前の権利）いずれでも可能である（契約自由の原則）。他人がライセンスを受けないで実施すると権利侵害となる（特許権の場合）。

② ノウハウ

ノウハウとは、非公知性、有用性があり、秘密として管理している技術情報（不正競争防止法2条6項「営業秘密」）のことである。

ノウハウは、秘密情報であり、ライセンスを受けなければ、ノウハウにアクセスできない。

③ 著作物（コンピュータプログラム、データベース等）

著作物の保護の原則は、無方式主義（著作権法17条2項）であること、法人著作の制度（著作権法15条、2条6項）、著作者人格権規定（著作権法18条〜20条）等があること等に留意する必要がある。

(3) ライセンスの種類と範囲

ライセンスの種類には、独占的実施権（Exclusive License）と非独占的実施権（Non-Exclusive License）があるが、ライセンスの対象や、各国のライセンスに関する法制等によって、実務的には次のような諸問題がある。

① 独占ライセンス、非独占ライセンス、専用実施権、通常実施権、独占ライセンスの場合、専用実施権（特許法77条）は、登録しないと権利が発生しない（特許法98条1項）。
② 特許の独占的実施権が日本の専用実施権（特許法77条）に該当するか。
③ 独占的実施権の場合、実施許諾者の自己実施権（Self License）がリザーブされているか。
④ Exclusive License と Sole License の差異。
⑤ 共有特許権は、単独ではライセンスができない（特許法73条3項）。
⑥ 契約期間については、特許の場合は特許権の有効期間中全部とするか、限定期間とするかがポイントであり、ノウハウの場合、秘密保持期間と対価の支払い期間がポイントとなり、著作物の場合、保護期間が長いので通常の場合、期間を限定することが多い。
⑦ ノウハウを対象とする場合、ライセンスと表現しないで、ノウハウ開

示、ノウハウ譲渡等と表現することがあるが、ライセンスとの関係、差異は明確ではない。

⑧　クロスライセンス（Cross License）。

ライセンスの範囲は、内容、地域、時間について特定されるが、次のような視点がある。

1）内容の問題としては、製造、使用、販売等のうち、どう規定するか。また、輸出、輸入はどうするか。

2）地域の問題としては、国際的ライセンス契約においては、許諾地域（Licensed Territory）として、どの国々を指定するかが問題になる。なお、現在、並行輸入（Parallel Import）と知的財産権法、独占禁止法との関係が問題となっており、このことがライセンス契約の実務にも関係を生じている。

3）時間の問題としては、特許ライセンス契約の場合、特許の有効期間全部とするのか。また、ノウハウを対象とする場合、契約期間をどう設定し、期間満了後のノウハウの使用をどう規定するかが問題となる。

＜法制度上、戦略上の視点＞

　専用実施権の設定を受けた者（専用実施権者）は、当該特許発明を実施する権利を専有する。したがって、特許権者は、専用実施権者を自己の分身として位置づけ、特許発明活用・実施を考慮する。我が国特許法に基づく専用実施権制度は、①登録が効力発生要件であり、②専用実施権者に侵害排除権を認め、③特許権者も許諾特許を実施することができない専用実施権者が専有権を有する内容で通常の独占的実施権（Exclusive License）と大きな差異を有する。

　したがって、実務的に、戦略的配慮が必要となる。例えば、特許権者が自己実施権（Self License）を留保したい場合又は実施権者の侵害排除権を制限したい場合には、専用実施権の設定はすることができない。

(4) 対　　価
　対価の種類には、次のものがある。
1) 頭金：契約締結時に一括して支払う対価
2) ランニングロイヤルティー：実施結果に従って支払う対価（実施料）
3) ミニマムロイヤルティー：独占ライセンスの場合等において、実施結果に関係なく支払う最低実施料

　ライセンス契約における対価は、従量法（Per unit Royalty）、料率法（Percentage Royalty）、そして、定額法（Lump-sum Payment）等によって定められるが、ライセンス契約の交渉における最も重要な事項である。したがって、対価に関する問題は多岐多様であるが、主な問題を列記する。

① 対価の支払対象（Royalty Base）は何か。たとえば部品についてライセンスが許諾されている場合、製品全体を対象とするのか、部品部分とするのか。

② 独占的実施権の場合、最低実施料（Minimum Royalty）が設定されていることが多いがその基準。また、最低実施料が設定されている場合、ライセンシーからの解約要求とその場合の残存期間中の最低実施料負担問題はどうするのか。

③ 許諾特許（Licensed Patent）が無効になった場合、それまでに支払った対価の返還は。また、許諾特許の実施が他人の特許の侵害となることが判明した場合の対価の支払中止又は減額の仕方は。

④ ライセンシーの改良技術をグラント・バック（Grant back）する場合の対価の額と支払・受取方法はどうするのか。

⑤ 許諾特許が複数ある場合、対価の計算方法は。たとえば、一つの製品の製造に複数の特許が関係する場合。

⑥ 対価の支払通貨は何か。また税金の処理（二重課税防止）はどうするのか。

⑦ 会計記録とその監査はどう行うのか。

(5) 制限規定
　ライセンス契約においては、いろいろな制限規定がなされるが、とくに、

次の制限規定はライセンシングポリシー上、及び独占禁止法等規制法上重要である。
① 改良発明、改良技術の取扱い

改良発明・改良技術に関しては、当事者における立場の相違があり、かつ、特にライセンサーとしては重要視する場合が多い。契約の実務においては、独占禁止法、競争法の問題に注意を要する。改良発明・改良技術についてはどうするか。

1）フィードバック（Feed Back）、2）グラントバック（Grant Back）、3）アサイン・バック（Assign Back）の形で議論される。

② 競合技術、競合製品の取扱い制限

競合技術・競合製品の取扱い制限は、特許ライセンス契約の場合より、ノウハウライセンス契約の場合の方が実務的には重要視される。それは、秘密保持、流用禁止の目的と関係が深いことによる。また、独占的ライセンス契約の場合には、いわゆる専念義務の観点から特にライセンサーが重視する問題である。

競合技術・競合製品の取扱いの制限については、独占禁止法、競争法の問題に注意を要する。

③ 下請の禁止又は制限
④ 特許維持費用の負担
⑤ 保証問題

保証問題はライセンサーからライセンシーに保証する場合とその逆の場合がある。とりわけ、ライセンサーがライセンシーに対して、1）技術的実施可能性、2）特許の有効性、3）第三者権利の不侵害性等について、保証する場合が重要である。

⑥ 材料購入義務
⑦ 商標の使用義務
⑧ 販売先、販売価格の不当な制限
⑨ 秘密保持義務、特許出願の事前承認
⑩ 不争義務と契約解約権

ライセンシーがライセンサーからライセンスされた特許・ノウハウ等についてライセンシーが争うことを禁止することについて独占禁止法、競争法の問題があり、不争義務を課す代わりにライセンサーの解約権が規定されることがある。
⑪　契約終了後の使用禁止義務
⑫　公知技術（Prior Art）告知義務

1-2　ライセンス契約の目的

　ライセンス契約は、一方当事者であるライセンサーと他方当事者であるライセンシーの間における交渉、調整に基づき、諸条件につき合意に達した結果、締結されるものであり、両当事者のライセンシングポリシー（Licensing Policy）実現の結果である。

　ライセンス契約は、ライセンシングアウト（Licensing-out）の視点からのライセンサーの立場とライセンシングイン（Licensing-in）の視点からのライセンシーの立場によって、それぞれ検討、実行される。もちろん、客観的指標であるライセンス契約に関する法的制度、ガイドラインを確認する方法で最終的調整がされるべきことは当然のことである。

　要するに、ライセンス契約の目的は、ライセンサーにとっては、対価の取得、場合によってはライセンシーの改良技術に関する実施権の取得等であり、ライセンシーにとっては安全な事業活動、コストパフォーマンス（時間を買う）等である。

1-3　ライセンス契約の対象

　ライセンス契約は、知的財産・知的財産権の実施・使用・利用に関する契約であり、知的財産の経済的価値、知的財産権の独占排他権を考慮して締結される契約である。したがって、ライセンス契約においては、知的財産・知的財産権が極めて重要な対象、要素であり、役割を果たすことになる。

　ライセンス契約の対象は、元来、契約自由の原則の考え方に基づいて、契約当事者の合意によって選択・決定される。したがって、特許法、商標法、半導体集積回路法等のように実施権制度、使用権制度、利用権制度、いわゆる法律上のライセンス制度が用意されている知的財産権だけでなく、出願中

の発明、ノウハウ（Know How）、コンピュータ・プログラム、キャラクター、植物新品種等についても自由にライセンス契約の対象として選択できる。

　ライセンス契約の対象である知的財産・知的財産権は拡大し、多様化しているが、ライセンス契約の実務においては、特許（発明）、著作物、ノウハウが特に重要である。

2　ライセンスポリシー

　特許権者、特許を受ける権利の権利者、ノウハウ保有者、著作権者、実施・使用・ライセンス契約を成功させるためには、ライセンシングポリシーを明確に策定しておくことが必要不可欠である。

　企業経営におけるライセンス契約の戦略的位置づけを明確にする必要性が強まっている。その場合の主なポイントは、次のようなものである。

1）ライセンシングの目的
2）技術・特許の公開を原則とするのか、自社独占を原則とするのか
3）必要技術・特許は自社開発を原則とするのか
4）経済性を重視するのか、取引の安全・信用を重視するのか
5）ライセンスの種類（独占、非独占、サブライセンス）はどうするか
6）他の取引などと総合的に判断するのか、ライセンシング単独で判断するのか
7）クロスライセンスを考慮するのか
8）ライセンシングに関する世界戦略は

　ライセンスの対象の多様化、知的財産権侵害訴訟の多発化、訴訟費用の多額化などからライセンス、ライセンシングポリシーの策定についての考え方が変化しているといえる。特に、クロスライセンスの重視傾向が指摘されている。

3　ライセンス契約の種類

　ライセンス契約の種類をどのように分類し、定義するかの方法は、必ずし

も定着しているとはいえない。ここでは、ライセンス契約の契機、目的を考慮した観点からの種類と、ライセンスの対象による種類を中心に概説することとする。

3-1 ライセンスの契機、形態等による種類
(1) 自由意思に基づくライセンスと強制ライセンス

一般的に、ライセンス契約を締結するか否かは、契約自由の原則に基づいて、ライセンス契約当事者の自由意思によって決定される。

企業経営において、ライセンス契約に対する方針、戦略は、ライセンシングポリシーとして、各企業によって異なるのが通常である。自由意思に基づくライセンスは、いわば許諾によるライセンスである。

一方、特許権は特許発明を独占的に支配する権利、すなわち、独占的排他権を有する権利である。また、特許発明に排他権を認める趣旨は、それによって結果的に産業の発達に寄与することを目的とするのであるから、産業の発達を妨げるような場合には、排他権に制限を加えることがある。我が国には、排他権を制限するライセンス制度（強制ライセンス：Compulsory License制度）として、公共の利益のためのライセンス（特許法93条）などの３種類の裁定ライセンスと、職務発明の場合のライセンス（特許法35条）、先使用の場合のライセンス（特許法79条）などの５種類の法定ライセンス制度がある。

(2) 積極的ライセンスと消極的ライセンス

ライセンス契約は、ライセンサーがその意思に基づいて、積極的に他社にライセンスを許諾する積極的ライセンスとライセンサーの積極的意思に基づかない消極的ライセンスがある。

ライセンス契約の実務においては、前者のライセンスが通常であり、知的財産ビジネス、ライセンシングビジネスにおけるライセンスはその典型である。なお、英国で定着しているライセンス・オブ・ライト（License of Right）の制度及びこれに類する制度も積極的ライセンスに関するものといえる。

一方、消極的ライセンスの例としては、紛争の和解に基づくライセンスや

強制ライセンスが含まれるほか、いわゆる黙示のライセンス（Implied License）も含まれる。黙示のライセンスの例としては次のようなものを挙げることができる。

① ライセンスが物の製造に関する場合における、製造した物の使用、販売
② 物の使用方法の特許発明についてのライセンスが、その物の製造者に与えられた場合における、当該製造者よりその物を購入した者における使用
③ ライセンスの対象となっている特許発明の実施が、ライセンサーが保有する他の特許発明を必然的に利用することとなる場合における、その特許発明の利用行為。

もっとも、実質的にライセンスが許諾されていると判断されるか否かについては、当該ライセンス契約の趣旨、その他関係事項を総合的に参酌して決定されるものである。

(3) ライセンス契約の当事者のライセンシングポリシー等によって区別される種類

① 単一ライセンスと複数ライセンス
② 一方的ライセンスとクロスライセンス
③ 有償ライセンスと無償ライセンス
④ 無制限ライセンスと限定ライセンス
⑤ 独占ライセンスと非独占ライセンス
⑥ 主たるライセンスとサブライセンス

3-2 ライセンスの対象による種類

(1) 特許等ライセンス契約

特許法は、特許権のみについてライセンスの許諾をなし得る旨規定しているが（特許法77条、78条）、ライセンス契約の実務においては特許発明以外の技術（特許を受ける権利等）についても同様にライセンス許諾の対象とされている。なお、ライセンシーが他人にライセンス（サブライセンス）を許諾する場合には、ライセンサーの承諾を要する（特許法77条4項等）。

(2) ノウハウライセンス契約

ノウハウは、その本質が秘密性にあるのでライセンス契約の実務においては、契約の締結交渉におけるライセンス条件の決定プロセスが、特許等ライ

センス契約と異なるのが通常である。すなわちライセンス契約締結以前に、秘密保持契約又はオプション（Option）契約の締結が必要になったりノウハウの開示、秘密保持、契約期間、契約終了後の実施・特許出願等の規定が必要になり、かつ重要である。

オプション契約（Option Agreement）とは、当事者の一方が相手方に対し、ある技術の企業化可能性の評価・検討に必要な情報・資料等を提供・使用させるとともに、約定の期間（オプション期間）内に当該技術につきライセンスを受けるか否かの選択権（オプション）を与える契約をいう。したがって、相手方は、オプション行使期間内に限り、上記目的のためにのみ当該情報・資料等を使用する権利を有し、オプション行使期間経過後は原則としてその権利を失う。

オプション契約は、その締結時にすでに、将来締結さるべきライセンス契約（本契約）の内容がすべて確定している場合と、確定していない場合に分けられる。前者の場合には、将来締結さるべき本契約（ライセンス契約）の内容を記載した書面がオプション契約に添付され、相手方がオプションを行使すれば直ちに本契約は成立するが、後者の場合には、本契約の内容が確定していないために、オプションの行使のみでは足らず、さらに当事者間の交渉により本契約の内容を確定しなければならない。

オプション契約の主なチェックポイントは、提供する評価用情報・資料等の範囲、秘密保持、使用制限、対価、オプション行使の期間と方法、オプション不行使の場合の措置などである。

(3) その他のライセンス契約
① 意匠権ライセンス契約
② 商品化権ライセンス契約
③ 商標権、商標登録出願によって生じた権利に関するライセンス契約
④ 国際的ライセンス契約

4 ロイヤルティーの考え方
ライセンス契約の実務においては、ライセンスの対価（実施料、使用料、

利用料、ロイヤルティー）問題が最も重要であり関心事でもある。

4-1　ライセンスの対価の種類

　前述のように、ライセンスの対価についての考え方にはいろいろある。そして、ライセンスの対価にはいろいろの分類方法、種類がある。

　ライセンスの対価の実務的な分類方法、種類として、実績を考慮しない対価と実績を考慮した対価に区分するものを挙げる。

(1) 実績を考慮しない対価

　この種類の対価は、契約頭金（Down Payment）、イニシャルペイメント（Initial Payment）等でライセンスに基づく許諾製品の製造、販売等とは全く関係なく、独立して支払う対価で、実務的にはライセンス契約の締結時に支払う場合が多い。この種類の対価の性質、意義は、ライセンサーの契約締結交渉経費、研究開発費の一部負担、ノウハウ開示料等である。

(2) 実績を考慮した対価

　実績を考慮した対価は、実務的にはロイヤルティー（Royalty）といわれ、特許、実用新案、意匠に関しては実施料の語が、商標に関しては使用料の語が、著作物、半導体集積回路の回路配置については利用料の語が用いられる。

　ロイヤルティーは、出来高払いのロイヤルティー（Running Royalty）と定額払いのロイヤルティー（Fixed-sum Royalty）に大別できる。

① 出来高払いロイヤルティー

　　出来高払いのロイヤルティーは、販売高の何％等と定める料率ロイヤルティー（Percentage Royalty）と1個当たり何円等と定める従量ロイヤルティー（Per-quantity Royalty）とに区分される。出来高払いロイヤルティーに関連する対価の種類に、ミニマムロイヤルティー（Minimum Royalty）、マキシマムロイヤルティー（Maximum Royalty）、前払いロイヤルティー（Advanced Royalty）等がある。

② 定額払いロイヤルティー

　　定額払いロイヤルティーは、4半期当たり何百万円等と定めるロイヤルティーである。

定額払いロイヤルティーに類似するロイヤルティーに支払い済みロイヤルティー（Paid-up Royalty）、一括払いロイヤルティー（Lump-sum Royalty）等がある。

4-2 ライセンスの対価の算定方式と関連する諸問題

ライセンスの対価の算定方式については、いろいろ提案されている。特に、ロイヤルティーの算定方式については、多種多様な提案がなされている。

提案されているライセンスの対価の算定方式のうち、いわゆる特許庁方式（特許庁長官通達平成10年6月29日特総1173号）を示し、あわせて関連する諸問題を概説する。

なお、ライセンス契約の実務においては、ライセンスの対価、ロイヤルティーを提案されている算定方式を参考にしながら、世間相場、業界相場を考慮して、最終的には当事者間の交渉によって、ケースバイケースで決定されるのが実情である。

業界相場方式（世間相場方式）は、ライセンス対象技術（発明、ノウハウ）の所属する業界において通常採用される一般的ロイヤルティー率、いわゆる業界相場のロイヤルティー率を採用する方式である。実際のロイヤルティー率決定は、ライセンスの対象についての技術的内容、開発費、開発程度、ライセンスの範囲等を考慮して行われることが多い。

(1) ライセンスの対価決定のファクター

- 当事者におけるライセンスの必要性
- ライセンス対象（特許、ノウハウ等）の評価
- ライセンスの種類、先例の有無
- 開発費、権利の取得、維持費
- 予想収益額の推定
- ライセンスに基づく実施によるロイヤルティーの回収見通し（ライセンシーの実施見通し）
- 契約期間の長さ
- 不確定要素の評価

(2) 適正なロイヤルティー率
- 費用対効果を考慮
- 業界相場、世間相場
- 公的機関の方式
- 当事者間の立場の相互理解
- 規格（技術標準）に関する実施、公共的実施におけるロイヤルティーの調整

(3) 事情変更とロイヤルティーの見直し
- 技術未完成の判明
- 技術の陳腐化、競合技術の出現
- 特許の無効、特許出願の拒絶査定
- ノウハウの公知化
- 他人の権利の侵害
- サブライセンス（Sub License）契約における主たる契約の終了
- クロスライセンス（Cross License）契約における一方の権利の消滅

(4) ライセンスの対価と独占禁止法
- ダブル・ロイヤルティー（Double Royalty）、スリーピング・チャージ（Sleeping Charge）
- グラントバック（Grant Back）におけるライセンサー、ライセンシー間のロイヤルティーのバランス
- 特許権消滅後、ノウハウの公知後のロイヤルティー支払い義務
- 差別的対価

　これらの内容を含むライセンスの対価は、場合によっては独占禁止法に違反することになるので注意を要する。

4-3　ライセンスの対価に関する実務上の問題点
(1) ロイヤルティーベース
　ロイヤルティーベース（Royalty Base）とは、ロイヤルティーの支払い対象、すなわちロイヤルティー計算の基礎を意味する。例えば、特許権がある製品の部品について存在し、ライセンスも部品について許諾されている場合

において、ロイヤルティーベースを部品部分（許諾製品）とする場合と、製品全体とする場合がある。

　許諾製品が部品部分であるのにロイヤルティーベースを製品全体とするのは、①許諾製品である部分が製品全体のセールスポイントであること、②部品部分の販売金額相当額の確認が難しいこと等の理由による。そして、その場合には製品全体に占める部品部分の金額的割合を考慮して、ロイヤルティーレートを調整するのが通常である。

　しかし、当事者間においては立場の相違によって、主張が異なることがある。例えば、製品全体に占める部品部分の金額的割合が、およそ30％で、許諾製品分野におけるロイヤルティーレートの世間相場が3％である場合において、ライセンサーとしてはロイヤルティーレートを製品全体の販売価格の3％、又は少なくとも2.5％とすることを主張する。

　一方、ライセンシーは、製品全体の販売価格の1％、又はせいぜい1.5％とすることを主張する。当事者間の合理的な調整が必要となる。

(2) ミニマムロイヤルティー

　ライセンサーからライセンシーに対して許諾されたライセンスの種類が、独占的ライセンス（Exclusive License）の場合にはミニマムロイヤルティー（Minimum Royalty）が規定されるのが通常である。

　独占的ライセンスを許諾したライセンサーは、第三者に対して、同一対象についてライセンスを許諾することができないことを考慮して、ライセンシーに対して、実施高が予期どおりの額に達しない場合においても、所定の額の支払い義務のあるミニマムロイヤルティーを課すことを考える。

　また、独占的ライセンスを許諾したライセンサーは、ライセンシーに対してロイヤルティーが最大となるように許諾技術、許諾権利に係る製品の製造・販売に専念すること、いわゆる専念義務を期待する。すなわち、競合・類似技術の取扱い、競合・類似製品の製造・販売を禁止したいと考える。しかし、このような形でライセンサーがライセンシーに専念義務を課すことは、場合によっては独占禁止法上の違法性が問題となるので注意を要する。

　このように独占的ライセンスを考慮して規定されるミニマムロイヤル

ティーについては、その額、期間等その基準について当事者間の立場の相違から主張に差異が生じる。

ところで、ミニマムロイヤルティーが規定されているライセンス契約において、ライセンシーが契約期間中に技術・知的財産権の予期しない陳腐化、事情変更等のために解約を希望し、ライセンサーに契約の解約を要求する場合に、残余期間のミニマムロイヤルティーについて清算して解約をするのが筋である。

ただし、ライセンサーとしては、ライセンスを許諾している技術・知的財産権が予期しない陳腐化等によって他にライセンスを許諾できない場合を除いて、新たなライセンス契約を第三者と締結することによって、相当の対価を取得することができる。

したがって、残余期間のミニマムロイヤルティーの清算についても、ある程度の調整は可能であるはずである。

5　ライセンス契約における戦略の具体化
(1) 特許ライセンス契約の戦略

ライセンス契約の実務においては、ライセンス契約の対象（又はライセンスの対象）として、特許権が最も重要な位置を占める。

したがって、特許権の根拠法である特許法は、ライセンス契約に関係する法律の中で最も重要な役割を果たすことになる。特に、特許法には、法律上のライセンス制度の内容をなすものとして、専用実施権規定、通常実施権規定が存在し、ライセンス契約のガイドラインの役割を果たしており、実務上も極めて重要な法律である。

特許ライセンス契約の戦略実務においては、ライセンス契約を締結する契機又は目的は、必ずしも一様ではない。また、ライセンス契約の形式や内容についても多種多様である。

(2) ノウハウライセンス契約の戦略

ライセンス契約の対象は極めて多様化しており、ライセンス契約実務の成熟化の傾向の中においても、いろいろの新しい問題が生起し、実務的観点か

らみていろいろの検討課題が存在する。

　ノウハウライセンス契約は、秘密管理されている情報を対象とする契約であり、オープンイノベーションの観点からは、他の知的財産を対象とするライセンス契約と比較した場合、検討課題が多いのが通常である。

① ライセンス契約の対象としてのノウハウ

　　ノウハウ（営業秘密）は、価値ある財産であるが、特許権、商標権及び著作権のように独占的、排他的権利として認知されていない。したがって、ライセンス契約の実務においては、ノウハウライセンス契約としないで、ノウハウ開示契約、技術援助契約等として行われることもある。しかし、ノウハウライセンス契約を締結しなければ価値ある秘密情報にアクセスできない。

　　ノウハウに関するライセンス契約の実務においては、不正競争防止法の改正により、ノウハウの法的保護のためには、「秘密として管理している」ことが必要である。したがって、前記のような退職者に対する問題についても次の諸点に配慮する必要がある。

　1）秘密管理規程の制定
　2）秘密情報の仕分け、マーキング
　3）秘密保持・競合避止契約の締結

② ノウハウライセンス契約とオプション契約

　　前述のとおりノウハウは、その本質が秘密性にあるため、ライセンス契約の実務においては、契約の締結交渉におけるライセンス条件の決定プロセスが特許ライセンス契約の場合と異なるのが通常である。すなわち、ライセンサーとしては、ライセンス契約締結以前には、ノウハウの内容、特にその全容は開示したくないし、一方、ライセンシーとしては、ライセンス契約の条件を判断するためにノウハウの全容、少なくともその概要は事前に知りたい。

　　このようなライセンサー、ライセンシーの立場を考慮して、妥協的な形としてオプション契約（Option Agreement）が利用される。要するにオプション契約は、ライセンス契約の締結を検討するために、ある一定期

間、対象技術、権利を評価する機会をライセンシーに与え、もし満足する評価結果がでた場合には、オプション契約に添付されているライセンス契約を締結することができる、いわゆる選択権契約である。

特に秘密性を本質とするノウハウに関するライセンス契約において有益である。

<法制度上、戦略上の視点>

技術経営（MOT）において、多くの場合、真に重要な知的財産は、技術そのもの又はノウハウである。もちろん、その中核に特許権等知的財産権が存在することが好ましいことである。

ノウハウは、営業秘密として不正競争防止法によって、行為規制的に保護されている（同法2条6項で定義）。営業秘密は、平成2年に米国のトレードシークレット法を考慮して保護規定が制定された。現行法は、数回に渡る不正競争防止法の改正により、保護強化されており、ノウハウが秘密情報であるために、本来、オープンイノベーション対応が難しい中、ノウハウに関する契約において適切な対応をとることによって、それなりに対応が容易になった。

(3) 戦略的対応事項

① 譲渡知的財産（権）の価値評価、保証
② ライセンシーの再実施許諾権（特許法77条4項）
③ 職務発明の予約承継と相当の対価
④ クロスライセンシング戦略
⑤ ライセンシーの改良発明の取り扱い。（アサイン・グラント・フィードバック等）
⑥ ライセンサーのライセンシーに対する保証
⑦ ライセンス契約に対する独占禁止法の適用
⑧ 秘密保持

ライセンス契約の実際においては、ライセンサーとライセンシーの考え方は、立場の違いにより顕著な差異があるのが一般的である。

6 ライセンサーの考え方
(1) 当事者
　特許権者の場合と、サブライセンス許諾権を有する者等がある。また、ライセンシーの選択については、ライセンシーの実施計画等も考慮する。既にライセンスを許諾しているライセンシーを通じてのサブライセンス契約においては、ライセンシーをライセンサーの分身として、ラインセンサーとすることもある。

(2) ライセンスの対象
　国内外の特許権だけではなく、特許を受ける権利も対象とするか検討する。もちろん、ノウハウライセンス契約の場合、ノウハウが対象である。また、それらの組合せをライセンスの対象とあることもある。

(3) ライセンスの種類
　専用実施権を設定すると自己実施が不可能になる（特許法68条、77条2項）。したがって、独占的実施権の許諾とすることも検討し、通常実施権、非独占的実施権の許諾も含めて、総合的、戦略的に判断する。

(4) ライセンスの範囲
　ライセンスの範囲は時間、地域、内容に区分される。特に、ライセンスの期間については、市場の見通し、ライセンシーの実施計画等を考慮して判断する。日本特許に相応する特許が各国に存在する場合のライセンスの対象、ライセンスの範囲について検討する。

(5) 自己実施権の留保
　専用実施権の場合は不可能。独占的実施権の場合でも、自己実施権が留保することを検討する。

(6) 対価の種類、額
　ライセンス契約における対価は、頭金、ランニングロイヤルティーが基本であるが、特に独占的ライセンスの場合は、最低実施料（ミニマムロイヤルティー）を規定する。

(7) サブライセンス許諾権
　ライセンシーをライセンサーの分身と位置づけるような場合以外は、サブ

ライセンス許諾権を認めない。

(8) 実施権の維持義務
　基本的、本質的義務であるが、事前にライセンシーと協議して、特許権の放棄、第三者からの無効審判請求に対する訂正審判請求をライセンシーが承諾すること等について約定する。

(9) 改良発明等の取扱い
　ライセンシーの改良発明の取扱いについては、①フィードバック、②グラントバック（独占、単一、非独占等）、③アサインバック（全部譲渡、共有化等）があり、独占禁止法に反しない範囲で、ライセンシングポリシーに従って規定する。

(10) 競合技術等の禁止
　競合技術等の禁止は一般的に不公正な取引方法に該当し、独占禁止法に違反することとなるので、その必要性がある場合にはライセンシングポリシー全体の中で判断する。

(11) 実施権の登録
　専用実施権は、その登録が効力発生要件であり、これを否定することはできないが、通常実施権は登録が第三者対抗要件であるので、登録を認める義務はない。登録のデメリットを考慮して決定する。

(12) ライセンサーの保証
　ライセンシーに対するライセンサーの保証事項は、①技術的効果の保証、②許諾特許の有効性、許諾ノウハウの秘密性の保証、③第三者権利非侵害性の保証等がある。保証規定の内容については取得する対価等を考慮し、また、リスクマネジメントの観点も考慮して妥当な内容で約定する。

(13) ライセンシーの実施義務
　特に独占的ライセンスの場合には、ライセンシーの実施義務、最低実施料（ミニマムロイヤルティー）を規定する。

(14) ライセンシーの不争義務
　ライセンシーの許諾特許、許諾ノウハウに関する不争義務規定は、場合によっては、独占禁止法に違反することになるが、信頼関係維持の観点から不

争義務規定を約定、仮にライセンシーがその規定に反した場合、確認的に解約権を規定する。なお、公正取引委員会が公表した「知的財産の利用に関する独占禁止法上の指針」は「円滑な技術取引」の観点から、不争義務を原則として問題なしとした。

(15) 秘密保持義務
　特に、ノウハウライセンス契約の場合、ライセンシーの基本的、本質的義務であるが、確認的に規定する。特にライセンシーの特許出願の事前承認等が重要である。

(16) 下請の禁止
　ライセンシーの下請発注については、特許ライセンス契約の場合、下請者の実施行為に関する解釈の問題もあり、また、ノウハウライセンス契約の場合、ライセンシーの秘密保持義務の問題があるがライセンシングポリシーに従って禁止等を規定する。

(17) 販売価格等の制限
　販売価格等の制限は、一般的に不公正な取引方法に該当し、独占禁止法に違反することになるので、その必要性があるケースについては、ライセンシングポリシー全体の中で判断する。

7　ライセンス契約成功のための要因

　特許ライセンス契約は、ライセンサーとライセンシーのフェアな交渉を経た合意によって成立するものであり、相互の信頼関係が前提であり、一人勝ちの考え方では成功しないのが通常である。

　ライセンス契約が成功したというためには、ライセンシーが、ライセンス取得により事業が成功し、その結果、ライセンサーもライセンシーからのロイヤルティーで潤うということで、最終的には、わが国経済の発展に寄与することでもあり、実際には、次のような要因によって成功が期待される。

① 　技術の良さ
　　・技術的優位性　……生産効率、品質、コスト
　　・権利的完全性　……有効性、非侵害性

- 商業的優位性 ……マーケッタビリティー
② 契約条件の妥当性
- 対価の妥当性
- 実用的改良技術のフォローアップ
- ライセンシーの改良技術のグラントバック
- マーケティングの適切な実施
- 契約条件のアップツーデートな確認

V-3-2 ライセンシングアウト契約の実務

1 はじめに

　現在、経済・経営環境は極めて厳しく、またグローバルな企業間の国際競争が繰り広げられている。このような状況の中において、ベンチャービジネス等によるわが国産業の再活性化が強く期待されている。とりわけ、地域振興、新事業育成という観点からは、ベンチャー企業ならびに中小企業振興が急務となっている。

　技術革新のスピード化・業際化の進展等により、企業の規模の大小を問わず、各企業は自社開発、自社技術だけでは不十分な場合が多くなっている。

　このような状況下において、自社開発、自社技術を補完するための技術導入（ライセンスイン）、及び他社支技術援、経営戦略のための技術供与（ライセンスアウト）の必要性が生じている。すなわち、現在は、特に移転の必要性が高まっている状況である。

　現在国レベルで、技術取引市場（Technomart）、TLO（Technology Licensing Organization）等が推進されており、ベンチャー企業、中小企業支援施策が実施されている。

　ところで、技術移転は多くの場合「ライセンス契約」の形で成立する。技術移転を成功させるためには、ライセンス契約実務の常識と留意点を押さえておく必要がある。

　知的財産契約の業務は、文書的対応業務、法律業務的対応を基本として行

われるが、最も重要なのは、戦略業務的対応である。そして、事前調査、交渉が極めて重要である。

この章では、知的財産契約の事前調査、交渉について概説する。

2 ライセンス契約における事前調査
(1) ライセンス契約の当事者について

ライセンス契約は、2つの企業間で一定の条件のもとに、一方が他方に対し、又は双方がお互いに相手方に対して、自己の所有若しくは支配する知的財産権等について、ライセンスを許諾することによって形成される継続的関係である。しかも、ライセンス契約においては、知的財産権などの無体物を対象とする契約であり、物の考え方などの点において異なった2企業間の継続的な契約関係であるだけに、不安定要素が極めて多い。

① 事前調査の重要性

前述のようなライセンス契約の性質から、契約の当事者に関する事前調査をきちっと行うことが必要不可欠なこととなる。

ところで、ライセンス契約についての事前調査の問題は、ライセンスを許諾する場合(Licensing-out)とライセンスを取得する場合(Licensing-in)によって異なる点がある。例えば、ライセンスを許諾する側としては、相手方がどのようなレベルの会社かということが重要なチェックポイントになり、また、ライセンスを取得する側としては、相手方の所有する知的財産権などライセンスの対象がどれだけ高く評価できるかということが最大の関心事となる。

主な調査項目は次の通りである。

1) 契約相手は、開発者、権利者又はエージェントか
2) 実績はどのくらいか、特にライセンス契約の経験はあるのか
3) 契約遵守の気風はどうか
4) 基礎技術レベルはどのくらいか
5) 経営基盤は安定しているか

② 契約締結後の当事者の変動

　ライセンス契約の実務においては、契約管理を合理的に行うためにも、契約締結時に契約締結後における契約当事者の変動につき、きちっとした対応策を講じておく必要がある。

　特に、欧米企業間において企業買収、企業合同が頻繁に行われている中で、ライセンス契約の譲渡、契約上の権利義務の移転などにより、契約当事者に変動を生じることがあるが、ライセンス契約は契約当事者間の信頼関係を重視し、かつ、契約締結時及び近い将来の技術レベル、信用、企業ポリシーを踏まえて契約関係に入ったのだから、契約の有効期間中に契約の当事者関係に変動を生ずることに対しては、契約締結時に契約条項に十分気配りし、それが企業買収、企業合同など特殊な場合も含め、万全を期す必要がある。

　例えば、契約条項に「いずれかの当事者が第三者によって経営上重要な影響を受ける状態になった場合には、他方当事者は本契約を解約することができる」というように規定しておくことも一案であろう。

　いずれにしても、契約締結後において契約当事者が企業買収、企業合同などに関係した場合には、ライセンス契約の継続の可否、終了させる場合の措置などが重要な課題である。

③ ライセンシーとの関係

　取引先か、そうでないか（取引額を含む）、競合メーカーか否か、技術上の補完関係にあるか、共同事業への発展可能性はあるか、現在及び将来のクロスライセンスの可能性、契約上の拘束の有無について。

④ 第三者との関係

　ライセンスを行った場合の第三者との関係について。

(2) 対価について

　ライセンス契約の実務においては、ライセンスの対価（実施料、使用料、利用料、ロイヤルティー）問題が最も重要であり、当事者にとっても関心事である。

　前述の通り、昨今のライセンス契約の実務は成熟化しているといえる。そ

の中において、高い対価の傾向が現れており、一部においては定着しつつあるといわれている。

その理由としては、いろいろ挙げることができるが、次の点を指摘しておきたい。

① 「権利を取る時代から権利を使う時代」になり、開発費、権利取得、維持費の回収を考慮して、ライセンスの対価を検討するために高い対価の傾向が生じる。
② 知的財産権侵害訴訟の多発化傾向の中で、損害賠償金、特に、懲罰的賠償金の高値傾向がライセンス契約にも影響を及ぼし、ライセンスの対価を高くする傾向を生じさせている。
③ ライセンス契約における対価交渉において、いわゆる世間相場方式が仮想交渉方式に変更する流れがあり、高いライセンスの対価の傾向を定着させつつある。

いずれにしても実施料は、いろいろの考え方、算出方式によって、算定、決定されることになるが、昨今の状況は、高い対価の傾向が定着しつつあるといわれている。

(3) 権　　利

① 権利の対象

特許のみか、ノウハウ込みか、物の発明か、方法の発明か、基本特許か、応用・改良特許か、自己実施中か否か

② 権利の強さ

登録済みか、審査中か、未審査か、特許の有効性、特許の残存期間、代替技術の有無、第三者権利への抵触性、技術の完成度、実現可能性

(4) 市場との関係

① 市場環境

許諾製品の市場性、市場の大きさと拡大の可能性、競合製品の存在と拡大の可能性、ライセンシーのシェアと拡大の可能性、許諾製品の陳腐化のスピード

② 市場への影響

ライセンサーの市場分割による機会損失

(5) 法制上の制約
特許法上の制限（共有特許等）、技術移転に関する課税負担、消費税、所得税、法人税等、独占禁止法又は権利濫用に基づく制限

3 ライセンス契約の交渉
(1) ライセンス契約の交渉戦略
ライセンス契約の実務は、概して成熟化しているといえる。したがって、企業におけるライセンス契約の実務においては、ライセンス契約のドラフティング、ライセンス契約に関する規制法等よりも、ライセンス政策やライセンス契約交渉戦略により大きな関心が向けられていると思う。

企業におけるライセンス契約の実務においては、契約交渉を成功させることが重要な課題であり、ライセンス契約の交渉戦略として検討されるべき項目は次の通りである。

① **基本方針に関する項目**
  1) 企業経営におけるライセンス契約の位置づけ、効用
  2) ライセンス契約におけるライセンサー、ライセンシーそれぞれの立場
  3) ライセンス契約の交渉政策（説得、納得の要素）
  4) ライセンス契約交渉の端緒（積極的側面としてライセンシングビジネス、消極的側面として権利侵害回避）

② **主体に関する項目**
  1) 契約の当事者
  2) ネゴシエーター（編成、交渉力）

③ **客体に関する項目**
  1) ライセンス契約の対象（知的財産・知的財産権）
  2) 交渉のための情報、材料

④ **手続に関する項目**
  1) 交渉における争点事項（契約内容、規制法）
  2) 交渉における主張と説得

⑤　契約締結交渉成立の要因
　1）経済的側面……その契約により利益が期待できるか、その契約なしには権利侵害等の結果となる。
　2）法的側面……その条件が独占禁止法等の規制をクリアできる。
　3）交渉的側面……その理論、力関係に納得
　なお、ライセンス契約に関する交渉には、①契約締結交渉、②契約履行中の交渉（紛争解決交渉）、③契約終了に際して、又は契約終了後における交渉が含まれる。

(2) 交渉のための事前調査

　ライセンス契約の交渉に当たっては、事前調査が重要である。特に特許ライセンス契約においては、契約の対象及び契約の当事者関係についての事前調査が不可欠である。

　そして、事前調査によって他人の特許が発見され、それを技術的に回避することができないと判断した場合には、ライセンスの取得に向けて、ライセンス契約の交渉を開始することになる。

　ところで、特許等の調査は次のような役割を果たす。
　1）公知技術を検討することによって、自社開発技術についての特許取得の可能性の判断ができる。
　2）開発目標に関連する競争技術・商品・企業の在否が確認でき、結果的に開発目標技術のポジショニングが容易になる。
　3）開発目標技術が、他人の特許を侵害するか否かの判断ができる。
　4）調査によって発見した、権利の消滅した特許を利用することによって、開発の効率を上げることができる。

　そして、調査の結果発見された特許について、無効性の有無、その特許に相応する特許がどれだけ多くの国で成立しているか、類似する特許の有無等についても調査する必要がある。すなわち、ライセンス契約の交渉対象となる特許がどれだけの技術的、経済的評価ができるかによって、ライセンス契約を締結するか否か、対価的条件をどうするか等に影響するからである。

(3) ライセンス契約締結交渉

ライセンス契約は、経営理念、契約締結の背景等を異にする相手方との契約であり、特に、国際的ライセンス契約においては、法律制度、習慣、実務慣行等いろいろの点において異なる他国企業との契約であり、かつ契約の対象が無体物であるために、契約締結交渉には極めて多くの不確定要素、不安定要素がある。

ライセンス契約を成功させるためには、まず慎重にポリシーメーキング、事前調査を行い、きちっとした交渉を行うことが先決、かつ必要不可欠である。そして、ライセンス契約締結の手順及び項目は次のとおりである。

① 事前調査
② 相手方の選定
③ ポリシーの策定
④ ネゴシエーターの選定
⑤ 秘密保持契約（Secrecy Agreement、Nondisclosure Agreement）の締結
⑥ 事前交渉
⑦ オプション契約（Option Agreement）の締結
⑧ 交渉（人、場所、方法）
⑨ 予備的合意（Letter of Intent）の調印
⑩ 重要な契約条件の交渉・確認
⑪ 契約書案の作成（Drafting）
⑫ ライセンス契約（License Agreement）の締結

(4) ライセンス契約の交渉における争点事項

ライセンス契約は、ライセンスを許諾する側とライセンスを取得する側の希望、主張の合致によって成立し、履行される。したがって、ライセンス契約締結交渉及び締結後の履行において争点となる事項を十分調整することが必要不可欠なことである。

ライセンス契約は、いろいろの要請によって検討され、また、契約当事者のライセンシングポリシーも千差万別であるので、争点となる事項もケース

バイケースである。以下に主要な争点事項と諸問題を概説する。
① ライセンシーの不争義務
　　ライセンス契約の実務においては、ライセンスの対象となる特許又はノウハウについて、特許性、有効性又は非公知性（秘密性）の存在を前提にライセンサーとライセンシーが契約を締結するわけであるが、契約締結後において、特にライセンシーとして、許諾特許（Licensed Patent）に関する特許性、有効性、許諾ノウハウ（Licensed Know-how）に関する秘密性について疑義が生じることがある。

　　ライセンス契約において、ライセンスの対象となっている特許、ノウハウについてライセンサーがライセンシーに対し、特許について特許性、有効性、ノウハウについて秘密性を争わない義務、いわゆる不争義務（In-contestability）を課すことがある。

　　一般論としては、ライセンサーの立場からは、ライセンシーに対して不争義務を課したいし、ライセンシーの立場からは不争義務は回避したいのが通常である。なお、ライセンス契約に不争義務が規定されていない場合においても、ライセンス契約におけるライセンシーの本質的義務として、信義誠実の原則、又は禁反言の原則（Estoppel）の観点からライセンシーは、ライセンスの対象となっている特許又はノウハウについて、特許性、有効性又は秘密性を争うことはできないとの考え方もある。

　　ところで、ライセンス契約におけるライセンシーの不争義務については、独占禁止法及び不正競争防止法上の問題を調整する必要がある。
② 改良技術の取扱い
　　ライセンス契約の実務において、改良技術の取扱いが問題となるのは、主としてライセンスの対象となっている特許、ノウハウに関して、ライセンシーが開発、取得した改良技術についてである。ライセンシーが開発、取得した改良技術の取扱い方法としては、フィードバック（FeedBack）、グラントバック（Grant Back）等がある。

　　ライセンサーは、ライセンシーに対して、ライセンシーが開発、取得した改良技術についてフィードバック、グラントバック等を要求することが

多い。一方、ライセンシーとしては、自己が開発、取得した改良技術について制約を受けたくないのが通常である。

ライセンシーが開発、取得した改良技術の取扱い方法には、前述のとおりいろいろあり、場合によっては独占禁止法上問題が生じる。いずれにしても、ライセンサーがライセンシーに対して、フィードバック、グラントバック等を要求する意図は、ライセンシーによる改良技術の原点は、ライセンサーがライセンシーにライセンスした許諾特許、許諾ノウハウにあるのであり、多かれ少なかれ許諾特許、許諾ノウハウが包含され、寄与しているということにある。

そして、ライセンサーとしては、ライセンシーの改良技術に関し、アサインバック（Assign Back）又は、独占的ライセンスのグラントバックを要求することとしたい。しかし、これらについては独占禁止法上問題があるので、共有（Co-Ownership）バック、ソールライセンス（Sole License）のグラントバック又は非独占的ライセンスのグラントバックを要求することになる。

ライセンシーの立場からの主張もあるが、ライセンサーとしては、少なくとも、フィードバック（Feed Back）、のオプションバック（Option Back）は固執することになる。ライセンス契約の実務においては、特許ライセンス契約の場合より、ノウハウライセンス契約の場合に、ライセンシーの改良技術の取扱いが重要視される。

③ サブライセンス許諾権

ライセンス契約の実務においては、ライセンシーが第三者に対して、サブライセンスを許諾する権利、すなわち、サブライセンス許諾権については、しばしば争点となる。特に特許ライセンス契約においては、ライセンシーとしては、関連会社又は取引先との関係等で、サブライセンス許諾権を取得したいと考える場合が多い。

一方、ライセンサーとしては、ライセンシングポリシー（Licensing Policy）として、ライセンシーの拡大となるので、ライセンシーによる第三者へのサブライセンスの許諾については、これを認めないで自らライセン

スを許諾したいと考える場合が多い。

　すなわち、サブライセンスは間接的なライセンスであり、ライセンシングビジネスの観点からは問題であると考えるのが通常である。ただし、独占的ライセンスの場合には、ライセンサーとしてはライセンスを他に許諾することが不可能であるので、ライセンシーにサブライセンス許諾権を認めるほうがよい場合もある。

　いずれにしても、ライセンサーとしては、ライセンシーに、ライセンシー独自の判断でサブライセンスを許諾できる権限を承認した場合には、ライセンシングポリシーをライセンシーに委ねることになるので、十分慎重に対応する必要がある。サブライセンス許諾権を承認する場合の留意点の主なものは、次の諸点である。

１）サブライセンスの許諾に際し、事前にライセンサーの了解を取得する必要性の有無
２）サブライセンス契約の件数制限の有無
３）サブライセンス契約の内容
４）サブライセンスの対価についてのライセンサーの権限
５）主たる契約が当初の有効期間満了前に何らかの理由で終了した場合のサブライセンシーの保護

(5) ライセンス契約の交渉についての考え方

　ライセンス契約の交渉においては、ライセンサー又はライセンシーが相手方に対して、一方的に自己に有利な条件を無理に主張して、それに固執した場合には、最終的合意に達することは少ない。仮に契約を締結することができたとしても、当事者間の信頼関係は失われ、継続的な契約関係であるライセンス契約においては、総合的な成功を得ることはできないのが通例である。

　ライセンサーがライセンシーに対して無理な条件を課すと、ライセンシーは必然的にライセンサーの特許・ノウハウの実施を回避し、無理をしてでも自ら、独自技術を開発し、取得し、実施する方向に進むことになる。

　また、ライセンシーがライセンサーに対してあまりにも利益の少ない条件

でライセンス契約の締結を要求すると、ライセンサーは契約維持の熱意を失い、結果的に継続的なよい契約慣行は維持できないことになる。

4 ライセンス契約書の作成手順

契約書作成者が特許実施契約書を作成する手順については、一定不動のルールがあるわけではない。契約書作成者は、その実務経験と英知にもとづいて独自のルールを開発すべきである。ただ、契約書作成者が依頼者の要請に応じて契約書を作成する場合には、多かれ少なかれ次のような手順を踏むのが通例である。

① 契約書の作成に必要な情報の入手（第一段階）
② 入手した情報の検討（第二段階）
③ 契約書の骨格、すなわち目次表の作成（第三段階）
④ 契約書の作文（第四段階）

ところで、契約書の作成を実際に行う場合には、前述した各段階の作業をはっきりと区別することは困難である。すなわち、いずれの段階においても、契約書作成者は、当該段階の作業のみを遂行するとは限らず、むしろ他の段階の作業をも同時に補足的に行うのが普通だからである。したがって、前の段階から後の段階への移行はそれほど急激なものではなく、むしろ無意識のうちに緩慢になされるのが通常である。

契約書作成者は、当事者のために契約書を作成する使命を有するわけであるから、当事者が許諾者である場合と実施権者である場合とでは、おのずから、作成する契約書の内容やチェックポイントを異にする。

5 重要なライセンス契約書の構成と主要条項
5-1 ライセンス契約書の構成

ライセンス契約書は一般的に次のように構成される。

① タイトル（題名、標題）
② 前文
③ 本文

④ 後文（末文）
⑤ 日付
⑥ 当事者の記名捺印

5-2 ライセンス契約書の項目
① 当事者
② ライセンスの対象……知的財産、知的財産権
③ ライセンス……範囲（地域、内容、時間）、種類
④ 対　　価……頭金、実施料、最低実施料、支払通貨、税金等
⑤ 制限規定……改良技術についての規制、不争義務、競合禁止、秘密保持等
⑥ 一般規定……定義、協議

5-3 ライセンス契約書作成の実際

(1) 契約書作成の流れ
相手方の選定 →事前の打合せ（折衝）→契約交渉（契約内容の検討）→契約書の原案の作成（ドラフティング）→契約交渉（契約内容、条件の詰め）→契約書原案のチェック、検討、調整 →最終判断（ディシジョン）→調印

(2) 契約書作成にあたっての注意事項
① 契約書作成の基本原則……正確、簡潔、平易、明瞭、整合性
② 契約書の構成、条文の配列のしかた
③ 契約の内容、条件、問題点などの十分な検討
④ 実際の状況や折衝内容、特殊事情、事前の検討結果などを考慮
⑤ 書式、定型フォーム、従来の例文などはあくまで参考にし、内容を十分に検討
⑥ 拘束条件や制約事項などについては、事前に検討、調整

(3) ライセンス契約書と内容の検討
① 当事者
　特許権者、ライセンス許諾権限保有者（サブライセンスの場合）、著作権者、ノウハウ保有者、当事者の変動

② 対象

特許権、特許を受ける権利、ノウハウ（技術系知財）、著作権、著作者人格権は対象不可

③ ライセンス
- 主たるライセンス、サブライセンス
- 独占（専用）実施権、非独占（通常実施権）
- 範囲：内容（製造、使用、販売）、時間、地域

④ 対価
- 頭金
- ランニングロイヤルティー
- ミニマムロイヤルティー

⑤ 当事者の義務
- 約定義務：対価支払義務、侵害排除義務、改良技術グランドバック義務
- 基本的（本質的）義務：ライセンス維持義務、秘密保持義務、専用実施権設定登録協力義務、サブライセンス不許諾義務
- 法定義務：第三者権利不侵害保証、技術的成果保証義務（中国条例）

(4) 契約書のチェックポイント

個々の契約条項の内容をどのように具体的に表現するかは、契約の種類、当事者間の妥結事項、当事者のポリシーなどにより千差万別だが、以下においては、契約条項を作文するにあたり特に留意すべき基本的なチェックポイントについて、説明する。

① 明確性

まず第一に留意すべき点は、契約条項を明確に表現することである。すなわち、表現が不明確であると、後日、解釈上の疑義を生じ、争いの原因となるからである。この表現の不明確性はいろいろな理由により発生する。

② 適合性

次に留意すべき点は、契約条項の内容が、当事者間の妥結事項や当事者のポリシーなどに合致（すなわち、適合）することである。契約条項の内

容がいかに明確に表現されていても、その表現が、妥結事項や当事者のポリシーなどに適合しなければ、それは生きた作文ということができない。この意味で、適合性の原則は明確性の原則に優先する。

③ 適法性

契約条項の内容が適法でなければならないことは、いうまでもない。特に問題となるのは、契約条項の内容が独占禁止法に違反するか否かという点である。

④ 履行強制の可能性と妥当性

契約条項は、当事者の債権、債務という形で表現される。しかし相手方は、必ずしもその債務を履行してくれるとは限らない。

そこで、契約作成者としては、相手方が債務を履行しない場合の救済方法についても十分配慮して契約書案を作文すべきである。たとえば、相手方が債務を履行しない場合に法律上どのような強制方法が許されるか、許されるとしてもその方法のみに依存することが妥当か否か、もし妥当でない場合にはそれに代わるべき救済方法はないかなどについて検討し、もし他に妥当な救済方法があればこれを契約書案中で規定しておくことが望ましい。

⑤ 完全性

完全性とは、妥結事項、当事者のポリシー、その他当事者の利益を擁護するに必要な事項がすべて契約書中で規定されていることをいう。この完全性については、すでに、目次表の作成の段階でクリアされているわけだが、さらに作文の段階でも再度詳細にチェックし、遺漏のないようにしておくことが望ましい。

(5) 創り込み、表現、評価

① 創り込み：方針を明確に策定・整理し、必要な基本情報を収集し、戦略的、総合政策的創り込みを行う。
② 表現：いわゆるドラフティングを行う段階。法的、実務的基本を踏まえ、評価を受けられる表現を行う。
③ 評価：評価の対象は、自方、相手方、社会である。評価を受けるために

は自方のコンセンサスと交渉における調整の可能性を確認しておき、交渉で他方の理解と信頼を得て、説得力、人間力で社会（独占禁止法等）的評価も考慮して Win-Win を目指す。

<ライセンス契約概念図>

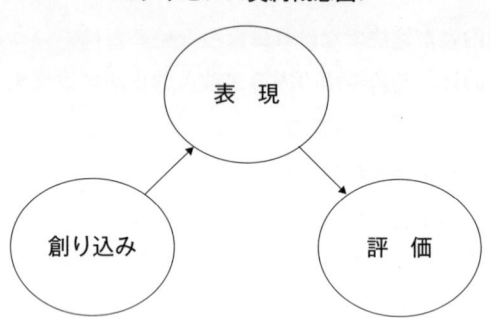

```
        表　現
       ↗     ↘
  創り込み    評　価
```

6 ライセンス契約の調印

ライセンス契約の調印は、起案、交渉を経て、当事者の完全な合意を踏まえて行われる。多くの場合、契約書に当事者が記名、押印して行う。

① 起案（ドラフティング）

　特許、ノウハウ等各種知的財産について、ライセンサー、ライセンシー別に起案する。

② 交渉（ネゴシエーション）

　各当事者は、起案した契約書案を相手方に提出し、調印に向けて交渉する。

　ポイントは、基本的事項、応用的事項、戦略的事項を法的、文書的、戦略的に説得的、納得的に展開する。

③ 調印

　両当事者の交渉の結果、合意した内容で契約の調印を行う。

　合意する条件は、自方（社内）、相手方、社会に評価されるもので、いわゆる Win-Win の結果となることが好ましい。

7 特許ライセンス契約書文例

特許ライセンス契約書

株式会社○○○○（以下甲という）と○○○○株式会社（以下乙という）とは、甲の所有に係る特許の実施許諾に関し、次の通り契約を締結する。

第1条（定　義）
　　本契約書中で使用される下記の用語は、それぞれ次の意味を有する。
　(1)　本件特許とは、甲の所有に係る別紙記載の特許をいう。
　(2)　契約製品とは、本件特許に基づいて製造された製品をいう。

第2条（実施許諾）
　　甲は乙に対して、本件特許につき、契約製品を製造、販売する通常実施権を許諾する。
　2．乙は、前項により許諾された通常実施権を自己の費用で登録することができるものとし、甲は、乙の請求によりそれに必要な書類を乙に提供するものとする。
　3．乙は、書面による事前承諾を得なければ、第三者に対して再実施権を許諾することができない。

第3条（本件特許の維持）
　　甲は、本契約の有効期間中、本件特許を維持しなければならない。

第4条（対　価）
　　乙は、第2条に基づく実施許諾の対価として本契約の有効期間中に製造、販売した契約製品につき、その正味販売価格の3％の実施料を甲に支払うものとする。

第5条（報告、支払）
　　乙は、各歴年中に発生した実施料額を計算し、当該歴年終了後30日以内にそれを書面で甲に報告し、かつ30日以内に現金で甲に支払うものとする。

第6条（帳簿、検査）

　　　　乙は、各歴年ごとに、契約製品の製造、販売に関する別個独立の帳簿を作成し、関係書類とともにそれを本契約の有効期間中及び終了後3年間、乙の本店に保管する。
　2．甲は、その指定する公認会計士をして前項の帳簿及び関係書類を検査させることができ、乙はこれに協力するものとする。
第7条（不保証）
　　　　甲は、本件特許につき無効事由の存在しないことを保証しない。
　2．甲は、乙による本件特許の実施が第三者の権利により制限を受けることとなる場合には、その対応について乙と協議するものとする。
第8条（不争義務）
　　　　乙は、本件特許の有効性について、直接たると間接たるとを問わず争ってはならない。
　2．甲は、乙が本件特許の有効性を争ったときは、本契約を解約することができる。
第9条（侵害の排除）
　　　　乙は、本件特許が第三者により侵害された事実を発見したときは、速やかにその旨を甲に報告し、かつその入手した証拠資料を甲に提供する。
　2．甲及び乙は、本件特許の侵害者に対する対応策等について協議し、甲が当該侵害者に対して差止請求訴訟等を提起する場合には、乙はそれに協力するものとする。
第10条（改良技術）
　　　　乙が、本契約の有効期間中に、本件特許の改良技術を開発したときは、直ちにその内容を甲に通知するものとする。
　2．乙は、前項により通知した改良技術について甲から実施許諾の要求があったときは、合理的な条件で実施許諾に応じるものとする。
第11条（実施義務）
　　　　乙は本契約の有効期間中、契約製品の製造、販売に最善の努力を払うものとする。

第12条（秘密保持）

　　甲及び乙は、本契約の締結及び履行に関して知り得た相手方の秘密情報を、相手方の書面による事前承諾を得なければ、第三者に開示又は漏洩してはならない。

第13条（解約）

　　甲又は乙は、相手方が、本契約のいずれかの義務を履行しないときには、相手方にその履行を催告し、催告後30日以内にそれを是正しないときは、本契約を解約することができる。

第14条（有効期間）

　　本契約の有効期間は、本契約締結の日から本件特許の最終の存続期間満了の日までとする。

第15条（協議）

　　本契約に定めのない事項及び本契約の解釈につき疑義の生じた事項については、甲乙誠意をもって協議し、友好的解決を図るものとする。

本契約締結の証として、本書2通を作成し、甲乙記名押印のうえ各1通を保有する。

　　　　　　　　　　平成〇〇年〇〇月〇〇日

　　　　　　　　　　　　　　　甲：
　　　　　　　　　　　　　　　乙：

＜法制度上、戦略上の視点＞

(1) ライセンスの対象

　ライセンスの対象は、特許権等に限定されない。契約自由の原則に従い、特許を受ける権利（出願中の発明）等も対象となる。

(2) 実施権の登録

　実施権登録の効果は、専用実施権については、効力発生要件であり、通常実施権については第三者対抗要件である（特許法98条）。

(3) 再実施権（サブライセンス）

ライセンシーは、ライセンサーの承諾を得なければ、第三者に再実施権（サブライセンス）を許諾することはできない。特許法77条4項は、専用実施権について、確認的に規定している。特許法78条の通常実施権規定には、同種規定は存在しないが、ライセンスセンサーの承諾なしには、第三者に再実施権を許諾できないことは当然のことである。

(4) 実施権の維持

ライセンス契約の実務においては、ライセンスの対象となっている特許については、それを維持することがライセンサーの基本的義務であるといわれており、契約書に特に規定されていない場合でも、その維持義務がある。しかし、ライセンスの対象となっている特許に対して、無効審判が請求された結果、先行技術の存在が判明した場合等においては、どのような範囲までライセンサーに特許の維持義務があるかについて疑義を生じることがあるので、特許ライセンス契約書には、確認的に可能な限り具体的に規定しておくべきである。

(5) 保証

ライセンスの対象となっている特許については、ライセンサーとしては、不保証を規定したいと考えるのが通常である。しかし、ライセンシーによる特許の実施が第三者の権利を侵害する旨の主張を当該第三者からなされたときは、ライセンシーは速やかにその旨をライセンサーに通知し、その対応策を検討することになる。そして、侵害の事実が判明した場合には、ライセンス許諾の対価の変更やランセンス契約の解約を検討することになる。

(6) 改良技術の取扱い

ライセンシーの改良技術の取扱いについては、フィードバック、グラントバック、アサインバック等がある。

公正取引委員会が公表した「知的財産の利用に関する独占禁止法上の指針」ライセンシーの改良発明等に関する義務について、次のように述べている。

① 改良技術の譲渡義務・独占的ライセンス義務

　ライセンサーがライセンシーに対し、ライセンシーが開発した改良技術について、ライセンサー又はライセンサーの指定する事業者にその権利を帰属させる義務、又はライセンサーに独占的ライセンスをする義務を課す行為は、技術市場又は製品市場におけるライセンサーの地位を強化し、また、ライセンシーに改良技術を利用させないことによりライセンシーの研究開発意欲を損なうものであり、また、通常、このような制限を課す合理的理由があるとは認められないので、原則として不公正な取引方法に該当する（一般指定第12項）。

　ライセンシーが開発した改良技術に係る権利をライセンサーとの共有とする義務は、ライセンシーの研究開発意欲を損なう程度は上記の制限と比べて小さいが、ライセンシーが自らの改良・応用研究の成果を自由に利用・処分することを妨げるものであるので、公正競争阻害性を有する場合には、不公正な取引方法に該当する（一般指定第12項）。

　もっとも、ライセンシーが開発した改良技術が、ライセンス技術なしには利用できないものである場合に、当該改良技術に係る権利を相応の対価でライセンサーに譲渡する義務を課す行為については、円滑な技術取引を促進する上で必要と認められる場合があり、また、ライセンシーの研究開発意欲を損なうとまでは認められないことから、一般に公正競争阻害性を有するものではない。

② 改良技術の非独占的ライセンス義務

　ライセンサーがライセンシーに対し、ライセンシーによる改良技術をライセンサーに非独占的にライセンスをする義務を課す行為は、ライセンシーが自ら開発した改良技術を自由に利用できる場合は、ライセンシーの事業活動を拘束する程度は小さく、ライセンシーの研究開発意欲を損なうおそれがあるとは認められないので、原則として不公正な取引方法に該当しない。

　しかしながら、これに伴い、当該改良技術のライセンス先を制限する場合（例えば、ライセンサーの競争者や他のライセンシーにはライセン

スをしない義務を課すなど）は、ライセンシーの研究開発意欲を損なうことにつながり、また、技術市場又は製品市場におけるライセンサーの地位を強化するものとなり得るので、公正競争阻害性を有する場合には、不公正な取引方法に該当する（一般指定第12項）。

③ 取得知識、経験の報告義務

　ライセンサーがライセンシーに対し、ライセンス技術についてライセンシーが利用する過程で取得した知識又は経験をライセンサーに報告する義務を課す行為は、ライセンサーがライセンスをする意欲を高めることになる一方、ライセンシーの研究開発意欲を損なうものではないので、原則として不公正な取引方法に該当しない。ただし、ライセンシーが有する知識又は経験をライセンサーに報告することを義務付けることが、実質的には、ライセンシーが取得したノウハウをライセンサーにライセンスをすることを義務付けるものと認められる場合は、公正競争阻害性を有するときには、不公正な取引方法に該当する（一般指定第12項）。

(7) 実施義務

　ライセンシーに許諾された実施権が通常実施権である場合には、特にライセンシーにライセンス契約の対象となっている特許の実施義務について、競合品の製造、販売の禁止を含む義務（専念義務）を課すと独占禁止法上問題となる可能性がある。

8　ノウハウライセンス契約書文例

ノウハウライセンス契約書

　株式会社〇〇〇〇（以下甲という）と〇〇〇〇株式会社（以下乙という）とは、甲が保有するノウハウのライセンス許諾について、次の通り契約を締結する。

第1条（定義）

本契約書中で使用される下記の用語は、それぞれ次の意味を有する。
(1) 契約製品とは、＿＿＿をいう。
(2) 許諾ノウハウとは、契約製品を製造、加工するために必要な技術情報で、甲がライセンスを許諾する権利を有し、乙に開示することができるものをいう。

第2条（ライセンスの許諾）

甲は、乙に対して、本契約の条件に従って、許諾ノウハウに基づき、日本国内において契約製品を製造し、販売するライセンスを許諾する。

2．乙は、前項により甲から許諾されたライセンスに基づき第三者に対してサブライセンスを許諾する権利を有しない。

3．甲は、乙の事前の書面による承諾を得ることなしには、本契約の有効期間中、日本国内の第三者に対して、許諾ノウハウに関するライセンスを許諾してはならない。

第3条（ノウハウの提供）

甲は、乙に対して、本契約締結後速やかに、許諾ノウハウを記載した詳細な説明書を提供する。

2．甲は、乙に対して、許諾ノウハウに関する質問に回答し、また、別に定めるスケジュールに従って技術指導を行うものとする。

第4条（対価）

乙は、甲に対して、本契約に基づくライセンスの許諾の対価を、次の通り支払う。
(1) 契約一時金＿＿＿を、本契約締結後30日以内に支払う。
(2) 許諾ノウハウを使用して製造した契約製品の純販売価格の3％に相当するロイヤルティーを支払う。

第5条（支払い、報告）

乙は甲に対して、毎年6月30日及び12月31日に終る半年間に許諾ノウハウを使用して製造し、販売した契約製品について、各半年の末日から30日以内に販売先、販売数量、販売金額、純販売価格及びロイヤルティー金額を記載した報告書を提出するとともに、ロイヤルティーを支

払うものとする。
 2．乙は許諾ノウハウを使用して製造し、販売した契約製品に関する真正かつ正確な記録、帳簿を作成し、保持するものとし、甲の費用負担で、通常の業務時間中、甲の指定する公認会計士により、かかる記録、帳簿を監査することを許すものとする。

第6条（改良技術）

乙は、本契約の有効期間中、許諾ノウハウに関し取得した改良技術に関する情報を甲に通知するものとする。
 2．乙は、前項に基づき相手方に通知した改良技術に関する情報について、甲から要求がある場合には、別途協議、決定する条件に基づいて、そのライセンスを許諾するものとする。

第7条（秘密保持）

甲及び乙は、本契約に基づき相手方から開示された許諾ノウハウ及びその他の秘密情報を厳格に保持し、相手方の事前の書面による承諾を得ることなしに、第三者に開示しないものとする。ただし、次の各号の一つに該当するものについてはこの限りではない。

① 開示を受けたときに、既に受領当事者が知っていたもの。
② 受領当事者の責によらずに、既に公知となっていたか、又はその後公知となったもの。
③ 正当な権限を有する第三者から入手したもの。
④ 受領当事者が独自に開発したもの。

第8条（第三者の不正競争）

乙は、許諾ノウハウに関する第三者の不正競争を発見したときは、その旨を甲に報告し、かつその入手した証拠資料を甲に提供する。

第9条（実施義務）

乙は、本契約の有効期間中、契約製品の製造、販売に最善の努力を払うものとする。

第10条（期間及び終了）

本契約は、本契約締結の日に発効し、本契約の規定に従って早期に終

了しなければ、7年間有効に存続する。なお、本契約は両当事者の合意により延長することができる。
2．いずれか一方の当事者が、本契約の規定に違反し、相手方からの書面による通知を受領した後30日以内にその違反を是正しないときは、相手方は、書面による通知をすることにより、本契約を解約することができる。
3．甲は、乙が許諾ノウハウについて秘密性その他の争いを提起した場合には、本契約を解約することができる。

第11条（終了後の乙の義務）
　　本契約が期間満了又は終了した場合、乙は許諾ノウハウを使用してはならず、また、許諾ノウハウの秘密を保持しなければならない。

第12条（協議）
　　本契約に定めのない事項及び本契約の解釈につき疑義の生じた事項については、甲乙誠意をもって協議し、友好的解決を図るものとする。

本契約締結の証として、本書2通を作成し、甲乙記名押印のうえ各1通を保有する。

　　　　　　　　　平成○○年○○月○○日
　　　　　　　　　　　　　　　甲：
　　　　　　　　　　　　　　　乙：

（コメント）

(1) ライセンス契約の対象と契約の種類

　ライセンス契約は、特許権のように独占的、排他的権利として認知されているライセンスの対象について、権利者が他にライセンスを許諾する契約である。ノウハウは、価値ある財産であるが、特許権のように独占的、排他的権利として認知されていない。したがって、ライセンス契約の実務においては、ノウハウライセンス契約としないで、ノウハウ開示契約、技術援助契約等として行われることもある。しかし、平成元年にわが国の公正取引委員会が特許・ノウハウライセンス契約に関する運用基準を公表したことにより、

ノウハウライセンス契約の法的バックボーンが明確となり、また、不正競争防止法により、営業秘密を定義し、その不正な取得・使用・開示について差止請求権が認められたことにより、ノウハウライセンス契約に関する法律上のガイドラインが示されたことにより、さらに、平成15年3月1日に施行された知的財産基本法において、営業秘密を知的財産・知的財産権と定めたことにより、実務的重要性を一層顕著にした。

(2) ライセンスの許諾

ライセンス契約は、もともと排他的権利として認知されているライセンスの対象について、権利者が他にライセンスを許諾する契約である。ノウハウについては、その秘密性故に、ライセンスの許諾によって有用で秘密性のある情報にアクセスすることが可能となるものである。

例えば、「甲がライセンスを許諾する権利を有し」の用語については、ノウハウの独占的、排他的権利を根拠にしたものではなく、ノウハウの正当な保有者であることに基づくものである。なお、ノウハウには対世的な排他権が認められていないため、独占的ライセンスが許諾されている場合に、第三者が同種のノウハウを適法に実施したことに対して、一般的には差止請求権が認められず、そのことを考慮した契約内容とすべきである。

(3) ノウハウの特定の仕方と保有者

契約書の定義規定で許諾ノウハウの概要を定め、ノウハウブック等で詳細な特定を行うのが通常であるが、文書化の不可能な部分については特定することが困難な場合が多い。

なお、ノウハウは、不正競争防止法に基づき、行為規制的に保護される知的財産・知的財産権であり、不正な取得、使用、開示等に対する差止請求権等を行使できる者は「保有者」であり、保有者については明確にしておく必要がある。特に、共同保有者が存在する場合のノウハウライセンス契約については慎重な対応が必要となる。

(4) 秘密保持義務

ノウハウの本質は秘密性にある。したがって、ライセンシーの秘密保持義務は本質的・基本的義務であるといえる。ただし、不正競争防止法上「秘密

として管理されている」ことが営業秘密の要件であることを考慮して、実務的には、秘密として管理するための具体的方法を、ノウハウライセンス契約書に規定しておくべきである。例えば、ライセンシーによる許諾ノウハウ情報を含む特許出願や下請発注の禁止、許諾ノウハウ開示になるような第三者の工場への立入りや契約関係にあることの公表禁止等である。

(5) 第三者による不正競争

改正不正競争防止法は、営業秘密（ノウハウ）に関する不正競争について差止請求権、損害賠償請求権を認め、また、損害の額の推定等規定もしている。

ライセンシーは、第三者による許諾ノウハウの不正な取得・使用・開示の事実を知ったときは、ライセンサーにその旨を報告し、ライセンサーによる法的措置を期待することになる。

営業秘密（ノウハウ）に関し、第三者に対して、差止請求権等を行使するためには、許諾ノウハウを「秘密として管理している」ことが必要となる。そして、この差止請求権の行使が可能であることにより、ライセンス契約の実務に大きな影響が生じることになる。

(6) 不争義務

不正競争防止法に基づけば、「秘密として管理している」ことが営業秘密（ノウハウ）の要件であり、保護を要求するためには、秘密保持を行うことが必要不可欠なこととなる。

したがって、ライセンス契約の実務においては、ライセンサーは、ライセンシーに対して、許諾ノウハウに関し秘密保持義務を課すことになる。

ところで、ノウハウライセンス契約の実務においては、ライセンシーが許諾ノウハウの秘密性について疑義を生じた場合に、そのことについて争うことを禁止することは、場合によっては、独占禁止法上問題がある（知的財産の利用に関する独占禁止法上の指針第4-4-(7)参照）。現にライセンス契約の実務では不争義務規定を定めないことが多い中で、現行の日本の裁判制度は、原則的公開裁判制度であり、ライセンシーが秘密保持義務を全うしながら、許諾ノウハウの秘密性を争った場合には、ライセンサーの営業秘密

（ノウハウ）の保護という視点からは問題があるといえる。

　要は、ノウハウライセンス契約の実務においては、独占禁止法と不正競争防止法の運用上の調整が必要となる。なお、ノウハウライセンス契約が当事者の信頼関係により成り立っていることを考慮して、ノウハウライセンス契約の実務においては、ライセンシーが許諾ノウハウの秘密性を争った場合には、ライセンサーは、ノウハウライセンス契約を解約することができる旨、確認的に規定することが多い。

(7) 契約期間

　ノウハウは、秘密性が本質的特徴であり、一般的には、秘密性が存在する限り、ノウハウ性を失わない。したがって、特許ライセンス契約の場合、特許権の存続期間を考慮した契約期間が設定されるのが通常であるのに対し、ノウハウライセンス契約においては、秘密性の存否等を考慮した契約期間が設定されるのが通常である。

　なお、ノウハウライセンス契約の実務においては、契約終了後のライセンシーの許諾ノウハウの使用禁止、秘密保持義務の問題が最も重要で、当事者の関心事でもある。不正競争防止法、独占禁止法等の内容を考慮し、当事者間の合意によって、適切に規定すべきである。

(8) ノウハウライセンス契約における独占禁止法上の指針

　独占禁止法21条は、特許権等の知的財産権に関するライセンス契約等において、権利行使行為と認められる行為には独占禁止法を適用しないと規定しているが、ノウハウライセンス契約の場合も同様に扱われる（知的財産の利用に関する独占禁止法上の指針　注５）。

＜法制度上、戦略上の視点＞

　ノウハウライセンス契約に関しては、法制度上、戦略上の視点から、次の諸点が指摘される。

① 不正競争防止法は、営業秘密を「秘密として管理されている生産方法、販売方法その他の事業活動に有用な技術上又は営業上の情報であって、公然と知られていないもの」と定義している（同法２条６項）。すなわち、その要件は非公知性、有用性、秘密管理性である。

② ライセンス契約の対象としてのノウハウ（Know How）は、不正競争防止法2条6項に規定されている「営業秘密」の一種で、秘密性を前提とした知的財産（Intellectual Property）であるが、不正競争防止法上は、ノウハウ（営業秘密）は行為規制的保護対象であって、積極的に営業秘密権、知的財産権（Intellectual Property Right）と規定されておらず、また学説、判例においても独占的排他権が認められるものではないとされている。

③ ノウハウライセンス契約におけるオプション契約は、ライセンス契約の締結を検討するために、ある一定期間、対象ノウハウを評価する機会をライセンシーに与え、もし、満足する評価結果がでた場合には、オプション契約に添付されているノウハウライセンス契約を締結することができるいわゆる選択権契約である。

④ ノウハウは、非公知性が本質的特徴であり、ライセンサーの門外不出の秘密情報として保有されているのが建前である。したがって、ライセンシーが契約締結前に、その内容を完全に確認し、評価することは、一般的には困難である。

　このような状況の中で、ライセンシーとしては、許諾ノウハウの技術的効果達成について、ライセンサーの保証責任を、契約書にどのように規定するかが重要な問題である。民法上の瑕疵担保責任についても考慮しておく必要がある。

⑤ ライセンス契約の中心的目的は、ライセンシーとしては、ライセンサーから許諾された特許やノウハウに基づいて技術・製品に関する事業を成功させることであり、またライセンサーとしては、適切な対価の取得である。ライセンス契約の実際においては、ライセンス契約の対象である特許、ノウハウ等の性質や特徴を十分考慮して契約の締結が検討される。

⑥ すなわち、特許権は、独占的な排他権なので、他人がライセンスを受けずに実施すると権利侵害となることから、いわば、ライセンスの許諾は排他権の不行使の約束的意義、効果を有し、また、ノウハウ

> は、非公知性かつ有用性がある技術情報で、秘密として管理されているものなので、ライセンスを受けなければ、その非公知性かつ有用性があり、秘密管理されている情報にアクセスできない。
> 　ノウハウライセンス契約の場合は、その締結交渉において、秘密保持契約書又はオプション契約書を締結する場合が多い。

9 秘密保持契約

　ノウハウライセンス契約の対象であるノウハウは、秘密性のある技術情報であるので、契約締結交渉において、ノウハウの価値評価を行い、ノウハウの秘密管理のために、秘密保持契約を締結することが必要不可欠である。

　秘密保持契約に関しては、法制度上、戦略上の視点から、次の諸点が指摘される。

(1) 秘密情報

　共同研究開発契約等他社と情報交換する場合には、秘密情報を特定したうえで、その秘密保持を約束することが大原則である。

　不正競争防止法2条6項は、秘密情報のうち、営業秘密について「この法律において営業秘密とは、秘密として管理されている生産方法、販売方法その他の事業活動に有用な技術上又は営業上の情報であって、公然と知られていないものをいう」と定義している。要点は秘密管理性である。

　情報は秘密管理していないと営業秘密の要件を欠き、法的保護を受けられない。

(2) 秘密管理

　秘密情報を実務的に管理するためには、①秘密情報の特定、②秘密管理方法の具体化、③秘密保持期間の設定、④秘密情報開示手続等を明確にしておくことが必要である。

(3) 秘密保持契約

　秘密情報の守秘義務は、いわゆる基本的義務、本質的義務といわれているが、不正競争防止法上の営業秘密要件としての秘密管理性を考慮して、契約

書に秘密保持条項を規定することが望まれる。

なお、秘密保持の対象の特定、明確化が重要な課題であり、また、秘密保持の対象情報の取扱い方法、特に、秘密情報を含む特許出願等については、当事者間における事前調整を十分行って対応する必要がある。

10 オプション契約
(1) オプション契約の意義
　オプション契約は、ノウハウライセンス契約の締結を検討・交渉する場合において、ライセンスの対象の秘密性を考慮して、秘密保持契約とは別に、又は秘密保持契約をも兼ねて締結されるものである。なお、特許ライセンス契約の締結を検討・交渉する場合等においても独占交渉権を考慮してオプション契約を締結することがある。

(2) オプション契約のポイント
　ノウハウライセンス契約の検討・交渉の前提となるオプション契約においては、①ノウハウの開示、②秘密保持、③オプション期間、④オプション料等がポイントとなる。

(3) ライセンス契約との関係
　オプション契約はオプション権、すなわち、ライセンス契約締結の意思表示をすることによって、原則として、直ちにライセンス契約を締結することのできる権利が前提となる。

　したがって、オプション契約には、オプション権の行使があった場合に、直ちに締結可能なライセンス契約が添付されていることが通常である。しかし、オプション契約には、ライセンス契約の骨子のみが添付されていることがある。

　このような場合には、その後契約の具体的条件について交渉が行われることになり、本来のオプション契約の役割を果たさない。

11 まとめ
　ライセンス契約は、物の取引より不確定、不安定要素が多いので、当事者

間に信頼関係があり、かつ、そのライセンスに関し、方針がはっきりしており、ライセンス契約の常識を持ち、形式より実質を重視する対応が成功のポイントとなる。

V-4 技術標準化における知的財産権問題

1 技術標準とは

「標準」とは、ある事柄について、それに関係する人々の間で、当該事項の性能・機能・寸法・動作・配置・手順・考え方・概念等について定め、統一することで、利益や利便性が公正に得られるようにする、と定義される。

また、「技術標準」とは、「ある技術」に関して上記標準の定義を適用することを指す。

技術標準は、大きく分けると、各々国の標準化機関によって策定される国内標準と、国際的に認知された国際標準化機関によって策定される国際標準の2種類に分類することができる。

国内標準を策定する各国の標準化機関の代表例としては、日本では、経済産業省が事務局を務め日本工業規格（JIS）を作成する日本工業標準調査会（JISC）、欧州では、電気・通信に関する地域標準化機関であるETSI（European Telecommunications Standards Institute）、米国では、米国規格協会（ANSI:American National Standards Institute）等が挙げられる。

一方、国際標準化機関として、国際的に認知されている代表例は、国際標準化機構（ISO:International Organization for Standardization）、国際電気標準会議（IEC:International Electrotechnical Commission）、国際電気通信連合（ITU:International Telecommunication Union）等が挙げられる。

技術標準は、その標準の決定プロセスによっても、3つのパターンに分類することができる。

一つ目は、国の政府や国際的に認知された標準化組織など、公的機関が技術の標準化を行う「公的標準（デジュールスタンダード　De jure Standards）」。

二つ目は、市場競争によって標準化が決まっていく「事実上の標準（デファクトスタンダード　De facto Stndards）」。

　三つ目が前記2つの中間に位置する「フォーラム・コンソーシアム標準（Forum・Consortium Standards）」と呼ばれるものである。

2　技術標準化と特許問題

　技術標準化の実際展開においては、多くの場合知的財産権問題が関係する。

　技術標準化における知的財産権問題には、技術標準運営組織内部的問題と技術標準組織外的問題がある。いずれの場合も、知的財産権の権利行使行為と独占禁止法の問題であるといえる。具体的には、技術標準に必要な特許（必須特許等）についてのライセンス契約における契約内容が独占禁止法違反性を有するか否かの問題である。例えば、ライセンス条件がライセンシー間で差別的になって、実質的に正当な競争が阻害される場合等は問題となる。

(1) パテントポリシー（Patent Policy）

　通常、標準化組織でのパテントポリシーの理念は、標準化組織が、標準と定めた技術に必須と考えられる技術が特許権で保護されているときは、当該特許権者は、その実施をRAND条件で許諾する。ということになっている。これは、技術標準化組織が、当該技術標準に必要とされる特許の特許権者に対して、非差別的に、無償あるいは合理的な条件でライセンスすることを求めるものである。

　これに対して特許権者は、当該技術の実施許諾を拒否する権利を保有している。もし、かかる特許権者に、この権利を行使され、実施許諾を拒否された場合は、標準化組織は、その特許を使わずに技術標準が策定できるように修正をしなくてはならず、それができない場合は、当該技術を含む技術標準の策定を中止することも必要となる。

　つまり、標準化組織が取決める技術標準にかかわる特許の特許権者は、標準化組織の取り決めたパテントポリシーにより、非差別的に、無償あるいは

合理的な条件で当該特許の実施を許諾するか、実施許諾を拒否するか、2つのうちのどちらかの選択を迫られることになる。また、逆に標準化組織は、取り決めたパテントポリシーに基づいて、当該技術標準に関わる技術の特許権者に対して、このどちらの選択をするかの確認をしなければならない。

ISOやITU、ANSIなど国際的に認知された標準化組織で取り決められているパテントポリシーの共通点は、技術を標準化していく過程において関連特許の調査を要請し、ここで選別された特許の特許権者に、①当該特許の権利を放棄するか、又は非差別的に無償で許諾するか、②当該特許を非差別的に公正で合理的な条件で使用許諾するか、のいずれかの意思表示を求め、この意思表示が得られないときは、技術標準の内容を再検討する必要があるとしている。

米国では、新しく形成されるパテントプールに関しては、競争制限効果を抑制するため、次の6つの条件を満すビジネスレビューレターにより司法省から事前承認を得ることが必要とされている。

① プールされる特許は、技術標準を実施するのに必須の特許であること
② 技術標準を実施した製品を製造する費用に比べ、十分にリーズナブルなライセンス料であること
③ すべてのライセンシーに対して、非差別的にライセンスを行うこと
④ プールされる特許の権利者は、外部に対して個別のライセンスも行えること
⑤ 市場での競争に影響のある情報へのアクセスを制限し、プール内での協調の可能性を低減させること
⑥ 新たな技術革新を抑制するようなグラントバック（Grant Back）規定を設けないこと

(2) RAND

技術標準化組織におけるパテントポリシーの基本理念は、標準化組織が、標準と定めた技術に必須と考えられる技術が特許権で保護されているときは、当該特許権者は、その実施をRAND（Reasonable And Non-Discriminatory）条件で許諾する、ということである。

必須特許の定義は、厳密に言えばかかる技術標準を実施するために必要不可欠な特許ということになるが、現実的な代替物がない場合は、その特許は必須であるという解釈も許されるし、その特許が実質的な意味において必要であるという解釈も成り立つ。これは、技術標準を実施するだけでなく、その技術を採用した製品の生産などにおいて、必要な特許であるということを指している。

3 パテントプール (Patent Pool)

　パテントプールをどのような形で形成すれば競争政策当局から競争促進的であると判断されるのかということが示された。それによると、承認の要因となったのは、次の諸点等である。

① 必須特許ということに関しては、プールされた特許技術に代替技術がないこと、また、当該技術を相互に組み合わせた時のみ、この技術標準の実施が行えるということが検証されたこと

② 特許の必須性の判断を、独立した第三者の専門家に任せたこと

③ MPEG-LA では、すべてのものに非差別的にライセンスを行うことを保証し、特許ライセンシーが MPEG-LA のライセンス条件を不利と判断する場合は、プール内の特許権者と個別にライセンス契約を行うことも保証されていること

④ プールへの情報は、MPEG-LA を通じてのみ流れる形となっており、MPEG-LA からの情報は、明確な規定によって管理され、情報へのアクセスが制限されているので、競争を阻害する協調の危険が低減されていること

⑤ 同プール合意は、新しい技術への移行において追加費用の徴収などの制限がないため、プール内のメンバーは、プール内特許以外の代替的技術を開発する自由が保障されていること

⑥ ライセンシーが MPEG-2 関連の必須特許を保有していると判断したときは、もともとのプール内特許権者の実施料率と同じ条件でライセンシーの特許をグラントバックする規定を設けていること

⑦　特許権者が、プール内の特定のライセンシーに対してライセンスの終了を求めることができる特許権者への部分的終了権利規定を定めていること

　これを見ると、パテントプール形成時において考慮しなければいけないことが浮き彫りになってくる。

　パテントプールを技術標準との関係でとらえると、当該技術標準を実施するに当り、必要とされる複数の特許を、複数の特許権者から集め、統一的に管理すること、と言える。

　しかし、その実態は、まだ明確ではなく、特許管理会社を設立する場合や、技術標準にかかわっている特許権者の内1社に当該特許の管理を任せる場合、相互に特許実施を許諾し、この許諾契約上で許諾や実施の条件を取り決める場合など、さまざまな形態がある。

4　技術標準化と独占禁止法

　技術標準化においてパテントプールを伴う場合、パテントプールそのものが独占禁止法に抵触するものではないということである。問題は、それぞれのパテントプールの実施メカニズムや拘束の程度、排除の是非などであり、これらを詳しく調査した上で判断されることになる。

　つまり、パテントプールが正当な競争を阻害しないように規律する必要性から独占禁止法が関係してくることになる。

　第一に問題になるのが、パテントプールが、実質的に正当な競争を阻害するかどうかの判断である。これは一般的に利害関係者の地位や競争の状況、プールされる特許の内容や、技術標準の実施状況、ライセンスの許諾の方針などを考慮し、かかるパテントプールの競争促進効果も加味して判断される。パテントプール合意時に競争への影響が明らかでないときは、実施状況を見てから判断される。

　標準化活動を行おうとする者は、策定しようとする技術標準が、特許権などにより、不当に制限され、実行不能になることがないようにする責任があり、特許権者は、特許法1条に示されるように、自分の特許技術を社会に提供、産業の発展に寄与することを目的とし、それを実施する責務を負ってい

るのである。つまり、技術標準と特許権の関係は決して相容れないものではないのである。

実際、現在では、多くの標準化組織で、当該技術標準に関連する特許の保有宣言書の提出や当該特許の許諾方針の表明、ライセンス条件などについて、パテントポリシーと呼ばれる各種のルールを定めている。

標準化組織を立ち上げるにあたり、このパテントポリシーをきちんと取り決め、技術標準に関連する特許技術についての取扱い方法を制度化しておかないと、後々問題が噴出してくることが考えられる。例えば、技術標準化活動中、又は標準策定後に、当該技術標準に関連する特許権の主張がなされれば、この特許権を標準化活動の中でどう扱うかという問題が出てくる。場合によっては、標準化にとって最善の技術選択が阻害される可能性もある。それを防ぐためにもパテントポリシーを定め、そうした問題の対処への指針としなければならない。

＜法制度上、戦略上の視点＞

技術標準に関する法的問題としては、独占禁止法による規制の問題が重要である。技術標準化に関する検討課題として次のことが挙げられる。

① 技術標準と公正競争阻害性
② 競争促進効果
③ パテントプールが競争制限、競争阻害とならないための条件
④ 必須特許の定義・判断方法、ライセンシング管理者
⑤ ホールド・アップ問題と消滅時効（Laches）、禁反言（Estoppel）
⑥ 標準化技術ライセンスシステムと契約内容
⑦ RAND・特許権者すべてに支払う対価の合計額

総括

本書を通じた総括をすると、次の通りである。

1．企業目的、企業経営理念の基本は、持続的発展、競争力である。
2．企業の持続的発展のためには、イノベーションが必要不可欠である。
3．イノベーションは、知的財産に下支えされて実効性が期待できる。
4．知的財産法関係法は、イノベーション促進の制度設計が期待される。
5．イノベーションの効率最大化のためには、オープンイノベーションを選択的、補完的に位置づけ、実施することが有益である。
6．オープンイノベーションの実施においては、戦略的知的財産契約が必要不可欠である。
7．上記1～6のためには、オープンイノベーションポリシーが必要不可欠である。

以上に関するキーワードは、次のものである。

1．企業経営、技術経営（MOT）、知的財産経営
2．持続的発展、競争力
3．イノベーション、プロイノベーション
4．知的財産法、知的財産、知的財産権
5．オープンイノベーション、イノベーション・オープンイノベーションポリシー
6．知的財産契約、戦略的知的財産契約
7．知的財産基本法、独占禁止法

著 者 略 歴

石田　正泰（いしだ　まさやす）

日本大学大学院法学研究科・商学研究科修了（法学修士・商学修士）
中央大学大学院法学研究科博士課程後期課程単位取得満期退学
凸版印刷（株）専務取締役広報本部長兼法務本部長、（株）トッパン代表取締役社長、法律事務所研修（3年）
日本知的財産協会ライセンス委員長・フェアートレード委員長・副会長
（社）日本経済団体連合会　知的財産部会長、日本商標協会副会長、日本ライセンス協会理事
日本・東京商工会議所独占禁止法改正問題懇談会座長、（財）知的財産研究所理事
（社）日本国際知的財産保護協会理事、慶應義塾大学大学院理工学研究科非常勤講師
東京理科大学専門職大学院総合科学技術経営研究科長
平成18年度経済産業大臣表彰（産業財産権制度関係功労者表彰）受賞
平成21年度全国発明表彰（発明奨励功労賞）受賞

（現在）
東京理科大学専門職大学院総合科学技術経営研究科イノベーション研究センターシニアフェロー・知的財産戦略専攻嘱託教授、行政書士
札幌大学大学院法学研究科非常勤講師、日本知財学会理事、（財）経済産業調査会評議員、（社）発明協会知的財産研修センター講師
文部科学省　科学技術・学術審議会臨時委員、「大学等産学連携自立化促進プログラム」推進委員会委員、経済産業省　政策評価懇談会委員
東京商工会議所　知的財産戦略委員会委員
一般社団法人日本MOT振興協会知的財産委員会委員

（主要著書）
企業経営における知的財産活用論―CIPOのための知的財産経営へのガイド―（発明協会）
知的財産契約実務ガイドブック（発明協会）
ライセンス契約実務ハンドブック（発明協会）
特許実施契約の基礎知識　野口良光著　補訂者（発明協会）
特許実施契約の実務　野口良光著　補訂者（発明協会）
技術取引とロイヤルティ　共著　（発明協会）

技術経営(MOT)におけるオープンイノベーション論
―戦略的知的財産契約により実効性確保―

平成22年8月31日　初版　第1版発行

著　者　　石田　正泰
Ⓒ2010　　Masayasu ISHIDA

発　行　　社団法人　発明協会

発行所　　社団法人　発明協会
　　　　　所在地　〒105-0001
　　　　　　　　　東京都港区虎ノ門2－9－14
　　　　　電　話　03（3502）5433（編集）
　　　　　　　　　03（3502）5491（販売）
　　　　　ＦＡＸ　03（5512）7567（販売）

乱丁・落丁本はお取替えいたします。

ISBN978-4-8271-0973-3 C3032

印刷：藤原印刷㈱
Printed in Japan

本書の全部または一部の無断複写複製を禁じます
（著作権法上の例外を除く）。

発明協会ホームページ：http://www.jiii.or.jp/